O Direito Fundamental à Previdência Social

NA PERSPECTIVA DOS PRINCÍPIOS CONSTITUCIONAIS DIRETIVOS DO SISTEMA PREVIDENCIÁRIO BRASILEIRO

R672d Rocha, Daniel Machado da
O direito fundamental à previdência social na perspectiva
dos princípios constitucionais diretivos do sistema previdenciário brasileiro / Daniel Machado da Rocha. – Porto Alegre:
Livraria do Advogado Editora, 2004.
226p.; 16x23cm.

ISBN 85-7348-308-3

1. Previdência social. 2. Direito Previdenciário. 3. Princípio constitucional. 4. Servidor público. I. Título.

CDU – 368.4

Índices para o catálogo sistemático:

Previdência social
Direito previdenciário
Princípio constitucional
Servidor público

(Bibliotecária responsável: Marta Roberto, CRB-10/652)

Daniel Machado da Rocha

O Direito Fundamental à Previdência Social

NA PERSPECTIVA DOS PRINCÍPIOS CONSTITUCIONAIS DIRETIVOS DO SISTEMA PREVIDENCIÁRIO BRASILEIRO

livraria DO ADVOGADO editora

Porto Alegre 2004

© Daniel Machado da Rocha, 2004

Capa, projeto gráfico e diagramação de
Livraria do Advogado Editora

Revisão
Rosane Marques Borba

Direitos desta edição reservados por
Livraria do Advogado Editora Ltda.
Rua Riachuelo, 1338
90010-273 Porto Alegre RS
Fone/fax: 0800-51-7522
livraria@doadvogado.com.br
www.doadvogado.com.br

Impresso no Brasil / Printed in Brazil

Agradecimentos

Inicialmente, gostaria de demonstrar minha gratidão ao Tribunal Regional Federal da 4ª Região – na pessoa do seu presidente, o Desembargador Federal Vladimir Passos de Freitas – o qual vem reconhecendo a necessidade de apoiar o aperfeiçoamento de seus juízes para que a prestação jurisdicional possa ser alcançada de maneira cada vez mais célere e eficiente. Durante o período em que cursei o mestrado, jamais olvidei que meu principal dever era manter em dia as tarefas jursidicionais e, graças a Deus, tive saúde suficiente para fazê-lo, suportando uma carga de trabalho e estudo particularmente intensa. Neste momento, não poderia deixar de referir o apoio fundamental que recebi de todos os colegas que atuaram na Subseção Judiciária de Caxias do Sul, em especial dos Juízes Federais e amigos: Giovani Bigolin, Marcelo Cardozo da Silva, Paulo Paim da Silva e Rodrigo Koehler Ribeiro, os quais, atuando na Primeira Vara Federal de Caxias do Sul, por designação da Corregedoria, contribuíram muito mais do que lhes seria exigível para suprir meus eventuais afastamentos.

Não posso, sob pena de grave omissão, deixar de destacar o trabalho dedicado e eficiente de todos os servidores e estagiários da Primeira Vara Federal de Caxias do Sul, meu segundo lar desde junho de 1999, em especial, o de minha Diretora Caterine Maria Corso, sem dúvida, a melhor servidora pública que tive a oportunidade de conhecer.

Sou imensamente grato a todos os professores da Pontifícia Universidade Católica do Rio Grande do Sul pelo convívio intelectual estimulante que pude desfrutar aos quais agradeço na pessoa do Coordenador do Programa de Pós-Graduação em Direito, Prof. Dr. Juarez Freitas. Depois do árduo caminho percorrido, as bondosas observações feitas pela banca examinadora, composta pelos Professores Lenio Luiz Streck e Regina Linden Ruaro, fizeram-me sentir que tanto esforço valeu a pena. Em especial, quero homenagear, o Prof. Dr. Ingo Wolfgang Sarlet, sem dúvida um dos juristas nacionais de maior expressão, cuja orientação segura e efetiva, veiculada mediante críticas densas e construtivas, permitiu um substancial aprimoramento do trabalho.

Por derradeiro, dedico este trabalho àquelas pessoas que compõem o meu centro gravitacional afetivo: aos meus pais, Amandio e Leci, serei sempre devedor pelos princípios morais insculpidos em minha personalidade; a minha esposa, Alessandra, com quem tenho partilhado meus sonhos, angústias e realizações nos últimos treze anos, agradeço a paciência, a compreensão e o amor; a meus filhos, Gabriel e Helena, sou particularmente grato pela oportunidade de retornar ao maravilhoso mundo da infância.

Prefácio

Ao receber o honroso e gentil convite para prefaciar esta obra, que consiste no texto revisto e atualizado da dissertação de mestrado apresentada pelo autor, Juiz Federal, Professor e Mestre, Daniel Machado da Rocha, na Faculdade de Direito da Pontifícia Universidade Católica do Rio Grande do Sul, cujo corpo docente tenho o privilégio de integrar, fui tomado simultaneamente por um sentimento de alegria e orgulho. Alegria, pelo fato de ser testemunha privilegiada da felicidade do colega e amigo Daniel em superar, com competência e brilho, mais esta relevante etapa no âmbito de sua trajetória acadêmica e existencial. Orgulho, pelo fato de ter participado, ainda que de modo secundário, do processo de construção desta obra, na condição de professor, orientador e, posteriormente, de presidente da banca examinadora, integrada ainda pelos Professores Doutores Lenio Luiz Streck e Regina Linden Ruaro, que outorgaram nota máxima (dez) ao trabalho ora publicado.

Sem que se vá aqui aprofundar qualquer aspecto ligado ao tema, subtraindo ao leitor o contato direto, pessoal e insubstituível com o texto, importa, contudo, lembrar que, notadamente a partir da promulgação da nossa vigente Constituição, a previdência social foi erigida à condição privilegiada e merecida de direito fundamental da pessoa humana, ao lado de outras posições de inequívoca fundamentalidade, como é o caso da saúde, assistência social e moradia. Se a alteração de cunho topográfico (importa lembrar que no sistema constitucional anterior à previdência social já constava no capítulo da ordem social) por si só não impedia o reconhecimento de um direito fundamental à previdência social, também é certo que a decisão expressa do Constituinte de 1988, insculpida no artigo sexto da nossa vigente Carta Magna, espancou (ou, pelo menos, assim o deveria) toda e qualquer dúvida concernente à dupla fundamentalidade material e formal do direito à previdência social. Com efeito, para além de inserido no âmbito do que vem sendo designado de um direito às condições mínimas para uma existência com dignidade (que abrange, por evidente, uma sobrevida digna – no sentido de plenamente saudável – para quem, ao longo de toda uma trajetória de vida contribuiu para a comunidade), o direito à previdência social compartilha da vinculatividade privilegiada e da proteção reforçada atribuída pela nossa Constituição Federal aos direitos e garantias fundamentais. Neste sentido, pelo menos, é que de modo enfático se posiciona o autor, explorando com profundidade e sensibilidade, as diversas dimensões do direito à previdência social na ordem jurídico-constitucional brasileira, notadamente discorrendo sobre os diversos princípios que informam o nosso sistema previdenciário. O texto, redigido em linguagem fluída e clara, além de calcado em sólida doutrina nacional e estrangeira (mesmo que ainda relativamente escassa) não deixou de enfrentar os diversos aspectos do tema e, acima de tudo, nos revela que o autor não se furtou em dar a sua posição a respeito dos tópicos versados, mesmo considerando a novidade da reforma constitucional previdenciária, concluída já após a defesa da dissertação.

Para finalizar, só nos resta almejar que o Daniel e mais esta sua obra (convém lembrar que o autor já lançou outros trabalhos de inequívoco valor sobre o tema da previdência e da segurança social) venham a alcançar o merecido sucesso, notadamente com a acolhida ampla deste texto por todos aqueles que acreditam que o direito à previdência social constitui conquista inarredável de toda a ordem jurídica e social que se pretende afinada com as exigências da dignidade da pessoa humana. Foi uma satisfação e um privilégio poder escrever estas linhas, de tal sorte que só resta felicitar o autor, a Livraria do Advogado Editora e, acima de tudo, a comunidade de leitores.

Porto Alegre, abril de 2004.

Prof. Dr. Ingo Wolfgang Sarlet

Sumário

Introdução 11

1. O desenvolvimento e a crise da proteção social 17
    1.1. Antiguidade 19
        1.1.1. Antecedentes da Previdência Social na antiguidade 20
    1.2. Idade Média 21
        1.2.1. Antecedentes da Previdência Social na Idade Média 23
    1.3. Idade Moderna e estado absoluto 24
        1.3.1. Antecedentes da Previdência Social na Idade Moderna 26
    1.4. Idade Contemporânea 27
        1.4.1. Estado Liberal 28
        1.4.2. Estado Social de Direito 29
        1.4.3. Estado Democrático de Direito 33
        1.4.4. O surgimento da Previdência Social na Idade Contemporânea 35
    1.5. A crise do estado social e a redução da amplitude das políticas sociais 39

2. Evolução constitucional da Previdência Social no Brasil 45
    2.1. Constituição de 1824 48
    2.2. Constituição de 1891 50
    2.3. Constituição de 1934 54
    2.4. Constituição de 1937 59
    2.5. Constituição de 1946 63
    2.6. Constituição de 1967 e a Emenda Constitucional n° 01/69 67
    2.7. Constituição de 1988 e a Emenda Constitucional n° 20/98 71
    2.8. A Emenda Constitucional n° 41/2003 77

3. A Previdência Social como Direito Fundamental 83
    3.1. As normas de Direitos Fundamentais e os Direitos Fundamentais 83
    3.2. A dupla fundamentalidade e a abertura material dos Direitos Fundamentais . 85
    3.3. Perspectivas subjetiva e objetiva 86
    3.4. Classificação dos Direitos Fundamentais 89
        3.4.1. Direitos de defesa 90
        3.4.2. Direitos a prestações 91
    3.5. Considerações em favor do reconhecimento dos Direitos Prestacionais
    como Direitos Subjetivos 96
        3.5.1. Aspectos gerais 96
        3.5.2. A norma catalisadora do § 1° do artigo 5° 101
    3.6. O Direito Fundamental à Previdência Social 110
        3.6.1. Fundamentalidade Formal e Material do Direito à Previdência Social . 110
        3.6.2. Apontamentos sumários sobre a positivação do Direito Fundamental
        à Previdência Social no plano internacional 111
        3.6.3. Conteúdo do Direito Fundamental à Previdência Social 113

4. Princípios constitucionais diretivos do Sistema Previdenciário brasileiro ... 123
    4.1. Noções Preliminares ... 124
    4.2. Princípios constitucionais diretivos do Sistema Previdenciário ... 127
        4.2.1. Solidariedade ... 129
            4.2.1.1. Origem e significado ... 129
            4.2.1.2. Base constitucional ... 134
        4.2.2. Universalidade ... 138
            4.2.2.1. Origem e significado ... 138
            4.2.2.2. Base constitucional ... 141
        4.2.3. Proteção contra os riscos sociais ... 144
            4.2.3.1. Origem e significado ... 144
            4.2.3.2. Base constitucional ... 146
        4.2.4. Obrigatoriedade ... 151
            4.2.4.1. Origem e significado ... 151
            4.2.4.2 Base constitucional ... 154
        4.2.5. Equilíbrio financeiro e atuarial ... 157
            4.2.5.1. Origem e significado ... 157
            4.2.5.2. Base constitucional ... 162
        4.2.6. Irredutibilidade do valor real dos benefícios ... 166
            4.2.6.1. Origem e significado ... 166
            4.2.6.2. Base constitucional ... 167

5. O novo desenho da Previdência do servidor público ... 175
    5.1. Regimes Públicos e Privados de Previdência ... 175
    5.2. Servidores ocupantes de cargos em comissão ... 178
    5.3. Unificação do teto do regime geral e dos regimes próprios ... 180
    5.4. Espécies de aposentadorias contempladas no Regime Próprio da União ... 182
        5.4.1. Aposentadoria por invalidez ... 183
            5.4.1.1. Situações que asseguram a integralidade da aposentadoria
                por invalidez ... 183
        5.4.2. Aposentadoria compulsória ... 186
            5.4.2.1. Proventos da aposentadoria compulsória ... 187
        5.4.3. Aposentadorias voluntárias ... 187
        5.4.4. Aposentadoria dos magistrados, dos membros do Ministério Público,
            dos Tribunais de Contas e dos Parlamentares ... 189
        5.4.5. Aposentadoria dos militares ... 191
        5.4.6. Vedação de acumulação de aposentadorias ... 192
        5.4.7. Teto de retribuição dos agentes públicos ... 193
        5.4.8. Eliminação da integralidade e a nova mecânica de cálculo ... 195
        5.4.9. Eliminação da regra da paridade ... 198
        5.4.10. Nova regra de transição ... 199
        5.4.11. Isenção da contribuição previdenciária ... 205
    5.5. Pensão por morte ... 205
    5.6. Tempo de serviço e tempo de contribuição ... 207
        5.6.1. Tempos fictos ... 207
        5.6.2. Contagem recíproca ... 209
    5.7. Contribuição dos inativos ... 210

Conclusões ... 217

Referências bibliográficas ... 221

Introdução

Este trabalho pretende ser um estudo dogmático-jurídico[1] sobre os princípios constitucionais que consubstanciam o direito à previdência social no ordenamento jurídico brasileiro, o qual foi alçado pela atual Constituição à categoria de direito fundamental. O direito à previdência social constitui o núcleo gravitacional do Direito Previdenciário, em torno do qual todas as normas são confeccionadas, mesmo quando não estão diretamente relacionadas com as prestações previdenciárias. Torna-se necessário esclarecer, no pórtico desta investigação, uma opção terminológica a qual nos parece mais afinada com o Direito Constitucional pátrio. Optamos pelo emprego da expressão "direitos fundamentais", e não "direitos humanos", por considerarmos que, na linha da doutrina dominante,[2] a primeira designa – de forma abrangente – o conjunto de direitos reconhecidos e incorporados ao ordenamento jurídico de um determinado Estado por meio de sua Constituição; enquanto a segunda engloba os direitos básicos de qualquer ser humano, positivados nos documentos de Direito Internacional, cujo respeito deveria conferir uma espécie de cidadania mundial aos indivíduos.

Em uma aproximação inicial, podemos descrever os direitos fundamentais, do ponto de vista do indivíduo, como o núcleo jurídico essencial que deve ser garantido pelo Estado, a fim de viabilizar uma vida humana digna, em conformidade com as circunstâncias políticas, sociais e econômicas de cada momento histórico. A dimensão histórica é imprescindível para entender o sentido dos direitos fundamentais, pois os enunciados jurí-

---

[1] Segundo o magistério de FERRAZ Jr., os enfoques dogmáticos distinguem-se dos zetéticos, sendo que toda investigação tem sempre os dois, embora entre ambos não exista uma divisão radical: "O enfoque dogmático revela o ato de opinar e ressalva algumas das opiniões. O zetético, ao contrário desintegra, dissolve as opiniões, pondo-as em dúvida. Questões zetéticas têm uma função especulativa explícita e são infinitas. Questões dogmáticas têm uma função diretiva explícita e são finitas. Nas primeiras, o problema tematizado é configurado como um ser (que é algo?). Nas segundas, a situação nelas captada se configura como um dever-ser (como deve-ser algo?). Por isso, o enfoque zetético visa a saber o que é uma coisa. Já o enfoque dogmático se preocupa em possibilitar uma decisão e orientar a ação."(FERRAZ Jr., Tércio Sampaio. Introdução ao estudo do direito: técnica, decisão, dominação, p. 41).

[2] Nesse sentido, veja-se, por exemplo, VIEIRA DE ANDRADE, *Os Direitos Fundamentais na Constituição Portuguesa de 1976*, p. 30 e 41; MIRANDA, *Manual de Direito Constitucional, IV*, p. 48 a 53. Entre nós, SARLET, *A Eficácia dos Direitos Fundamentais*, p. 29 a 35.

dicos estão vinculados às demais práticas sociais. O homem natural do jusnaturalismo, doutrina filosófica responsável pela afirmação dos direitos do homem, progressivamente teve as suas necessidades ampliadas conforme a realidade social ia adquirindo novas configurações, razão pela qual os direitos fundamentais têm-se revelado como uma resposta do Direito aos anseios básicos dos indivíduos e das comunidades, estando vinculados de maneira estreita com as idéias de justiça, os regimes políticos e as ideologias.

Em conformidade com o disposto no artigo 194 de nossa Constituição Federal, a seguridade social é o gênero de técnicas de proteção social, do qual são espécies a assistência social, a saúde e a previdência social. Essas técnicas não são compartimentos isolados, havendo institutos que apresentam elementos de integração, determinando o legislador ordinário que elas devam ser organizadas em um Sistema Nacional (art. 5º da Lei de Custeio da Seguridade Social). Nesta altura, seria cabível a seguinte indagação: por que investigar apenas o direito à previdência social se ele representa uma das manifestações da seguridade social? Em que pese a proximidade das zonas de atuação, nossa Constituição fixou separadamente o campo de cada uma, as quais receberam disciplina detalhada ditada por leis específicas, reclamadas pela complexidade e abrangência de cada técnica de proteção social. De outro lado, ainda que se considere que o Brasil possui um sistema de seguridade social, destinado a realizar a proteção social em nosso país, a análise do financiamento dessas políticas, da sua implementação pelos órgãos Legislativo e Administrativo e as próprias diferenças no que tange a sua justiciabilidade recomendam uma investigação particularizada.

A previdência social é o instrumento de amparo social resultante do equacionamento da economia coletiva e compulsória – capaz de redistribuir os riscos sociais horizontal (entre grupos profissionais distintos) e verticalmente (entre gerações). No Brasil, apesar das deficiências que apresenta, ela ainda constitui-se na mais significativa técnica de proteção social. Não apenas pelo amparo financeiro que propicia – necessário para a manutenção de uma existência digna do segurado e de sua família, nos momentos em que as contingências sociais se materializam – como também pelo fato de efetivar uma redistribuição de renda e viabilizar a manutenção de um nível mínimo de consumo nos momentos de crise econômica, o que é vital para o equilíbrio das sociedades contemporâneas. Segundo dados do Ministério da Previdência e Assistência Social, em 1999, eram mantidos mais de dezenove milhões de benefícios no regime geral, estimando-se que 2,5 pessoas por família vivam com recursos da previdência. Por ano, a conta da Previdência somaria mais de 66 bilhões, valor correspondente a 6% da riqueza do País. Além disso, em 61% dos municípios do país, as transferências de recursos da Previdência Social superam os repasses do fundo de participação dos Municípios.[3] De fato, sem as transferências de recursos realizadas pela previdência social, a pobreza em nosso País seria um problema ainda mais dramático.[4]

Buscando promover uma adaptação dos mecanismos de proteção social às novas realidades econômicas e sociais, foram e são realizadas reformas muito diferentes na estrutura do Estado e nos seus instrumentos de intervenção. Os regimes de previdência, instrumentos modernos essenciais para a concretização desse direito fundamental, necessitam, constantemente, ser reavaliados, mas, nem todas as reformas são realizadas tendo por meta principal o aperfeiçoamento da proteção social. Felizmente, no Estado Democrático de Direito, os operadores do direito podem e devem contribuir no sentido de transformar positivamente a realidade social na qual estão inseridos.

No Capítulo Primeiro da presente investigação, considerando haver uma relação indissociável entre a realidade social, o tipo de Estado e o seu ordenamento normativo, será apresentada uma visão panorâmica da evolução genética da proteção social, associada ao contexto histórico de desenvolvimento e afirmação dos direitos fundamentais. Trata-se de recapitular as condições histórico-socioeconômicas nas quais a proteção social foi sendo consolidada – tendo como fios condutores dessa reconstituição as medidas coletivas concretas adotadas pelo homem para o enfrentamento das necessidades sociais – começando pelas diversas formas de assistência, passando pelos seguros privados e pela previdência social, até a emergência da moderna seguridade social – as quais podem ser demonstradas, apontando-se os principais marcos de sua positivação.

No Segundo Capítulo, realizar-se-á um acompanhamento da evolução dos direitos sociais no Brasil, em especial, os que foram sendo incorporados à previdência social. O móvel da sua construção foi a constatação de que as normas de direitos fundamentais, dotadas de um conteúdo acentuadamente aberto e indeterminado, reclamam na sua aplicação a consideração de fatores políticos, sociais, econômicos, históricos e ideológicos, os quais justificam a própria existência e o funcionamento das instituições. Assim, uma reflexão adequada da previdência social e de sua normatização, sob pena de ser completamente artificiosa, não poderia ser realizada de maneira atemporal, sem um delineamento, ainda que sumário, das políticas econômicas e sociais implantadas em nosso País, na medida em que as políticas sociais emergem e se estabilizam como respostas formuladas pela socieda-

---

[3] MPAS, *Previdência e Estabilidade Social: Curso Formadores em Previdência Social,* p. 9 a 11, Coleção Previdência social, volume 7.

[4] Segundo simulações realizadas pelo Instituto de Pesquisa Econômica Aplicada – IPEA – em 1999, 34% dos brasileiros viviam abaixo da linha da pobreza. Entretanto, sem a Previdência Social esse percentual subiria para 45,3% (CHECHIN, José. *A Previdência social Reavaliada II* . In Revista Conjuntura Social, vol. 13, nº 1, jan-mar, 2002).

de para os seus dilemas específicos. Por isso, além da análise dos dispositivos constitucionais, a previdência social é situada dentro de um contexto mais amplo.

No Terceiro Capítulo, são tecidas considerações gerais sobre a problemática dos direitos fundamentais com o desiderato de fixar premissas necessárias para uma análise sistemática do complexo de posições jurídicas que compõem o direito fundamental à previdência social. No desenvolvimento, tentaremos demonstrar que ele se constitui em um direito fundamental formal e materialmente sendo considerado espécie do gênero direitos fundamentais sociais. A partir da opção formulada pelo nosso legislador constituinte – no atinente ao regime jurídico edificado para os direitos fundamentais, materializada no § 1º do artigo 5º – ponderaremos sobre a possibilidade e adequação de serem feitas diferenciações na interpretação e concretização[5] dos direitos prestacionais, tendo em vista os condicionamentos institucionais e as restrições que permeiam a efetividade dos direitos fundamentais prestacionais.

No Quarto Capítulo, enfocamos os aspectos reputados mais relevantes dos princípios constitucionais específicos que, em nossa opinião, edificam e matizam o sistema normativo da previdência social. Com certa dose de ousadia, propomos um modelo de princípios constitucionais no qual essas diretrizes normativas do pensamento jurídico, mediante sua interação, articulação, complementaridade recíprocas e hierarquização, possam inspirar uma maior reflexão concernente aos problemas vivenciados nessa seara, nunca perdendo de vista que o operador do direito não apenas interpreta, mas atualiza e recria o direito, podendo aperfeiçoar ou denegrir o trabalho do legislador. Sustentar-se-á que esses princípios são legitimados em razão de densificarem o princípio da solidariedade. As principais decisões de nossa Corte Constitucional sobre a matéria previdenciária são revisitadas e avaliadas, aportando importantes subsídios sobre a adequação do sistema delineado.

---

5 Entendemos por concretização na esteira da lição de CANOTILHO, o processo que, partindo de um enunciado normativo, pela via da mediação do conteúdo dos enunciados lingüísticos (programa normativo) e com a seleção dos dados reais (domínio normativo) estabelecerá uma regra geral e abstrata – medida de ordenação – a qual irá adquirir verdadeira normatividade com a sua aplicação a um caso jurídico a decidir, completando o processo de concretização mediante uma aplicação efetiva que pode ser: 1) criação de uma disciplina regulamentadora (concretização legislativa) 2) pela prolação de uma sentença ou decisão judicial (concretização judicial) 3) prática de atos administrativos (concretização administrativa). (CANOTILHO, .J.J. Gomes. *Direito Constitucional e Teoria da Constituição*, p. 1094 e 1095). Assim, não olvidando as suas diferenças – v.g., na concretização judicial há uma atualização concreta, enquanto na legislativa há uma atualização abstrata e geral – na presente obra, utilizaremos a expressão *concretização* para designar o ato legislativo, administrativo ou judicial de atualização das normas constitucionais. Embora reconheçamos as diferenças entre os conceitos de interpretação, integração, concretização, no presente trabalho, a abordagem do processo hermenêutico é vista apenas globalmente.

Por derradeiro, o último Capítulo é reservado para o exame dos reflexos imediatos da Emenda Constitucional nº 41, de 19 de dezembro de 2003, cujos preceitos promoveram uma reforma estrutural no sistema previdenciário brasileiro. Com o nosso esforço, pretendemos contribuir para a construção de um modelo de princípios previdenciários adequado à realidade brasileira, permitindo agregar determinabilidade (porém, sem a pretensão equivocada de estancar a sua evolução) e racionalidade na aplicação da legislação previdenciária. Em suma, almejamos descortinar uma trilha que permita perseguir a otimização do direito fundamental à previdência social de maneira realista – sem desconsiderar os imperativos macroeconômicos que condicionam a efetividade de todos os direitos – sedimentada sobre um revestimento juridicamente compatível com os objetivos e valores do Estado Democrático de Direito.

1. O desenvolvimento e a crise da proteção social

O ser humano, onde quer que ele viva, tem a sua existência condicionada por necessidades sociais,[6] mais restritas ou mais abrangentes em conformidade com o contexto que o cerca. É intrínseco à própria natureza humana que o indivíduo envide todos os esforços individuais e coletivos, destinados a promover o seu bem-estar, e de sua família, e a superar eventuais situações de privação dos bens necessários para uma vida digna em sociedade. As exigências derivadas da dignidade humana em cada tempo, como demonstra Peces-Barba, realizar-se-ão em um contexto político, social, econômico e cultural que servirá de catalisador em torno de diversos problemas, cuja evolução somente é possível de ser compreendida quando situada na história.[7] Na concepção que adotamos, tanto os direitos fundamentais como os chamados direitos humanos são relativos e históricos, podendo ser transformados e ampliados à medida que a civilização progride.[8] Neste capítulo, pretendemos reconstituir a origem da previdência social, coligindo e contextualizando os principais documentos legislativos pertinentes, os quais demonstram a evolução dos "métodos de economia coletiva"[9] empreendidos pelos homens, com o desiderato de enfrentar as necessidades sociais materiais.

A luta pela satisfação das necessidades sociais, ao longo da História, irá, paulatinamente, determinando não só o surgimento do Estado soberano, mas também colorindo seus diversos matizes,[10] cuja fórmula de vanguarda,

---

[6] Por necessidade social, queremos designar a falta ou escassez de um bem – isto é, a coisa ou objeto material ou imaterial que contribui para o desenvolvimento da personalidade humana – unido ao desejo de sua satisfação. (A respeito, vide PASTOR, José Manoel Almansa. *Derecho de la Seguridad Social*, p. 30).

[7] PECES-BARBA MARTINEZ, Gregório. *Escritos sobre Derechos fundamentales*, p. 229.

[8] Sobre esse aspecto, Norberto Bobbio, com sua habitual lucidez, assevera: "A Declaração Universal representa a consciência histórica que a humanidade tem dos próprios valores fundamentais na segunda metade do século XX. É uma síntese do passado e uma inspiração para o futuro: mas suas tábuas não foram gravadas de uma vez para sempre." (BOBBIO, Norberto. *A era dos Direitos*, p. 34).

[9] Expressão consagrada por Armando de Oliveira Assis na sua obra clássica *Compêndio de Seguro Social* de 1963.

[10] Na lição de Recaséns Siches, os processos sociais que produzem, mantêm e renovam as formas estatais, e, por conseguinte, o Direito são processos de integração de seus membros, confluindo para a formação de uma unidade superior, a qual cristaliza na unidade do ordenamento jurídico (SICHES, Luis Recaséns. *Introducción al Estudio del Derecho*, p. 272). Na nossa opinião, essa unidade será consubstanciada no fim essencial que o Estado buscar concretizar, ou seja, liberdade, igualdade ou democracia.

O Direito Fundamental à Previdência Social

majoritariamente aceita, é o Estado Social. Não pretendemos abordar a problemática do Estado, fenômeno complexo e abrangente que pode ser considerado sob diferentes pontos de vista, mas sim evidenciar a íntima relação entre o tipo de Estado e a formatação da política social. Desse exame, constata-se, por exemplo, que a qualificação "Social" do Estado tem sido atribuída para designar a confluência entre as novas tarefas que são esperadas do Estado – tais como a efetivação de políticas intervencionistas destinadas a assegurar direitos na área da educação, da saúde, da habitação e da previdência social, além de outras tendentes à efetivação da justiça social – e das mudanças que têm sido produzidas graças a elas.[11] A caracterização do Estado brasileiro como Estado Social – no mínimo, pois acreditamos que nosso constituinte deu um passo adiante introduzindo o Estado Democrático de Direito – decorre, portanto, dos seus fundamentos e objetivos previstos nos artigos 1º e 3º de nossa Constituição,[12] bem como pelo extenso elenco de direitos fundamentais que pretende garantir, consubstanciados na idéia de uma liberdade real e uma igualdade material.

Se há direitos que devem obrigatoriamente figurar entre os chamados direitos econômicos e sociais, são os relativos à seguridade social, na medida em que, como observou Dupeyroux, são a um só tempo econômicos e sociais.[13] A seguridade social[14] é, hodiernamente, um dos eixos sobre os quais repousa o Estado Social, configurando um dos instrumentos por meio dos quais o Estado brasileiro busca o atendimento dos seus objetivos arrolados no artigo 3º de nossa Lei Fundamental.

O panorama da digressão genética a ser traçado, no presente capítulo, buscará situar, em cada idade histórica, aquilo que de mais relevante ocor-

---

[11] CÓSSIO DIAZ, José Ramón. *Estado Social y Derechos de prestacion*, p. 32.

[12] "Art. 1º A República Federativa do Brasil, formada pela união indissolúvel dos Estados e Municípios e do Distrito Federal, constitui-se em Estado Democrático de Direito e tem como fundamentos: I- soberania; II- a cidadania; III a dignidade da pessoa humana; IV – os valores sociais do trabalho e da livre iniciativa; e V- o pluralismo político."; "Art. 3º Constituem objetivos fundamentais da República Federativa do Brasil: e 3º que explicita os seus objetivos: "I – construir uma sociedade livre, justa e solidária; II – garantir o desenvolvimento nacional; III – erradicar a pobreza e a marginalização; reduzir as desigualdades sociais e regionais; IV -e promover o bem de todos, sem preconceitos de origem, raça, sexo, cor, idade e quaisquer outras formas de discriminação."

[13] "Trata-se, na realidade de assegurar a todos certas possibilidades de desenvolvimento no plano humano (idéia do que é social); também na concepção moderna da seguridade social, pretende-se assegurar a distribuição mais eqüitativa da renda nacional (idéia econômica)." (DUPEYROUX, Jean Jacques. *O Direito à Seguridade Social*, p. 13).

[14] O conceito de seguridade social biparte-se em duas linhas: uma que lhe confere um campo mais amplo de atuação e outra que defende um critério mais estreito. Os defensores da segunda concepção estimam que a seguridade social compreende a assistência social e a previdência social, porém, dentro dessa última, freqüentemente são inseridas medidas na área da saúde. Para os partidários da conceituação mais abrangente, seria uma disciplina jurídica autônoma que busca proteger o homem contra as necessidades decorrentes das contingências sociais e outras exigências vitais para uma vida digna em sociedade. Isto é, busca fazer frente às necessidades sociais materiais e imateriais, razão pela qual, previdência, assistência e saúde seriam apenas uma parte da seguridade social. Sobre o tema vide, dentre outros, RUPRECHT, Alfredo J. *Direito da Seguridade Social*, p. 37 a 40.

reu no campo dos direitos fundamentais em geral para, em seguida, realçar as medidas concretas adotadas com o desiderato de combater as manifestações das necessidades sociais, as quais costumam ser classificadas em medidas protetoras não-específicas e específicas.[15] Essas medidas decorrem de escolhas políticas efetuadas pelas diversas comunidades, sendo impregnadas pelo valor solidariedade. Ao final, examinaremos os reflexos da crise econômica do Estado Social na amplitude das políticas sociais, em especial na previdência social.

1.1. ANTIGUIDADE

Na concepção organicista da sociedade, vigente na Antiguidade, não deve ser olvidado que o indivíduo era apenas um objeto do poder, estando vinculado às leis ditadas pelas divindades, e às ordens do soberano, sendo mais relevantes os seus deveres para com a sociedade do que eventuais direitos.[16] Em que pesem os ordenamentos jurídicos assegurarem certas faculdades aos indivíduos, quando tratavam das suas obrigações, é duvidoso que no mundo antigo fosse possível afirmar a existência de direitos subjetivos, pois não havia tutela do indivíduo contra o Estado. Nessa linha, demonstra Villey que as raízes da noção de direito subjetivo remontam a Guilherme de Occam.[17] Além disso, não basta reconhecer determinadas faculdades ao indivíduo, sendo necessário que elas tenham direta e imediata referência à sua própria qualidade de ser humano e que sejam reputadas imprescindíveis para o desenvolvimento de sua atividade pessoal e social.[18] Não obstante, deve ser reconhecido o significativo aporte da cultura grega

---

[15] As medidas protetoras não-específicas são aquelas desenvolvidas em uma organização política de matriz liberal, razão pela qual resultam em instrumentos limitados de enfrentamento das necessidades sociais, uma vez que o Estado deve evitar intervir na esfera dos particulares, tais como: a assistência privada e pública, a poupança, o mutualismo e o seguro privado. Já as medidas protetoras específicas são concretizadas em Estados onde a liberdade é entendida também em um sentido positivo, atribuindo-se ao Estado o dever de intervir, podendo esse impor medidas protetivas, ainda que contra a vontade dos indivíduos. Esses instrumentos seriam a previdência social e a seguridade social. A respeito da distinção, vide PASTOR, José Manoel Almansa. *Derecho de la Seguridad Social*, p. 33 e 34.

[16] BOBBIO, Norberto. *A era dos Direitos* , p. 58.

[17] Segundo esse autor, o direito subjetivo nasceu de uma deformação das idéias cristas, pois um desvio de sua moral seria responsável pelo êxito do direito subjetivo. Contrariamente a idéia dominante, VILLEY assevera que em todas as listas de sentidos da palavra *jus* devidas à Escola dos Glossadores ou a São Tomás, ignoram o sentido de direito subjetivo, sendo que a primeira definição clara e completa de direito subjetivo estaria contida na "*Opus nonaginta dierum*", provavelmente de 1332, quando ocorre a mudança do sentido da linguagem romana para a moderna. Nessa obra, Occam envolvido em uma polêmica a respeito da propriedade dos bens que os franciscanos usavam – sustentará que eles têm o uso sem ter o direito – apoiado nas tendências de uso vulgar da linguagem, construirá a primeira teoria do direito subjetivo que se tem notícia. O direito deixará de designar o bem que cabe a cada um, segundo a justiça, e passa a ser o poder que se tem sobre o bem. (VILLEY, Michel. *Estudios en Torno a la Noción de Derecho Subjetivo*, p. 149 e seguintes).

[18] PEREZ LUÑO, Antônio-Enrique. *Derechos Humanos, Estado de Derecho y Constitucion*, p. 109.

como substrato da idéia de direitos fundamentais, forjando a noção de autonomia espiritual do indivíduo, como ser que é um fim em si mesmo, digno, livre e igual. Depois, o Direito Romano verterá significativa contribuição através da criação da pessoa jurídica, tornando o homem centro de imputações jurídicas.[19] O Cristianismo, por sua vez, difundiu e potencializou essas idéias, veiculadas como virtudes religiosas.

Essencial acréscimo para a construção dos direitos fundamentais foi trazido pelo jusnaturalismo. Nesse momento, é oportuna a lição de Recasens Siches, que aponta, em síntese, os seguintes elementos da doutrina do direito natural que foram incorporados a nossa civilização: 1) a doutrina do direito natural ensinou que o Direito se distingue de força e que o poder estatal está sujeito a limitações; 2) demonstrou uma íntima conexão entre Direito e razão humana; 3) evidenciou a estreita ligação entre Direito e a idéia de justiça; 4) limitou a área governada pelo Direito ao reino das normas legítimas, regulares e razoáveis.[20] Como teoria, o jusnaturalismo, ao longo de sua trajetória, buscou fundamentar as regras supremas do comportamento humano, partindo de variáveis morais, jurídicas e sociais constatáveis objetivamente na natureza humana. Consoante preleciona Bobbio, o jusnaturalismo teria elaborado não uma moral determinada, mas um esquema teórico para racionalizar e objetivar as mais diferentes morais.[21] No desenvolvimento da idéia jusnaturalista, duas fases distintas podem ser apontadas: a primeira, na qual preponderava o espírito escolástico, e a segunda, sob a influência de Hugo Grotius, na qual o tema foi desatado de qualquer conteúdo religioso.[22] A partir de então, a base da fundamentação jusnaturalista passa a ser a natureza humana, provocando a secularização da ética cristã, e fazendo do indivíduo o ponto de partida para a construção do Estado e do Direito.

1.1.1. Antecedentes da Previdência Social na antiguidade

Conquanto possam ter existido agrupamentos profissionais no antigo oriente – que poderiam ser apontados como antecedentes corporativos do sindicalismo moderno e da previdência social, formados por hindus, hebreus e egípcios[23] – devemos atribuir maior relevância aos colégios gregos

---

[19] PEREZ LUÑO, Antônio-Enrique. *Derechos Humanos, Estado de Derecho y Constitucion*, p. 111.

[20] SICHES, Luis Recaséns. *Introducción al Estudio del Derecho*, p. 295 a 297.

[21] BOBBIO, Norberto. *Locke e o Direito Natural,* p. 63.

[22] BONAVIDES, Paulo. *Teoria do Estado*, p. 32.

[23] CABANELLAS DE TORRES e ZAMORA y CASTILLO referem que, em escavações realizadas em Kahun, teria sido descoberta uma inscrição egípcia de 2.500 anos antes de Cristo, relatando a existência de associações dedicadas a prestar socorros funerários a seus membros (CABANELLAS DE TORRES e ZAMORA y CASTILLO. *Tratado de Política Laboral y Social*, Tomo III, p. 451).

e romanos.[24] Os primeiros teriam sido criados por Teseu em Atenas, sendo denominados de hetérias, do qual temos referência em uma lei de Sólon, conservada no Digesto – Livro 47, Título XXII, Lei 4ª: *De Collegiis et corporibus*[25] – a qual permitia aos distintos colégios celebrarem convenções que não contrariassem as leis do Estado. Os *Collegia* romanos exerceram grande influência religiosa, econômica e profissional, provocando a sua abolição por Júlio César, em face do temor de sua importância na vida do império. O restabelecimento dessas instituições, todavia, foi permitido por Augusto no ano de 56 a.C. pela *Lex Julia*.[26] O destaque conferido a essas instituições decorre de sua natureza mutualista, na medida em que buscavam, além de finalidades religiosas e econômicas, manter um regime de ajuda recíproca aos seus membros.[27] Os *Collegia* existiram até a queda do Império Romano do Ocidente.

1.2. IDADE MÉDIA[28]

A sociedade política medieval européia era constituída por três grupos sociais: a nobreza, o clero e o povo. Fora dos três estamentos, ficavam todos os que tinham sido reduzidos à condição servil. Os dois primeiros possuíam privilégios hereditários, e o último gozava apenas do *status libertatis*, isto é, distinguiam-se dos servos de todos os gêneros.[29] O feudalismo caracterizou-se pela propriedade individual dos meios de produção pertencer ao senhor feudal, o qual desfrutava isoladamente do produto da cobrança dos tributos, aplicando sua própria justiça e organizando o seu exército particular.[30] Cada senhor feudal tinha domínio absoluto sobre o seu território e quem nele habitasse, razão pela qual inexistia a separação entre a esfera

---

[24] RUSSOMANO, Mozart Victor. *Curso de Previdência Social*, p. 4.

[25] CABANELLAS DE TORRES Y ZAMORA y CASTILLO. *Tratado de Política Laboral y Social*, Tomo I, p. 231.

[26] RUSSOMANO, Mozart Victor. *Curso de Previdência Social*, p. 4.

[27] A mutualidade, na lição de RUPRECHT, "pode ser concebida como instituição que agrupa um determinado número de pessoas com o objetivo de se prestar ajuda mútua, em vista de eventualidade futura." (RUPRECHT, Alfredo J. *Direito da Seguridade Social*, p. 29).

[28] Costuma-se dividir a "Idade das Trevas", ou Idade Média, em: Alta, compreendendo os séculos VI a XI; e a Baixa, englobando os séculos XII a XV.

[29] COMPARATO, Fabio Konder. *A Afirmação Histórica dos Direitos Humanos*, p. 60.

[30] O modo de produção feudal é assim descrito por CAPELLA: "Uma «aristrocracia» originalmente militar se auto-atribuía um território e sua população. Os povoadores eram obrigados a cultivar a terra necessária para si e também para seu senhor. Em geral, prevaleceu um simples sistema de cultivo, o chamado «dos três campos» ideais ou materiais: um camponês cultivava uma parcela para si, outra para o correspondente senhor e uma terceira para repor as sementes de ambas. Os camponeses não podiam abandonar a terra. Estavam obrigados a prestar ao senhor os serviços – de armas os homens e de leito as mulheres – que lhes requisitasse. E ainda que nada lhes amparava do senhor, este protegia militarmente seu domínio e, portanto, também a seus povoadores." (CAPELLA, Juan Ramón. Fruta prohibida. *Una aproximación histórico-teórica al estúdio del derecho y del estado*, p. 86).

O Direito Fundamental à Previdência Social

pública e a privada, pois até mesmo a jurisdição era uma parte do direito que o senhor feudal tinha sobre a terra, devendo os tribunais obediência a ele. Como não havia relação direta entre o rei e os súditos, os direitos conferidos a estes não eram efetuados de maneira individualizada, mas decorriam da condição de membros de determinado grupo ou instituição.[31] Na Baixa Idade Média, a agricultura era, quase exclusivamente a única atividade econômica que permitia a subsistência. Já o comércio, tinha se tornado praticamente insignificante, em virtude de o excedente padecer de grande empecilho para ser negociado porquanto o comércio marítimo sofreu rude golpe com a pirataria árabe no Mediterrâneo.[32]

A queda do Império Romano e o pensamento cristão produzirão o germe do individualismo, pois nessa fase não existiu trabalho criador da Jurisprudência no sentido romano, vivendo-se sobre o que fora criado no passado. O egoísmo individual deformara o que foi construído tendo em vista a justiça e o bem comum, de forma que cada um passou a estabelecer uma lista dos seus direitos (direitos do imperador contra o papa, direitos dos reis contra seus súditos, direitos de tal senhor ou de classe de indivíduos). Villey compara essa confiscação de direitos pelos interesses egoístas com a atitude dos habitantes da cidade de Roma na Idade Média que construíam suas casas com os despojos das ruínas dos templos.[33] A idéia de Estado restou dissolvida no feudalismo – caracterizado por uma cadeia de soberanos e vassalos – que poderia ser sintetizado como uma privatização do poder, cujas estruturas urbanas geradas no interregno, como as universidades, corporações de ofício e comunas, surgiram à margem de qualquer estrutura centralizada. No decorrer do período, a Escravidão foi sendo mitigada pelos institutos da servidão, da gleba, do colonato e da vassalagem.[34]

Na Baixa Idade Média, iniciando na península itálica e no sul da França, emergem os burgos livres, ou burgos de fora, isto é, povoações fundadas por comerciantes em torno dos castelos, as quais se propagam por toda a Europa. Nessas povoações, surge um grupo social diferente: a burguesia, a qual promoverá o ressurgimento e a expansão do comércio, fato que, aliado ao progresso da indústria, provocará a denominada revolução mercantil. Contrapondo-se à divisão jurídica estamental, a burguesia apresentará uma divisão econômica: patrões ricos e empregados pobres, a qual será a semente das modernas classes sociais.[35]

---

[31] MIRANDA, Jorge. *Manual de Direito Constitucional*, Vol. I, p. 61.

[32] CABANELLAS DE TORRES e ZAMORA y CASTILLO. *Tratado de Política Laboral y Social*, Tomo I, p. 178.

[33] VILLEY, Michel. *Estudios en Torno a la Noción de Derecho Subjetivo*, p. 167.

[34] CABANELLAS DE TORRES e ZAMORA y CASTILLO. *Tratado de Política Laboral y Social*, Tomo I, p. 187.

[35] COMPARATO, Fabio Konder. *A Afirmação Histórica dos Direitos Humanos*, p. 63.

Nessa fase, encontramos os primeiros antecedentes das declarações de direito, como o Decreto de Afonso IX, nas Cortes de Leon, de 1188, e a Magna Carta de João II, em 1215, na Inglaterra. Contudo, trata-se de concessões outorgadas unilateralmente pelos monarcas, embora debaixo de pressão popular, mas sem intervenção do parlamento.[36] Não esqueçamos, porém, que são direitos reconhecidos a determinadas pessoas em razão de pertencerem a certos estamentos.

1.2.1. Antecedentes da Previdência Social na Idade Média

Com origens no século VII, aparecem e se desenvolvem vertiginosamente as guildas germânicas e anglo-saxônicas, muito próximas dos colégios romanos, sendo que algumas delas incluíam em suas finalidades a assistência em caso de doença e a cobertura das despesas de funeral. As guildas podiam agrupar-se em três categorias: religiosas e sociais; de artesãos; e de mercadores.[37] Essas organizações – religiosas, laborais e econômicas – consolidam-se como um reflexo natural da associação dos homens livres que buscavam a defesa de interesses comuns e cuja evolução notável terá conseqüências profundas na construção de um novo tipo de sociedade.

No século XII, formam-se corporações em toda a Europa, com organização própria, constituídas por pessoas que exercem o mesmo ofício ou profissão, cujas expressões mais emblemáticas foram as confrarias e os grêmios,[38] destacando-se o seu caráter mutualista. As origens de tais associações são polêmicas, na medida em que elas foram afetadas por uma pluralidade de influências que vão desde antigos costumes europeus (escandinavos, germânicos, anglo-saxões) até o espírito do cristianismo considerado predominante. Levando-se em conta que o fenômeno apareceu em toda a Europa em um período de quase mil anos, englobando ambientes políticos, econômicos e sociais distintos, não causam espécie as profundas variações entre as origens e finalidades de tais associações, refletidas também na denominação dessas corporações.[39] Impende destacar a profunda relação existente entre as corporações e os regimes municipais. Para alguns,

---

[36] DIAZ, Elias. *Estado de Derecho y sociedad democrática*, p 19.

[37] CABANELLAS DE TORRES e ZAMORA y CASTILLO. *Tratado de Política Laboral y Social*, Tomo I, p. 235.

[38] A confraria medieval parece ter sido anterior aos grêmios, porém, como corporação típica, algumas vezes surgiu antes, em outras, coincidiu e, inclusive, sobreviveu após o desaparecimento da organização corporativa. A primeira nasceu à sombra dos santuários, formada por trabalhadores que exerciam a mesma profissão e rendiam culto a um mesmo santo. Já os grêmios, embora impregnados pelos princípios do cristianismo, tinham como objetivo fundamental a defesa dos interesses econômicos, sociais e políticos e a cooperação entre seus membros. Quando o poder público reconhece a importância dos grêmios e lhes reconhece privilégios adquirem o caráter de corporações.

[39] VENTURI, Augusto. *Los fundamentos científicos de la seguridad social*, p. 65.

foi o regime municipal que deu um impulso para o desenvolvimento das corporações, enquanto outros defendem que foi a vida municipal que originou a atividade corporativa.[40]

1.3. IDADE MODERNA E ESTADO ABSOLUTO

O Renascimento, extraordinário movimento científico, cultural e artístico, impulsionado principalmente pela reforma protestante e pelo humanismo, exercerá influência decisiva na transição entre a era medieval e a moderna. As duas concepções, a humanista e a da reforma, por itinerários diferentes, conduzirão, na ordenação jurídica da sociedade, para a criação de um âmbito de autonomia, uma liberdade negativa na qual os demais e o próprio Estado deverão se abster de intervir. A necessidade de organização da ordem social e de monopolizar o uso da força legítima desaguará na exclusividade da criação do direito emanado pelo Estado.[41] O Estado Moderno – como unidade de dominação independente no exterior e no interior claramente delimitado é uma inovação do século XVI – procedendo da institucionalização do Poder, tem como condições de sua existência o território, a nação, mais potência e autoridade.[42]

Será possível pela via de uma aliança entre a burguesia e a nobreza, a superação da ordem medieval. A nova composição política era interessante tanto para os mercadores, os quais clamavam por ordem, por segurança jurídica e por uma tributação única para a expansão dos seus negócios, como para os soberanos, que desejavam consolidar o seu poder e ampliar a arrecadação. O despertar do nacionalismo, no qual estava inserida a idéia de que o rei seria o representante da nação, o responsável pela condução da nau do Estado até os portos seguros, o desenvolvimento da economia – primeiro o capitalismo comercial, depois o industrial – e a redescoberta do Direito Romano (identificado com o direito natural e reelaborado para a nova organização econômica e social) favorecerão o surgimento dos modernos Estados Nacionais laicos e soberanos. O Estado Nacional foi um fenômeno tipicamente ocidental – no qual avultará uma única ordem jurídica, um único exército e uma só hierarquia de funcionários – formando-se no mesmo contexto que dá origem ao mercado capitalista, conferindo universalidade em uma esfera de interação entre os indivíduos que vivem sob seu domínio e dotando as comunidades nacionais de um instrumento inigualável para a competição no sistema mundial engedrado pela expansão

---

[40] CABANELLAS DE TORRES e ZAMORA y CASTILLO. *Tratado de Política Laboral y Social*, Tomo I, p. 237.

[41] PECES-BARBA, Gregório. *Curso de Derechos Fundamentales. Teoria General*, p. 113 a 138.

[42] STRECK, Lenio Luiz e MORAIS, José Luis Bolzan de. *Ciência Política e Teoria Geral do Estado*, p. 27.

capitalista.[43] Na precisa observação de Vidal Neto, a soberania era uma exigência para a realização de uma ordem social mais justa, mas, ao mesmo tempo, era necessário que a ela fossem estabelecidos os mesmos limites do bem comum, identificados com uma ordem social justa.[44]

A sociedade estamental terá a sua superação propulsada pela mudança do sistema econômico. É nessa fase que o comércio marítimo se revitaliza, possibilitando o desenvolvimento das técnicas de navegação que serão decisivas também para os grandes descobrimentos. O capitalismo mercantil, o qual provocou meticulosa regulamentação da atividade econômica, estribado na premissa de que a riqueza das nações é gerada pela acumulação de metais preciosos, ao mesmo tempo que robusteceu o poder absoluto do Estado, oportunizará a ascensão da burguesia. Uma vez detentores do poder econômico, seus integrantes buscarão caminhos para limitar o poder estatal, insurgindo-se agora contra o que era considerado excessiva intervenção estatal, dentre os quais assumirá relevo a idéia de direitos fundamentais que assegurem a autonomia necessária para o progresso do comércio e do livre-mercado. As doutrinas econômicas, em especial a professada pela Escola Liberal iniciada com Adam Smith, exerceram ponderável influência nas Declarações de Direito no anseio de limitar o poder e exaltar o valor da liberdade individual.[45] Assim, revelou-se decisiva a relação econômica entre o capitalismo e os direitos fundamentais veiculados pelas revoluções liberais do Século XVIII.[46]

Concomitantemente à afirmação dos Estados modernos, consolida-se a noção do indivíduo como sujeito dotado de direitos. Nesse período, intensifica-se o clamor pela liberdade religiosa, intelectual, política e econômica, na mudança progressiva rumo a uma sociedade antropocêntrica e individualista.[47] Tão profunda será essa transformação, viabilizada pela concepção individualista da sociedade, que não será mais possível justificar, sem ela, a democracia como boa forma de governo.[48] Na Idade Moderna, primeiro no mundo anglo-saxão, surgem os documentos mais próximos

---

[43] DELGADO, Ignacio Godinho. *Previdência Social e Mercado no Brasil*, p. 32.

[44] VIDAL NETO, Pedro. *Estado de Direito: direitos individuais e direitos sociais*, p. 42.

[45] Idem, p. 105 a 107.

[46] PECES-BARBA, Gregório. *Curso de Derechos Fundamentales. Teoria General*, p. 117.

[47] O individualismo é um termo ambíguo que comporta diversos significados, tais como egoísmo, aversão a interesses sociais ou também a teoria que vê no indivíduo a causa e a finalidade do Estado e do Direito. (VIDAL NETO, Pedro. *Estado de Direito: direitos individuais e direitos sociais*, p. 74.) Segundo BOBBIO, três versões do individualismo contribuíram para dar conotação positiva a esse termo e tornar compreensível o ponto de vista dos direitos do homem: o individualismo *metodológico,* que estuda a sociedade partindo das ações do indivíduo; o individualismo *ontológico, lastreado no* pressuposto da autonomia de cada indivíduo com relação a todos os outros de igual dignidade; e o individualismo *ético,* o qual assevera que todo indivíduo é uma pessoa moral (BOBBIO, Norberto. *A era dos Direitos*, p. 60 e 61).

[48] BOBBIO, Norberto. *A era dos Direitos*, p. 120.

O Direito Fundamental à Previdência Social

do pensamento liberal, cabendo destacar *o Petition of Right* de 1628, *Habeas Corpus,* de 1679, e o *Bill of Rights,* de 1689. Nesse último, avulta o direito de petição, a proibição de tribunais de exceção e de imposição de penas cruéis, aparecendo já como pacto entre o Rei Guilherme de Orange e o povo representado pelo parlamento.

1.3.1. Antecedentes da Previdência Social na Idade Moderna

Nessa era, a proteção das necessidades sociais efetiva-se por intermédio das irmandades de socorro, e, depois, dos montepios. A irmandade nasce como sucessora dos grêmios e, no início tinha a sua constituição submetida a uma autoridade eclesiástica. Diferentemente dos grêmios, conferia direito subjetivo aos seus membros de obter a referida proteção. Depois são sucedidas pelos montepios laicos e subvencionados pelo Estado, não para a massa da população, mas restritos a atividades profissionais que ensejavam altos rendimentos, tais como: militares, funcionários de ministérios, e funcionários das oficinas reais.[49]

No campo da assistência aos pobres, a intervenção estatal implementou-se, com caráter geral, primordialmente em 1413 em Gênova, cuja Constituição desse ano determinava a nomeação de "oficiais de misericórdia", com o intuito de arrecadar e distribuir oferendas aos indigentes. Em Frankfurt, há registro de regulação da assistência oficial aos pobres em 1437. Nessa trilha, surgiram leis na França (Edito, de Francisco I, em 1536), Alemanha (*Reichspolizeiordnung*, de Carlos V, em 1530), progressivamente ampliadas pela legislação posterior, bem como estendendo-se para os demais países europeus.[50] À medida que as sociedades evoluem, as políticas de socorro aos desvalidos não emergem apenas motivadas pelo espírito de caridade, mas também como medida de ordem pública que poderia ser ameaçada pela fome e pela miséria de grandes grupos de excluídos. Conquanto a repressão penal não fosse suficiente, as medidas de polícia continuavam sendo amplamente utilizadas pelos Municípios e Estados, tais como a expulsão dos indigentes e as deportações ultramar.

Não obstante os marcos legislativos anteriores, acima referidos, costuma-se apontar a Inglaterra como país no qual a instituição da assistência do Estado aos pobres atingiu um desenvolvimento mais amplo e característico. A primeira lei inglesa que tratou da obrigação de as autoridades locais proporcionarem auxílio aos pobres, para que eles não necessitassem pedir esmolas, foi a 27ª de Henrique VIII, de 1536. Depois, a Lei de Isabel I, de 1563, incorporou a decisão do *Commmon Council* de Londres, proferida em

---

[49] PASTOR, José Manoel Almansa. *Derecho de la Seguridad Social*, p. 86 a 87.

[50] VENTURI, Augusto. *Los fundamentos científicos de la seguridad social*, p. 44 a 46.

1547, substituindo as coletas dominicais por contribuições obrigatórias de todos os cidadãos. Supervenientemente, impulsionado por uma das mais graves carestias da história inglesa, o Parlamento aperfeiçoou a legislação anterior em 1597, que após algumas emendas, converteu-se na célebre *Poor Law,* de 1601.[51]

Os colégios romanos, as irmandades e corporações medievais, as sociedades de socorro mútuo apresentavam o caráter de mutualidade, mas não tinham incorporado os pressupostos técnicos e jurídicos do seguro, razão pela qual muitas dessas sociedades não ofereciam nenhuma garantia de que poderiam atender seus filiados em um momento de grave necessidade social. O instituto do seguro não apresenta uma evolução histórica unitária, mas um desenvolvimento independente dos seus diferentes ramos. A primeira forma de seguro a aparecer foi a marítima, graças ao espírito empreendedor dos comerciantes italianos do século XIV, estendendo-se, paulatinamente, para os ramos da proteção contra incêndio, riscos do transporte terrestre e outros.[52] O seguro de vida surgiu bem mais tarde, graças à introdução do cálculo de probabilidade e das tabelas de mortalidade, datando de 1762 a fundação, em Londres, da primeira companhia de seguros de vida dentro de bases científicas.[53] Se historicamente os seguros privados surgiram antes da assistência social, a sua aplicação para a cobertura de riscos sociais somente será efetivada muito mais tarde.[54]

1.4. IDADE CONTEMPORÂNEA

Uma nova etapa será vivenciada com o advento das declarações de direito, na América e na França, consagradoras de princípios anteriores ao ordenamento positivo do Estado e que são reconhecidos pelo Poder Constituinte antes da sua criação. Por isso as modernas declarações de direito encontram uma estreita vinculação ao desenvolvimento do constitucionalismo.[55] Graças a essas declarações, os direitos naturais converteram-se em direitos constitucionais, dotados de valor jurídico inclusive superior ao das

---

[51] Segundo Venturi, essa legislação determinava a nomeação, em cada paróquia, de dois ou *mais "overseers of the poor"* encarregados de recolher fundos de todos os que estivessem em condições de contribuir, destinados: a) para viabilizar a obtenção de emprego para as crianças pobres por meio da aprendizagem que poderia ser obrigatória até os 24 anos para os varões e até 21 anos para as mulheres; b) o ensinamento do trabalho para os pobres que não tinham nenhuma especialização; c) ao atendimento dos inválidos em geral. (VENTURI, Augusto. *Los fundamentos científicos de la seguridad social,* p. 47).

[52] Idem, ibidem, p. 78.

[53] ASSIS, Armando de Oliveira. *Compêndio de Seguro Social,* p. 43.

[54] Em 1849, começando pela Inglaterra, surgiram empresas que se dedicaram também à instituição de seguros populares destinados à classe trabalhadora. (VENTURI, Augusto. *Los fundamentos científicos de la seguridad social,* p. 80).

[55] PEREZ LUÑO, Antônio-Enrique. *Derechos Humanos, Estado de Derecho y Constittucion,* p. 115.

leis. Os direitos fundamentais clássicos germinaram, basicamente, em torno de três pilares, os quais serão contemplados nas Declarações de Direito: na reflexão sobre a tolerância religiosa, sobre os limites do poder e em torno das garantias processuais e penais. Esse fato é significativo para que possamos compreender a dificuldade inicial de aceitação dos direitos econômicos, sociais e culturais, pois, partindo-se de uma essência humana imutável, e de acordo com a ideologia jusracionalista, os direitos seriam prévios ao Estado, ao passo que os direitos referidos, na sua maioria, só podem ser realizados pela mediação estatal, carecendo de justificação pela ótica tradicional.[56]

1.4.1. Estado Liberal

Após consolidar o seu poder econômico, a burguesia triunfará também na conquista do espaço político do qual se servirá para excluir a intervenção estatal no processo econômico. Com efeito, a ideologia liberal – incompatível com a visão estreita de um poder soberano ilimitado e arbitrário, que atrelava em demasia a expansão econômica e cultural da sociedade – necessitava criar e aperfeiçoar instrumentos de controle dos excessos do poder, os quais estavam limitados à observância de preceitos religiosos, morais ou jusnaturalistas. Para tanto aportaram significativa contribuição as correntes filosóficas do contratualismo, do individualismo e do iluminismo, consolidando a idéia de que a justificação do Estado reside na preservação dos direitos naturais. No Estado de Direito Liberal,[57] o poder estatal passou a atuar debaixo do império da lei, restando consolidada uma preocupação efetiva com a tutela dos direitos fundamentais que gravitavam em torno do valor liberdade: os denominados direitos de primeira dimensão, ainda que não fossem os direitos de todos os cidadãos. Impende sinalar que o grau zero de intervenção foi uma meta nunca atingida, na medida em que sempre houve, em menor ou maior grau, políticas estatais destinadas a garantir condições mínimas de existência para os indivíduos, bem como a necessidade de garantir a continuidade do mercado ameaçado pelo capitalismo financeiro.[58]

---

[56] PECES-BARBA, Gregório. *Escritos sobre Derechos fundamentales*, p. 196 e 197.

[57] Como notas caracterizadoras deste tipo de Estado, destacam-se: a) separação entre Estado e Sociedade Civil; b) garantia dos direitos individuais; c) democracia surgindo vinculada ao ideário da soberania da nação, implicando a aceitação da origem consensual do Estado, o que aponta para a idéia de representação bem como pela imposição de um controle hierárquico da produção legislativa; d) Estado concebido com um papel reduzido – Estado Mínimo. (STRECK, Lenio Luiz e MORAIS, José Luis Bolzan de. *Ciência Política e Teoria Geral do Estado*, p. 90).

[58] STRECK, Lenio Luiz e MORAIS, José Luis Bolzan de. *Ciência Política e Teoria Geral do Estado*, p. 61 e 62.

Como observa Bobbio, o "estado de natureza abstrato dos teólogos e dos jusnaturalistas é preenchido com um conteúdo concreto, isto é, será o local das relações econômicas, distinto do plano político. Por conseguinte, a sociedade natural é a econômica, sobrepondo-se à sociedade artificial que é a sociedade política".[59] Inegavelmente, o legado de Locke, admitindo uma diferenciação de direitos e de raciocínios que já seria existente no estado natural,[60] foi extremamente valioso para a burguesia que, ao ascender ao poder, já detinha uma variante do jusnaturalismo que servia de teoria moral para justificar os seus valores, os quais seriam transformados em conceitos nos dispositivos cogentes, bem como para conferir a sua visão paradigmática na criação e na aplicação do direito.

É profundamente natural que se almejasse limitar a intervenção estatal ao mínimo possível – restrita quase totalmente para a garantia da segurança externa – pois os cidadãos livres e iguais poderiam estabelecer adequadamente as suas próprias regras nas relações entabuladas entre si. Em uma crença quase mítica na capacidade de cada indivíduo de determinar o seu destino, consagravam-se os valores da autonomia da vontade, da segurança jurídica, da liberdade, da vida e da propriedade como valores superiores. As crises sociais que emanassem desse modelo de convívio social deveriam ser resolvidas pela própria sociedade civil, dentro da sua ordem instaurada, sem que o Estado interviesse nos problemas econômico-sociais, respeitando a autonomia da sociedade.[61] Como decorrência dos postulados liberais e individualistas, os quais desaconselhavam a atuação do Estado no sentido de combater as necessidades sociais, resultavam os limitados instrumentos de proteção social, tais como a assistência social privada e pública, a poupança individual, o mutualismo e o seguro privado.[62]

1.4.2. Estado Social de Direito

Com a revolução industrial, a sociedade experimentou um desenvolvimento econômico sem precedentes – conquanto favorecesse apenas uma pequena parcela da sociedade, gerando um regime de exploração bárbara e cruel dos trabalhadores. Ao mesmo tempo, passava a conviver com novos desafios decorrentes da concentração da população, a qual crescia em progressão geométrica, em centros urbanos que não dispunham de infra-estru-

---

[59] BOBBIO, Norberto. *Locke e o Direito Natural,* p. 205 – 206.

[60] MACPHERSON, C. B. *A teoria política do individualismo possessivo de Hobbes até Locke*, p. 262.

[61] FLICKINGER, Hans-Georg. *A trajetória das políticas sociais na Alemanha* p. 49. In: *Entre Caridade, Solidariedade e Cidadania: história comparativa do serviço social Brasil / Alemanha.*

[62] PASTOR, José Manoel Almansa. *Derecho de la Seguridad Social,* p. 33.

tura adequada. O modelo do Estado Social[63] resultará da crítica reformista tecida contra o direito burguês, na medida em que a maior parte dos indivíduos, os não-proprietários, começou a compreender que, sozinhos, seriam impotentes para a construção da almejada felicidade. Além disso, em face do desenvolvimento tecnológico e econômico da sociedade, também as estruturas jurídicas seriam desafiadas pelas novas funções que a vida reclamava do direito.

As decantadas garantias individuais, as liberdades negativas, estavam voltadas apenas para a opressão política, não levando em consideração a opressão econômica realizada justamente pela burguesia. O individualismo consagrado nas declarações de direito e a conseqüente neutralidade do Estado diante das transformações sociais haviam desembocado no esquecimento da necessidade de realizar também a igualdade e a justiça social.[64] Não houve uma seqüência rígida no processo de expansão da cidadania, mas, a partir do advento dos Estados Nacionais, ficou visível o contraste entre indivíduos que, pelo instituto da igualdade civil, compartilhavam do mesmo *status*, mas que a operação do mercado tornava desiguais.[65] Por isso o Estado Social de Direito buscará compatibilizar, no mesmo sistema, dois elementos: o sistema capitalista como forma de produção e a concretização de um bem-estar social geral.[66] A estrutura mínima de bens e serviços cujo acesso deve ser franqueado por via da atuação estatal oscilará de Estado para Estado, podendo haver diferenças significativas entre eles.

Diversas doutrinas políticas e sociais influenciaram na formação de uma nova concepção dos direitos fundamentais, tais como o solidarismo, o socialismo de Estado, a doutrina social da igreja, as quais de diferentes modos destacaram a insuficiência das liberdades individuais para a promoção real do desenvolvimento da personalidade humana, mediante um nível de vida no qual ficasse assegurado um mínimo existencial. A conjugação de tais influências fará emergir os direitos sociais, reclamando-se uma postura empreendedora do Estado para a sua implementação, e com eles, o indivíduo passará a ter as dimensões concretas de sua existência valoradas.[67] É interessante constatar que, em face da influência de Condorcet e Robespierre, nos artigos 18-23 da Declaração de Direitos da Constituição Francesa de 1793, aparecem pela primeira vez os direitos dos cidadãos ao

---

[63] O qualificativo Social, consoante o magistério de Diaz, refere-se à correção do individualismo clássico liberal por via da afirmação dos direitos sociais e da realização dos objetivos de justiça social. Entretanto, o Estado Social de Direito, para merecer essa designação deve atender as exigências consideradas próprias de todo Estado de Direito. (DIAZ, Elias. *Estado de Derecho y sociedad democrática*, p. 84 a 87).

[64] CID, Benito de Castro. *Los Derechos Económicos Sociales y Culturales: análisis a luz de al teoría general de los derechos humanos*, p. 48.

[65] DELGADO, Ignacio Godinho. *Previdência Social e Mercado no Brasil*, p. 32.

[66] DIAZ, Elias. *Estado de Derecho y sociedad democrática*, p. 92.

[67] VIDAL NETO, Pedro. *Estado de Direito: direitos individuais e direitos sociais*, p. 128.

trabalho, assistência[68] e instrução, antecipando o quadro dos direitos fundamentais sociais, embora essa Constituição nunca tenha entrado em vigor. Depois, a Constituição de 1848 intentou proclamar os princípios da de 1789 na esfera econômica.[69]

As reivindicações do movimento operário formaram duas correntes distintas sobre os direitos fundamentais, conforme aponta Perez Luño.[70] A primeira, cujos expoentes máximos são Marx e Engels, contrária aos direitos fundamentais, por entender que esses são inerentes ao individualismo burguês – os direitos corresponderiam a uma superestrutura destinada à defesa da propriedade privada – e que as desigualdades econômicas não permitem a concretização de uma igualdade material, não sendo adequado existir liberdade para poucos, se as massas são totalmente subjugadas.[71] Por isso esses direitos teriam uma função ideológica buscando encobrir a realidade concreta.[72] Quando lançado o famoso Manifesto Comunista, de 1848, a legislação social era ainda apenas um ardente desejo, cujas convulsões sociais, em especial a Revolução Russa, de 1917, obrigaram a burguesia a fazer concessões às classes menos favorecidas. A segunda, encampada pelo movimento social democrata, colimou dar uma forma jurídica para as reivindicações dos trabalhadores, integrando esse movimento ao aparato do Estado, a qual evidentemente era mais palatável ao sistema capitalista. A origem dos direitos econômicos sociais e culturais, para Amuchástegui, citado por Peces-Barba, remontaria ao pensamento do socialismo jacobino cooperativo de Louis Blanc, o qual redefiniu os conceitos de liberdade como capacidade, de igualdade como satisfação das necessidades básicas e fraternidade como fundamentadora de obrigações positivas entre os indivíduos.[73] Esse movimento teria influenciado decisivamente a positivação dos

---

[68] O artigo 21 dessa declaração rezava: "Os socorros públicos constituem uma dívida sagrada. A sociedade deve dar subsistência aos cidadãos desafortunados quer granjeando-lhes trabalho quer assegurando-lhes meios de existência se não estiverem em condições de trabalhar." (extraído dos *Textos Históricos de Direito Constitucional*, organizados e traduzidos pelo professor Jorge Miranda, p. 77).

[69] PEREZ LUÑO, Antônio-Enrique. *Derechos Humanos, Estado de Derecho y Constittucion*, p. 120.

[70] Idem, ibidem, p. 122.

[71] Examinando os direitos humanos na forma como foram "descobertos" pelos americanos e franceses já em 1843, Marx assevera:"Registremos, antes de mais nada, o fato de que os chamados direitos humanos, os droits de lhome, ao contrário dos droits du citoyen, nada mais são do que os direitos do membro da sociedade burguesa, isto é, do homem egoísta, do homem separado do homem e da comunidade." (MARX, Karl. *A questão judaica*, p. 41).

[72] Com base nessa influência, os países socialistas positivaram os direitos sociais de forma proeminente em relação aos direitos individuais como ocorreu na URSS, em 1918, com a Declaração dos Direitos do Povo Trabalhador e Explorado. A crítica que é feita a esse sistema é a seguinte. Como os direitos individuais burgueses não contribuem para o indivíduo explorado possa suprir suas necessidades, são limitados pelo interesse da coletividade socialista, cujo único intérprete é o Estado, acarretando a eliminação completa das garantias do indivíduo. Nesse sentido, veja-se Felice Bataglia e Jacques Robert, citados por Vidal Neto. (VIDAL NETO, Pedro. *Estado de Direito: direitos individuais e direitos sociais*, p. 130 a 132.

[73] PECES-BARBA, Gregório. *Escritos sobre Derechos fundamentales*, p. 198.

direitos econômicos, sociais e culturais na Constituição Francesa de 1848, a qual vigeu por apenas três anos.

O antagonismo de interesses entre a burguesia e o proletariado acabou gerando a incorporação de novos valores, os quais podem ser aglutinados em torno da igualdade material, sem a qual a liberdade é mera figura retórica. Aliás, o paradoxo central das sociedades democráticas gravita em torno da contradição entre igualdade política e civil e igualdade econômica.[74] É imperioso destacar que as demandas pela criação de sistemas previdenciários decorreram, em boa parte, dos paradigmas tecnológicos que levaram à consolidação da classe operária, e também das relações de mercado que deram uma nova configuração para a sociedade, na qual as redes tradicionais de proteção aos mais velhos haviam sido dissolvidas.[75] Cabe relembrar que as associações de auxílio mútuo haviam desaparecido inclusive por força de legislação que proibia a sua existência como a famosa Lei Chapelier, de 1791.

As convulsões eclodem, abalando a estabilidade do tecido social, compelindo o Estado a abandonar a postura de mero espectador da atividade econômica e social, com o objetivo de restabelecer um equilíbrio mínimo nas relações sociais. Essa atuação é realizada mediante a edição de leis que alteram a disciplina geral do direito privado, reduzindo o espaço até então ilimitado da autonomia da vontade, e pela instituição de políticas de inclusão social, as quais geram obrigações jurídicas para o Estado no atendimento aos mais necessitados. Surge o Estado Social ou *Welfare State* que, propiciando uma integração mais efetiva entre Estado e sociedade, acaba com o predomínio do direito privado. A atividade regulamentadora do Estado, envolvendo temas direta e indiretamente relacionados ao processo produtivo, resultará na criação de um novo ramo do Direito, o Direito do Trabalho, cujo desenvolvimento dos princípios, técnicas e institutos peculiares acabará reclamando o surgimento de novos ramos autônomos[76] como o Direito Previdenciário.

A inserção significativa dos direitos sociais nas constituições começa com a Constituição Mexicana de 1917, a qual sistematizou um conjunto de direitos sociais de maneira pioneira. Com o final da 1ª Guerra Mundial, surgirá a Constituição alemã de Weimar, de 1919, portadora de maior influência no constitucionalismo mundial na defesa desses direitos. Naquilo que nos

---

[74] "A 'demanda de igualdade civil ou política' traduz-se pela determinação de uma norma idêntica para todos. A igualdade tem como objetivo a abolição radical das diferenças de estatuto civil ou político. A demanda de igualdade econômica ou social se apresenta de um outro modo: ela se exprime como vontade de redução das desigualdades. Os dois procedimentos não são simétricos: produção de igualdade geradora de identidade em um caso, redução da desigualdade, no outro, sem fixação de um objetivo gerador de identidade." (ROSANVALLON, Pierre. *La crisis Del Estado Providencia*, p. 51).

[75] DELGADO, Ignacio Godinho. *Previdência Social e Mercado no Brasil*, p. 55.

[76] VIDAL NETO, Pedro. *Estado de Direito: direitos individuais e direitos sociais*, p. 125.

interessa mais de perto, destacava-se o artigo 161 dessa constituição, cujo enunciado normativo prescrevia: "O império promoverá a criação de um sistema geral da segurança social, para conservação da saúde e da capacidade para o trabalho, proteção da maternidade e prevenção de riscos de idade, da invalidez e das vicissitudes da vida".[77] É pertinente indicar que, na Conferência de Paz que se reuniu em 1919, em Versalhes, cuja preocupação central foi a questão social, a Alemanha já havia proposto a introdução de um direito comum dos seguros sociais, baseado em normas mínimas, a qual restou rejeitada. Contudo, na parte XIII do Tratado de Versalhes, deliberou-se a criação da Organização Internacional do Trabalho,[78] a qual aprovará convenções, nesse ano, cujas matérias já constavam na Constituição Mexicana.[79]

O conceito de Estado Social de Direito, nascido no pós-guerra, tem por função transferir parte essencial das tarefas sociais da sociedade Civil para o Estado, buscando conciliar os distintos segmentos sociais e determinando que, com base na ordem constitucional, o Estado assumisse compromissos de organização do espaço social e a gestão da miséria material.[80] A partir daí, os direitos sociais são alçados ao mesmo plano dos direitos civis, passando as constituições do primeiro pós-guerra a ser, não apenas políticas, mas políticas e sociais.[81] No período que mediou entre as duas Grandes Guerras, também deve ser ressaltada a mutação na mentalidade dominante a respeito da eficácia das constituições. As normas constitucionais, que eram consideradas incapazes de produzir efeitos sem o desenvolvimento operado por leis ordinárias, passaram a ser concebidas como portadoras de direitos subjetivos capazes de serem exercitáveis também frente ao legislador.

1.4.3. Estado Democrático de Direito

Considerando que o Estado Social de Direito não resolveria a questão da igualdade material a contento, embora sobrepuje a sua percepção pura-

---

[77] MIRANDA, Jorge. *Textos Históricos do Direito Constitucional*, p. 292.

[78] A Organização Internacional do Trabalho – OIT– é definida por SÜSSEKIND como "uma pessoa jurídica de direito público internacional, de caráter permanente, constituída de Estados que assumem, soberanamente a obrigação de observar as normas constitucionais da organização e das convenções que ratificam, integrando o sistema das Nações Unidas como uma de suas agências especializadas." (SÜSSEKIND, Arnaldo. *Convenções da OIT*, p. 19)

[79] Conforme destacam LEITE e VELLOSO, a OIT, por intermédio de suas convenções e recomendações, vem prestando um valioso concurso para o progresso da previdência social, pois, ao estabelecerem padrões mínimos de proteção previdenciária, estimulam o desenvolvimento e aperfeiçoamento dos sistemas nacionais. (LEITE, Celso Barroso e VELLOSO, Luiz Paranhos, *Previdência Social*, p. 39).

[80] FLICKINGER, Hans-Georg. *A trajetória das políticas sociais na Alemanha*. In: FLICKINGER, Hans-Georg (Org.). *Entre Caridade, Solidariedade e Cidadania: história comparativa do serviço social Brasil / Alemanha*, p. 55 e 56.

[81] VIDAL NETO, Pedro. *Estado de Direito: direitos individuais e direitos sociais*, p. 130.

mente formal, alguns autores buscam desenvolver o conceito do Estado Democrático de Direito, no qual a preocupação básica é a transformação do *status quo*.[82] Nesse novo Estado, cujos pilares são a democracia e os direitos fundamentais, as inércias do Poder Executivo e do Poder Legislativo, por vezes, poderiam ser supridas pelo Poder Judiciário, mediante o efetivo emprego dos mecanismos jurídicos previstos na Constituição que estabeleceu o Estado Democrático de Direito. Sem que sejam esperadas soluções miraculosas, muitas vezes, será pela via da jurisdição constitucional – a qual se revela apta para instrumentalizar os valores constitucionais e para aferir a conformidade das leis com o texto constitucional – que os direitos individuais e sociais poderão ser assegurados. Em suma, a novidade do Estado Democrático residiria muito mais em um sentido teleológico de sua normatividade do que nos instrumentos utilizados no mesmo na maioria dos seus conteúdos, os quais já vinham sendo construídos de alguma data.[83]

Em sentido diverso, outros autores averbam que, buscando tornar mais efetiva a realização das aspirações materiais da sociedade, bem como o surgimento de fenômenos claramente contrários aos objetivos do Estado Social, decorrentes principalmente das práticas do neocapitalismo (recrudescimento das desigualdades sociais e regionais, grandes monopólios, manipulação da sociedade efetuada por setores da mídia), tem sido feito um grande esforço doutrinário, majoritariamente na Alemanha, para potencializar o princípio democrático no Estado Social. Argumenta-se, em síntese, que, nas organizações políticas nas quais a democracia é apenas formal, não há uma proteção efetiva para os direitos fundamentais. Por isso, não se busca a construção de um Estado Democrático como alternativa ao Estado Social, mas sim pôr em destaque a íntima relação entre os princípios democrático e social, evitando uma interpretação fragmentária e programática de tais princípios.[84] No nosso entendimento, parece preferível reconhecer o Estado Democrático de Direito como um novo paradigma, na medida em que os elementos jurídicos são revalorizados na Constituição, pela via da inserção de mecanismos para o resgate das promessas da modernidade.[85]

---

[82] STRECK, Lenio Luiz e MORAIS, José Luis Bolzan de. *Ciência Política e Teoria Geral do Estado*, p. 92.

[83] Idem, p. 94.

[84] A propósito, vide PEREZ LUÑO, Antônio-Enrique. *Derechos Humanos, Estado de Derecho y Constitucion*, p. 229 e seguintes).

[85] STRECK, Lenio Luiz. *Jurisdição Constitucional e Hermenêutica: uma nova crítica do Direito*, p 143. Sobre os diferentes paradigmas e sua relação com o Direito, sintetiza STRECK: "Assim, se no paradigma liberal o Direito tinha a função meramente ordenadora, estando na legislação o ponto de tensão nas relações entre Estado-Sociedade, no Estado social sua função passa ser promovedora, estando apontadas as baterias para o Poder Executivo, pela exata razão da necessidade de realização das políticas do *Welfare State*. Já no Estado Democrático de Direito, fórmula constitucionalizada nos textos magnos das principais democracias, a função do Direito passa a ser transformadora, onde o pólo de tensão, em determinadas circunstâncias previstas nos textos constitucionais, passa para o Poder Judiciário ou os Tribunais Constitucionais." (Idem, p. 145)

1.4.4. O surgimento da Previdência Social na Idade Contemporânea

No campo previdenciário, o sistema de seguros privados, embora tenha representado um importante avanço, revelava-se flagrantemente insuficiente, pois quanto maiores fossem as necessidades dos trabalhadores, menores seriam as possibilidades de contratação. De maneira análoga à intervenção operada nas relações entre empresário e trabalhador, uma vez que ficava patente a posição de debilidade deste para estabelecer as condições de trabalho, em face da evidente hipossuficiência de os obreiros estipularem medidas eficazes contra os riscos sociais, o seguro obrigatório resulta como imposição. A introdução do seguro social obrigatório somente foi possível, na lição de Venturi, pela conjugação de três fatores: uma nova corrente de pensamento econômico-social, um ambiente econômico propício e um homem de Estado que acolhesse a idéia e tivesse força suficiente para vencer qualquer resistência.[86]

O novo salto, na trilha evolutiva da proteção social, registra-se com a Lei Prussiana, de 1810, que previu o seguro-doença para os assalariados, e a Lei Austríaca, de 1854, englobando os riscos de morte, invalidez e velhice, porém restrita aos trabalhadores das minas. Coube a Bismarck, que já havia ditado em 1869 a "ordenança industrial" – considerado o primeiro código de trabalho do mundo moderno, regulamentando as relações de trabalho – o pioneirismo de instituir um sistema de seguros sociais,[87] começando pelo seguro-doença, aprovado pelo parlamento em 13 de junho de 1883, extensível à generalidade dos trabalhadores.[88] Na lição de Zacher, a questão dos riscos sociais a que os trabalhadores estavam submetidos – como as demais questões sociais nas quais a desigualdade social impõe a intervenção estatal – poderia ser equacionada mediante uma intervenção internalizadora ou exteriorizadora. Na intervenção internalizadora, a solução seria inserida na própria relação jurídica laboral, enquanto na segunda, a resolução ocorreria mediante a transferência da tarefa de amparo para

---

[86] VENTURI, Augusto. *Los fundamentos científicos de la seguridad social*, p. 104 e 105.

[87] Concordamos com Celso Leite e Luiz VELLOSO que a Lei Alemã de 1883 seja o marco inicial da previdência social que hoje conhecemos. Tudo o que vem antes, na história da previdência social, são apenas antecedentes. (LEITE, Celso Barroso e VELLOSO, Luiz Paranhos, *Previdência Social*, p. 34). Na mesma linha, BARROS Jr. (BARROS Jr., Cássio de Mesquita. *Previdência Social Urbana e Rural*, p. 3). Não há, todavia, unanimidade nesse ponto. RUSSOMANO sustenta que a assistência oficial e pública seria o marco da institucionalização do sistema dos seguros privados e do mutualismo em entidades administrativas, pois no início do século XVII teria começado verdadeiramente a história da previdência. (RUSSOMANO, Mozart Victor. *Curso de Previdência Social*, p. 6).

[88] Conforme destacam CABANELLAS DE TORRES e ZAMORA y CASTILLO é um equívoco atribuir a Simón Bolívar o emprego da expressão "seguridade social" em um de seus discursos, no Congresso de Angostura, em 1819, pois no início do século XIX, quando principiava a independência das províncias espanholas da América, não era concebível que se pudesse ter uma noção precisa de uma disciplina e de um conjunto de instituições complexas como as da moderna seguridade social. (CABANELLAS DE TORRES e ZAMORA y CASTILLO. *Tratado de Política Laboral y Social*, Tomo II, p. 417).

instituições que se destinavam somente à cobertura dos riscos sociais, tendo os legisladores alemães optado pela segunda possibilidade.[89] O sistema alemão foi sendo ampliado mediante a edição das Leis de 1884 e 1889, as quais versavam, respectivamente, sobre acidentes do trabalho e seguros de velhice e invalidez, e, em 19 de julho de 1911, serão essas três consolidadas e ampliadas no primeiro Código de Seguros Sociais.

A sociedade liberal instaurada na Alemanha não foi o resultado de uma luta radical contra a ordem do feudalismo, mas estabelecida por força de reformas impostas pela elite político-intelectual, o que contribui para a formação de uma mentalidade de submissão e confiança no Estado paternalista,[90] favorecendo a consolidação dos sistemas de proteção social nesse país, embora a principal razão da sua emergência fosse o receio do crescimento do movimento obreiro, insuflado pelo socialismo revolucionário, pois o partido socialista alemão havia obtido um relativo êxito nas eleições parlamentares de 1877.[91]

Foi apenas em 26 de maio de 1911, na Inglaterra, que o desemprego involuntário passou a ser tutelado pelos seguros sociais. Até então, não se tinha incorporado na opinião pública a visão de que o desemprego em massa decorria mais do desequilíbrio econômico do que da falta de capacidade ou vontade dos desocupados de integrarem-se no mercado de trabalho. A partir daí, os seguros sociais proliferaram por toda Europa e, na década de 1930, expandiram-se também para fora do velho continente Europeu.

Digno de destaque é a *Social Security Act*, de 14 de agosto de 1935,[92] editada nos Estados Unidos como uma das medidas do *New Deal*, de Roosevelt, sendo empregada, pela primeira vez, a locução "seguridade social", tendo o governo americano – inspirado pelo princípio básico de combate à grave crise de 1929, que provocou sérios problemas nos Estados Unidos: restrição na atividade econômica, desordens no sistema bancário e na bolsa de valores e um desemprego elevadíssimo[93] – assumido a "responsabilidade pela segurança social geral".[94] A seguridade social passou a ser compreen-

---

[89] ZACHER, Hans F. *Seguridade Social e Direitos Humanos*. In: *Arquivos de Direitos Humanos*, vol. IV, p. 115 e 116.

[90] FLICKINGER, Hans-Georg. *A trajetória das políticas sociais na Alemanha*. In: FLICKINGER, Hans-Georg (Org.). *Entre Caridade, Solidariedade e Cidadania: história comparativa do serviço social Brasil / Alemanha*, p. 45 a 46.

[91] Destaca RUSSOMANO que o Chanceler alemão era um homem de larga visão que compreendera que apenas a repressão não o sustentaria no poder, tendo buscado esvaziar o conteúdo da pregação socialista mediante a instituição dos seguros sociais obrigatórios e gerais, embora não abrisse mão do emprego da força para o enfrentamento do movimento operário. (RUSSOMANO, Mozart Victor. *Curso de Previdência Social*, p. 9).

[92] Essa Lei continha medidas relativas ao desemprego que tinha adquirido dimensões catastróficas depois da crise de 1929, disposições de política assistencial e instituía um seguro de velhice e morte para os trabalhadores assalariados.

[93] DURAND, Paul. *La Política Contemporanea de Seguridad Social*, p. 149.

[94] BARROS Jr., Cássio de Mesquita. *Previdência Social Urbana e Rural*, p. 5.

dida como um sistema abrangente que incorpora, no mínimo, os seguros sociais e a assistência social, seus órgãos e estrutura, numa concepção integral que, atuando de maneira coordenada e publicamente organizada, colimará defender e impulsionar o desenvolvimento de toda a população, e não apenas dos trabalhadores.

Em 1941, o economista inglês Sir William Beveridge foi convocado pelo governo britânico para presidir uma comissão encarregada de confeccionar um estudo geral da seguridade social nesse país. Em resposta, foram elaborados dois relatórios (Seguro Social e Serviços Conexos – 1942 – e Pleno Emprego em Uma Sociedade Livre -1944), os quais repercutiram na expansão dos seguros sociais em todos os continentes. O delineamento de Beveridge teria sido influenciado pelas idéias de Roosevelt, na busca da erradicação de todas as necessidades do homem, e Keynes,[95] na defesa de uma distribuição de renda mais igualitária.[96] Essas recomendações – que constituíram o plano mais completo até então formulado, o qual se propunha a combater os cinco gigantes: a necessidade, a enfermidade, a ignorância, a miséria e a ociosidade – tiveram uma repercussão favorável, e o exemplo da Inglaterra se estendeu internacionalmente.[97] Os efeitos devastadores da Segunda Guerra Mundial, quando a Europa havia mergulhado em uma situação econômica de penúria geral, facilitaram a aceitação do princípio de uma ampla proteção social.[98]

De certa forma, a Segunda Guerra Mundial emerge como um fator que impulsionou a formação dos Estados de Bem-Estar Social, pelo menos até o início da década de 70, tendo em vista que a necessidade de mobilizar-se para o conflito forçou a coesão no interior das sociedades e tornou a intervenção estatal mais fácil de ser aceita pelos empresários, favorecendo a formação do *wartime triangle* e gerando um novo equilíbrio de poder após o seu final.[99] Com efeito, depois das experiências totalitárias, nada menos que cinqüenta Estados elaboraram novas constituições, buscando adaptação às novas exigências políticas e sociais, nas quais os direitos sociais ocupam um lugar de destaque.[100] As democracias liberais vencedoras da Segunda

---

[95] Os planos de Beveridge foram inspirados na teoria de Keynes sobre o pleno emprego e aumento da capacidade de consumo. De acordo com essa teoria, as depressões econômicas cessam, quando ocorre um aumento da demanda agregada, isto é, um aumento real dos gastos públicos, investimentos e consumo privado. Como a previdência social não acumula recursos, mas os redistribui, esse repasse dos que têm o maior poder aquisitivo, pode expandir o consumo privado, fomentando a economia. (BARROS Jr., Cássio de Mesquita. *Previdência Social Urbana e Rural*, p. 12)

[96] ETALA, Carlos Alberto. *Derecho de la seguridad Social*, p. 13.

[97] NUGENT, Ricardo. *La seguridad social: su historia y sus fuentes*, In: BUEN LOZANO, Nestor e MORGADO VALENZUELA, Emilio (Coordinadores). *Instituciones de derecho Del trabajo y de la seguridad social*, p. 614.

[98] NEVES. Ilídio das. *Direito da Segurança Social: Princípios fundamentais numa análise prospectiva*, p. 154.

[99] DELGADO, Ignacio Godinho. *Previdência Social e Mercado no Brasil*, p. 72.

[100] PEREZ LUÑO, Antônio-Enrique. *Derechos Humanos, Estado de Derecho y Constitucion*, p. 123.

O Direito Fundamental à Previdência Social

Guerra Mundial são obrigadas a repensar as políticas sociais, pois no plano ideológico era necessário que ficasse demonstrada a preocupação com os temas sociais, contrapondo-se aos projetos fascistas e socialistas de organização da sociedade. Com efeito, houve uma significativa expansão dos gastos públicos nas áreas sociais mediante a implementação ampla dos direitos fundamentais a prestações. Inserida em um contexto econômico e demográfico extremamente favorável, a seguridade social produziu um quadro normativo que traduzia uma "euforia protetora", permitindo a expansão, a diversificação dos sistemas de proteção social, bem como o incremento dos seus valores, tanto em termos nominais como reais.[101]

Efetivamente, o século XX representou o momento culminante dos direitos sociais que, de meras aspirações, tornaram-se direitos subjetivos passíveis de serem reivindicados, e, além da sua introdução nas Constituições dos Estados, foram incorporados nos documentos de Direito Internacional tais como: a Declaração Americana dos Direitos e Deveres do Homem (1948), a Declaração Universal dos Direitos Humanos (1948), a Carta Social Européia (1961), o Pacto Internacional de Direitos Econômicos Sociais e Culturais (1966) e a Convenção Americana sobre Direitos Humanos (1969).[102] Especificamente no concernente à previdência social, revela-se elucidativo o conteúdo do artigo 25 da Declaração Universal dos Direitos do Homem:

> "Toda pessoa tem o direito a um padrão de vida capaz de assegurar-lhe a saúde, e o bem-estar próprio e da família, especialmente no tocante à alimentação, ao vestuário, à habitação, à assistência médica e aos serviços sociais necessários; tem direito à segurança no caso de desemprego, doença, invalidez, viuvez, velhice ou em qualquer outro caso de perda dos meios de subsistência, por força de circunstâncias independentes de sua vontade."

Nessa quadra, é relevante sinalar que os direitos sociais, que não se restringem aos direitos prestacionais, diferentemente dos direitos civis que partem de uma igualdade real, pressupõem uma desigualdade concreta (são relevantes as diferenças entre crianças, velhos, consumidores, deficientes, pobres) como ponto de partida e a igualdade material como *telos*. Além disso, reclamam um certo desenvolvimento econômico e tecnológico para a sua implementação. Não têm sido poucos os obstáculos levantados pela ideologia liberal para o reconhecimento dos direitos fundamentais econômicos, sociais e culturais. Recorde-se a resistência ferrenha oferecida mesmo contra os direitos sociais de defesa como os de associação e o direito

---

[101] NEVES. Ilídio das. *Direito da Segurança Social: Princípios fundamentais numa análise prospectiva*, p. 57.
[102] CID, Benito de Castro. *Los Derechos Econômicos Sociales y Culturales: análisis a luz de al teoría general de los derechos humanos*, p. 56.

de greve, cuja forma de positivação era a mesma dos direitos civis de primeira dimensão. A própria concepção clássica que se tem do direito, cujas funções seriam apenas de garantir a liberdade dos particulares e reprimir as condutas atentatórias a essa autonomia, serviu como dique contra o acolhimento dos direitos econômicos sociais e culturais como autênticos direitos, porque, na sua maioria, ao contrário dos direitos clássicos, só podem ser realizados pela atuação estatal positiva.[103] Ora, mesmo quando se analisam os direitos com base no valor liberdade, é possível perceber a impregnação ideológica. A atuação dos poderes públicos provendo necessidades dos indivíduos não é senão uma nova perspectiva da relação entre lei e liberdade: a que utiliza a liberdade para uma função promocional, proporcionando vantagens que o indivíduo não obteria sozinho, e sem as quais não pode ser plenamente livre.[104] Por isso, no Estado Social, houve necessidade de se incluir os direitos econômicos sociais e culturais como direitos fundamentais, não apenas como disposições programáticas, mas mediante preceitos dotados de eficácia jurídica e auto-aplicabilidade, como expressamente dispõe nossa Constituição no §1º do art. 5º.[105]

1.5. A CRISE DO ESTADO SOCIAL E A REDUÇÃO DA AMPLITUDE DAS POLÍTICAS SOCIAIS

No presente item, pretendemos examinar os reflexos da crise estrutural que aflige o Estado Social – preponderantemente, mas não exclusivamente econômica[106] – na estruturação e na efetividade da proteção social contra os riscos sociais. O "círculo virtuoso" do pós-guerra entre a política econômica keynesiana e o *Welfare State*, no qual o crescimento econômico determinado pelo primeiro permitiria a expansão das políticas sociais de inclusão que amenizariam as tensões sociais, sofreu profundo golpe com os desequilíbrios financeiros dos Estados que passaram a conviver com baixo crescimento econômico e aceleração inflacionária.[107] A diminuição da atividade produtiva, em face do esgotamento dos mercados para a absorção de bens duráveis de consumo, o novo paradigma tecnológico – que reduz a necessidade de contratação de trabalhadores industriais, aumentando o de-

---

[103] PECES-BARBA MARTINEZ, Gregório. *Escritos sobre Derechos Fundamentales*, p. 205.

[104] Idem, p. 152 a 153.

[105] Especificamente sobre o alcance desse dispositivo serão tecidas considerações no item 3.4.1 do Capítulo 3.

[106] Na avaliação de STRECK e MORAIS, as barreiras que o Estado do Bem-Estar Social são de três ordens distintas: fiscal-finaceira, ideológicas e filosóficas. (STRECK, Lenio Luiz e MORAIS, José Luis Bolzan de. *Ciência Política e Teoria Geral do Estado*, p. 128.)

[107] DRAIBE, Sônia e HENRIQUE, Wilnês. Welfare State, *Crise e gestão da crise: um balanço da literatura internacional*, RBCS, nº 6, vol. 3, p. 55.

semprego – passam a vir acompanhados de permanência de inflação, fatores que refogem da análise keynesiana, lastreada em um cenário social menos complexo no qual os atores sociais representativos, empregados e empregadores compunham seus litígios em condições mais eqüitativas, abrindo campo para o retorno dos postulados neoliberais. Nessa concepção, a maior parte das medidas adotadas evidencia um retrocesso, porquanto os direitos sociais concedidos tendem a ser reduzidos ou suprimidos, restando apenas medidas que traduzem um retorno ao assistencialismo.[108]

No concernente ao objeto imediato do presente exame, a seguridade social cuja função promocional tinha atingido o seu apogeu, derivada da idéia do Estado de Bem-Estar, também necessitará ser revista, embora o seu ideal tenha-se incorporado definitivamente ao espírito das sociedades modernas. Por conseguinte, por mais progressista que se queira ser, não se pode deixar de reconhecer que a redução da atividade econômica esvazia os recursos que podem ser destinados para os programas sociais, justamente nos momentos nos quais há um aumento da demanda, acarretada, por exemplo, pelo maior número de desempregados que postularão benefícios previdenciários. Concomitantemente, as novas condições de vida em sociedade provocam uma alteração no quadro ocupacional e também no próprio perfil da população no qual se constata um acentuado envelhecimento, fatores que apresentam relevância na estruturação da proteção social, pois naturalmente, como conseqüência dos desenvolvimentos demográficos, o crescente número de idosos provoca um aumento de demanda pelo atendimento de saúde e serviços sociais.[109]

A transformação substancial das condições nas quais foram estabelecidas as relações Estado-Mercado-Sociedade – abstraindo a questão meramente ideológica, tanto quanto possível – determinaram a necessidade de se reavaliar as políticas econômicas e sociais mediante decisões que devem ser negociadas com todos os segmentos relevantes da sociedade. Entretanto, como bem percebeu Streck, a minimização do Estado em países que passaram pela etapa do Estado-Providência apresenta conseqüências absolutamente diversas da minimização do Estado em países onde não houve o Estado Social. Com efeito, o Estado interventor-desenvolvimentista-regulador no Brasil teria sido pródigo apenas com as elites. Exemplificativamente, cita a constituição do FGTS, o qual teria custado a estabilidade no emprego para milhões de brasileiros, financiando empreendimentos imobiliários, ao passo que os reais detentores desse direito não têm onde morar.[110]

---

[108] DELGADO, Ignacio Godinho. *Previdência Social e Mercado no Brasil*, p. 73 e seguintes.

[109] A respeito das alterações demográficas no sistema de previdência , veja-se o item 4.2.5.

[110] STRECK, Lenio Luiz. *Jurisdição Constitucional e Hermenêutica: uma nova crítica do Direito*, p. 68 e 69.

Por sua vez, dentro do modelo de produção do direito liberal-individualista-normativista,[111] são exaltadas as virtudes do mercado e apontada a incapacidade do Estado-Providência de adaptar-se às novas realidades mundiais decorrentes da globalização.[112] Por trás da imagem lírica de um mundo sem fronteiras, no qual visvejaria uma sociedade única, próspera e culta, temos assistido a um agravamento das desigualdades sociais nacionais e internacionais, uma vez que o capitalismo mundial parece não estar mais disposto a tolerar os gastos despendidos com a promoção do bem comum. O individualismo possessivo do século XVII, que havia triunfado na revolução liberal como projeto social da burguesia, isto é, uma sociedade formalmente igual que permite a acumulação ilimitada do capital e no qual o Estado não deve intervir a não ser para assegurar o tráfego das relações de mercado, e sendo este o único paradigma das relações sociais, econômicas e políticas, ressurge com mais força do que nunca.

As repercussões do fenômeno na seguridade social são facilmente identificáveis, pois os níveis de despesa freqüentemente são acusados de ameaçar a competitividade das empresas e do próprio país. Onde as elevadas taxas de substituição dos rendimentos do trabalho tinham sido consagradas, em face das alterações conjunturais e estruturais, hoje, o financiamento dos benefícios previdenciários emerge como o pesado fardo das atuais e, sobretudo, das futuras gerações, que ameaça brutalmente a coesão social, inclusive a curto prazo. O capitalismo que admitia pactos sociais nos quais era partilhado o valor agregado revela-se incompatível com os novos regimes financeiros. Finalmente, assiste-se a uma proliferação de novos estatutos laborais e de formas atípicas de emprego que torna incertos os perfis profissionais e de remuneração de ciclo de vida da população ativa, o que desafia o próprio conceito de risco social e a gestão dos riscos que herdamos dos seguros sociais, com conseqüências importantes para a vertente previdencial do Estado de Bem-Estar.[113]

---

[111] A crise no modelo de produção do direito, consoante o percebido por STRECK, decorre da dogmática jurídica que, em plena sociedade transmoderna e repleta de conflitos transindividuais, permanece atrelada a uma perspectiva de um Direito criado para a resolução de conflitos individuais, aplicado pelos operadores do direito, em sua maioria, sem que sejam compreendidas as estruturas socioeconômicas existentes. (STRECK, Lenio Luiz. *Jurisdição Constitucional e Hermenêutica: uma nova crítica do Direito*, p. 81a 85.

[112] Enquanto na perspectiva progressista a conjugação de programas econômicos orientados pelo Estado permitiriam superar o estrangulamento financeiro e evitar os efeitos deletérios da pobreza, na ótica liberal, o *Welfare State* é uma concepção falida do Estado no plano político-ideológico e, no econômico, uma estrutura responsável pela crise na medida que inibe os mecanismos de mercado.

[113] ROSANVALLON, partindo do diagnóstico financeiro da crise, defende que o principal bloqueio do Estado-Providência é de ordem cultural e sociológica, pois a crise decorreria de um modelo de desenvolvimento e de determinado sistema de relações sociais no qual o Estado seria o único suporte dos progressos sociais e o único agente da solidariedade social. Assim, a ascensão sedutora da perspectiva liberal ocorreu, principalmente, pela falta de alternativa digna de credibilidade ao Estado-Providência. (ROSANVALLON, Pierre. *La crisis Del Estado Providencia*, Editorial Civitas, 1995).

O Direito Fundamental à Previdência Social

Se no século XIX acabou sendo possível estabelecer um certo equilíbrio nas relações sociais por força da intervenção estatal, hoje é possível constatar que a atividade regulatória do Estado muitas vezes mostra-se insuficiente, por si só, para conter os selvagens apetites do mercado. O processo de globalização econômica, além de transformar as estruturas de dominação política e de apropriação de recursos, promoveu uma redução das fronteiras burocráticas e jurídicas entre as nações, não apenas viabilizando a circulação de tecnologias, capitais e mão-de-obra, mas carregando consigo a possibilidade de agravar os problemas sociais nos países de economia frágil.[114] Analisando o papel do Estado através de suas medidas protecionaistas, Chomski revela que tais medidas, tomadas pelos países ricos, têm sido um fator fundamental no agravamento da distância entre os países periféricos e os economicamente desenvolvidos e que grandes subsídios estatais sempre foram necessários para fazer o comércio parecer eficiente. Além disso, os maiores defensores do livre-mercado, dentro desses Estados, são aqueles que mais são beneficiados pelos subsídios públicos. A ideologia de "livre-mercado" é descrita como sendo dotada de dois lados: subsídio público para os ricos e disciplina de mercado para os pobres.[115] Por isso, temos a firme convicção de que o Estado não só pode, como tem o dever de desempenhar o papel de promotor da integração social como, aliás, também no desenvolvimento da própria economia, desde que o governo e a sociedade civil estejam dispostos a eleger e a implementar políticas públicas essenciais de maneira responsável, promovendo reformas que os novos tempos exigem, mas satisfazendo os anseios da sociedade brasileira, e não apenas as imposições ditadas pelos interesses do capital especulativo, mantendo nas mãos do Estado mecanismos de intervenção, ainda que mais limitados, nunca perdendo de vista que aceitar incondicionalmente a retórica da globalização e promover apenas as reformas por ela impostas constitui suicídio político.[116]

---

[114] Os governos locais, conforme argutamente observado por FARIA, encontram-se perante o seguinte dilema: "Se aceitarem as exigências feitas por essas corporações, relegando a segundo plano os investimentos sociais compensatórios para priorizar os interesses empresariais, os poderes locais correm o risco de ver 'privatizada' uma parte significativa de suas funções públicas e de ver esvaziada a sua autonomia decisória especialmente em matéria de regulação e planejamento do desenvolvimento de suas respectivas comunidades. Se não aceitarem, correm outro risco: o de verem suas respectivas comunidades transformadas em verdadeiros cemitérios industriais. Ou seja: de as verem convertidas em verdadeiras 'cidades mortas', em cujo âmbito a multiplicação dos 'excluídos', suas condições hobbesianas de vida, a desagregação da cultura local e a subseqüente perda de sua identidade comunitária traduzem a ausência de uma base econômica capaz de criar empregos, gerar receitas tributárias e viabilizar financeiramente as tentativas de institucionalizar e/ou aprofundar formas inéditas e mais participativas e comunitárias de organização social." (FARIA, José Eduardo. *O Direito na Economia Globalizada*, p. 329).

[115] CHOMSKY, Noam. *Democracia e mercados na nova ordem mundial*. In: GENTILI, Pablo (org.). Globalização Excludente, p. 30.

[116] VIEIRA, Oscar Vilhena. Direitos Humanos, Globalização Econômica e Integração Regional, In: PIOVESAN, Flávia (Coord.). *Direitos Humanos, Globalização Econômica e integração Regional: Desafios do Direito Constitucional e Internacional*, p. 475.

A crise do Estado Social, como não poderia deixar de ser, afeta a própria efetividade dos direitos fundamentais, não ficando restrita apenas aos direitos fundamentais sociais. Quando a capacidade prestacional do Estado é reduzida, os direitos à vida, à liberdade e à propriedade também restam comprometidos, como fica evidenciado pelo aumento da exclusão social, circunstância catalisadora do aumento da violência e da criminalidade.[117] Nesse sombrio panorama, assiste inteira razão a Streck quando afirma que, ao lado das crises que afligem o Estado, torna-se necessária também a superação da crise paradigmática do Direito, por meio de uma nova visão, concebendo-se o direito como algo inevitavelmente comprometido com as tensões, interesses e lutas em conflito, podendo atuar como impulsionador das transformações sociais.[118] Por fim, cabe encerrar esse tópico, relembrando o diagnóstico de Faria: o pensamento jurídico está vivendo um período de exaustão paradigmática, obrigado a despertar do sono da dogmática e enfrentar reflexões inéditas, mas sem nenhuma certeza de que esse esforço obterá êxito.[119]

---

[117] SARLET, Ingo Wolfgang. *Os Direitos Fundamentais Sociais na Constituição de 1988,* In: *O Direito Publico em tempos de Crise*, p. 137.

[118] STRECK, Lenio Luiz. *Jurisdição Constitucional e Hermenêutica: uma nova crítica do Direito*, p. 88 e 89.

[119] FARIA, José Eduardo. *O Direito na Economia Globalizada*, p. 331.

2. Evolução constitucional da Previdência Social no Brasil

O desenvolvimento do Brasil, como o da América Latina em geral, não foi caracterizado pela transição do feudalismo para o capitalismo moderno, com um mínimo de intervenção estatal. A relação entre o Estado brasileiro e a sociedade civil sempre foi uma relação peculiar, pois as condições nas quais aquele foi concebido – tais como partidos políticos regionais e oligárquicos, clientelismo rural, ausência de camadas médias organizadas politicamente, inviabilizando a institucionalização de formas de participação política e social da sociedade civil – determinaram o nascimento do Estado antes da sociedade civil.[120] Por conseguinte, a questão social, tão antiga quanto a história nacional do Brasil como nação independente, resultará complexa. Enquanto a primeira revolução industrial estava na sua fase de maturação na Inglaterra (1820 a 1830), o Brasil acabara de promover a sua independência, deixando de ser colônia, mas permanecendo com uma economia arcaica baseada no latifúndio e no trabalho escravo. Por isto, antes de ingressar na era industrial, nosso País já apresentava contornos sociais marcados por desigualdades, em especial, uma distribuição de renda profundamente desigual.

Analisando o curso histórico do Brasil, tendo como ponto de partida as origens do Estado português, Faoro revela que, a partir de um estrutura existente do outro lado do Atlântico, o Estado patrimonialista português, foram lançadas as bases de uma estrutura política e social que ao longo dos séculos conseguirá adaptar-se às diversas transformações, a qual não representa a nação, pois sempre governa em nome próprio, "num círculo impermeável de comando."[121] Nessa perspectiva, o estamento burocrático,

---

[120] FERRAZ JÚNIOR, Tércio Sampaio. *Constituição Brasileira: Modelo de Estado, Estado Democrático de Direito, Objetivos e Limites Jurídicos*, p. 411. In: MIRANDA, Jorge (org.). *Perspectivas Constitucionais nos 20 anos da Constituição Portuguesa*, Vol. III.

[121] Nessa obra genial, o ponto de partida é a tese de que o Estado português não conheceu o feudalismo, inspirado em Alexandre Herculano. Na monarquia patrimonial, por sua vez, o Estado é uma empresa do príncipe, sendo a economia e a administração conjugadas para a conservação da estrutura, velando contra as forças desagregadoras e sufocando a burguesia. Essa estrutura, embora tenha maior flexibilidade do que o feudalismo, permite a expansão do capitalismo comercial, mas impede o capitalismo industrial. A legitimidade desse patrimonialismo, como forma de poder, seria o tradicionalismo: isso

fundado no sistema patrimonial capitalista, teria adquirido contornos de nobreza, enquanto a preocupação do povo oscilaria entre o parasitismo, a mobilização das passeatas sem participação política, e a nacionalização do poder para que um bom príncipe lhes ofertasse justiça e proteção.[122]

As políticas sociais emergem e se estabilizam como respostas formuladas pela sociedade para os dilemas sociais, os quais decorrem do sistema econômico-social e político, assentado, sobretudo, no funcionamento do mercado capitalista nacional. As diferentes configurações institucionais derivaram das escolhas e interações efetuadas pelos atores sociais representativos (Estado, empresários e trabalhadores) dentro de um cenário específico. Fatores como a distribuição da população no campo e na cidade, o peso da classe trabalhadora na população total, a importância dos estratos médios, proprietários e assalariados, mobilidade social e distribuição de renda, dentre outros, são decisivos para o planejamento e execução dessas políticas.[123] Até o presente momento, o intervencionismo estatal não tem sido adequado, pois a rotina histórica da sociedade brasileira, nos momentos críticos em que o país clamou por mudanças, tem sido marcada pela realização de alianças conservadoras visando à pouca coisa além da manutenção do *status quo*.[124] As crescentes necessidades econômicas, as perspectivas novas de emprego do desenvolvimento em favor da melhoria das condições de vida do homem reclamam a institucionalização de relações sociais mais justas e eqüitativas, podendo o Estado redimensionar os métodos e processo de sua ação por meio das normas jurídicas.[125]

Em sua recentíssima história, o Brasil conviveu com oito constituições. Examinando-se o pacto social plasmado nessas constituições, torna-se pos-

---

é assim, porque sempre foi. Contrariando a forma tradicional de vislumbrar a burocracia apenas como estrutura formal não-autônoma do Estado – o autor destaca, como característica principal do patrimonialismo brasileiro, o predomínio do estamento administrativo que pode reduzir o chefe supremo a uma figura meramente decorativa. No Brasil, o estamento administrativo, sempre atuando junto ao foco central do poder, originariamente aristocrático, foi sendo burocratizado. Num estágio inicial, o domínio patrimonial apropriou-se das oportunidades econômicas de desfrute de bens, das concessões, dos cargos, operando uma confusão entre o público e o privado. Essa estrutura patrimonial estamental, ao longo do tempo, demonstrou extraordinária capacidade de adaptar-se às transformações, considerando as formações sociais (classes, os partidos políticos e demais grupos de pressão) como pontos de apoio móveis, mais valorizados à proporção que podem fornecer recursos financeiros para a sua expansão e utilizando os instrumentos políticos que derivam da posse do aparelhamento estatal. (FAORO, Raymundo. *Os Donos do Poder: formação do patronato político brasileiro*)

[122] FAORO, Raymundo. *Os Donos do Poder: formação do patronato político brasileiro*, p. 837.

[123] Em trabalho essencial para a compreensão da montagem da rede de proteção social estatal, DELGADO aborda o processo de escolha dos empresários em relação às políticas sociais, condicionadas pelo modo de inserção da economia nacional no mercado mundial, o qual seria decisivo, porquanto influi nos diferentes sistemas de financiamento das políticas sociais. (DELGADO, Ignacio Godinho. *Previdência Social e Mercado no Brasil*).

[124] STRECK, Lenio Luiz e MORAIS, José Luis Bolzan de. *Ciência Política e Teoria Geral do Estado*, p. 81 e 82.

[125] SOUZA, Neomésio, José. *A Evolução da Ordem Econômica nas Constituições Brasileiras e a Adoção do Ideal do Desenvolvimento como Programa Constitucional*, RDP 53-54, p. 351.

sível uma aproximação com o contexto histórico e social que condicionou a evolução dos direitos econômicos sociais e culturais, sendo focada nossa atenção, especialmente, na trajetória da previdência social. Como anotou Bandeira de Mello, em cada período histórico, os legisladores constituintes, espelhando-se nos centros culturais mais evoluídos, incorporam nas Leis Fundamentais aquilo que no período corresponde à mais generosa expressão do ideário da época. Por isso, mesmo quando são gestadas de forma autoritária, as Cartas estampam versículos prestigiadores dos mais nobres objetivos sociais e humanitários.[126] Em verdade, a patologia constitucional brasileira reside, essencialmente, em nossa incapacidade de apreender adequadamente a realidade social de forma a viabilizar uma correta moldagem da sua feição normativa fundamental.[127] O constitucionalismo brasileiro foi criticado de maneira procedente por Wolkmer, cuja análise minuciosa constatou a ausência de uma linearidade na experiência histórica brasileira, em face da ausência de uma prática democrática nos parâmetros denominados correntemente como "liberalismo burguês clássico", razão pela qual esse autor defende que não teria sido realizado plenamente, nem o constitucionalismo político e nem o social.[128]

Discorrendo sobre a evolução histórica da ordem política, econômica e social do País, REIS infere que dos 499 anos de história, transcorridos até aquele momento, em nada menos de quatro séculos, teria sido adotado um sistema de exploração agrícola estribado no trabalho escravo (322 no período colonial e 67 no império) e que o capitalismo brasileiro iniciado em 1888 teria apenas 111 anos. Além disso, dos 110 anos de República, 1/3 desse período foi composto por governos ditatoriais (uma ditadura civil de 9 anos e outra militar de 21)[129]

Não se pretende, nem é possível nesse estudo, dissecar a influência de cada um dos elementos referidos na complexa questão social nacional, mas sim evidenciar que o nível de proteção social positivado será moldado dentro de um cenário específico, o qual contribui de maneira decisiva para a efetividade das normas dimensionadoras da proteção social. As normas de direitos fundamentais, dotadas de um conteúdo acentuadamente aberto e indeterminado, reclamam na sua aplicação a consideração de fatores políticos, sociais, históricos e ideológicos, os quais justificam a própria existência e o funcionamento das instituições. Por isso, além da análise dos

---

[126] BANDEIRA DE MELLO, Celso Antônio. *Eficácia das Normas Constitucionais sobre Justiça Social*, In; RDP, 57/58, p. 234.

[127] BARROSO, Luís Roberto. *O direito constitucional e a efetividade de suas normas: limites e possibilidades da Constituição brasileira*, p. 8.

[128] WOLKMER, Antônio Carlos. *Constitucionalismo e Direitos Sociais no Brasil*, p. 35.

[129] REIS, Carlos Nelson dos. *Capitalismo, Direitos Sociais e Políticas Sociais no Brasil: algumas notas exploratórias*, p. 17 in: *Entre Caridade, Solidariedade e Cidadania: história comparativa do serviço social Brasil / Alemanha*.

dispositivos constitucionais, a previdência social será situada dentro de um contexto mais amplo.

2.1. CONSTITUIÇÃO DE 1824

Nossa primeira Constituição germinou embebida na ideologia liberal do século XVIII, cujos traços mais relevantes são as idéias de que, partindo de um direito natural preexistente, os homens constituem um Estado baseado no consenso para a salvaguarda dos direitos naturais; da necessidade de separação dos poderes; da tolerância religiosa; e do direito de resistência contra os tiranos. No âmbito dela, o papel reservado ao Estado consistia em legislar, gerir o próprio patrimônio, prover as despesas, realizar serviços públicos, organizar a sua defesa interna e externa e a da população e reprimir os crimes contra a pessoa e o patrimônio.[130] Nesse contexto, as constituições da época anelavam limitar a intervenção estatal ao mínimo possível, pois os cidadãos livres e iguais poderiam estabelecer adequadamente as suas próprias regras nas relações entabuladas entre si.

A Carta foi outorgada em um país que se esforçava por fazer a transição entre sua herança colonial para uma monarquia institucional, em condições bastante desfavoráveis (atraso político, econômico e social e despreparo de sua elite, incapaz de enxergar além do próprio umbigo) e no qual o processo de industrialização será consolidado muito mais tarde. A história econômica do Brasil caracterizou-se, pelo menos até o final do século XIX, por uma sucessão de ciclos: pau-brasil, açúcar, mineração, café e borracha. A política estatal no período colonial interditou a instalação de fábricas na colônia, de imprensa e do ensino superior, impedindo que pudesse ser desencadeado fenômeno semelhante ao ocorrido nos países europeus e nos Estados Unidos. Mediante a edição de ordens régias, alvarás, decretos e avisos, dificultava-se ou anulava-se a iniciativa dos brasileiros que desejassem exercer qualquer atividade econômica de relevância, tendo o desenvolvimento industrial sido implementado muito mais tarde.[131]

No Brasil semicolonial, a sociedade brasileira era bastante simples: a classe alta composta de senhores de terra, os quais estavam tradicionalmente aliados aos grandes comerciantes dedicados ao comércio exterior; e uma classe inferior de subproletários rurais, sendo uma parte originária de ex-escravos, outra de imigrantes portugueses, em sua maioria já miscigenados com os negros e índios, e um terceiro grupo originário de imigrantes italianos, alemães e de outras nacionalidades. Entre a oligarquia agrário-comer-

---

[130] SOUZA, Neomésio, José. *A Evolução da Ordem Econômica nas Constituições Brasileiras e a Adoção do Ideal do Desenvolvimento como Programa Constitucional*, RDP 53-54, p. 356.

[131] BAER, Werner. *A industrialização e o desenvolvimento econômico do Brasil*, p. 4 a 8.

cial e a grande massa de trabalhadores miseráveis, situava-se uma classe média diminuta, formada basicamente de funcionários públicos, investida nos cargos em razão de suas ligações familiares com a classe alta.[132]

A Constituição Imperial de 1824, notabilizada por contemplar o poder moderador e por apresentar algumas normas apenas formalmente constitucionais, foi a mais duradoura de nossas constituições. Axiologicamente, refletia os interesses dos grandes latifundiários escravocratas, que haviam recebido o novo Direito como uma dádiva para a qual não haviam feito nenhum esforço.[133] No seu Título VIII, contemplava disposições gerais e garantias dos direitos civis e políticos dos cidadãos. De tais disposições impende sinalar, pelo seu caráter social, os incisos XXIV, XXXI e XXXII. O primeiro inciso citado assegurava o livre exercício do trabalho, e o último tornava a instrução primária gratuita a todos os cidadãos. Quanto ao inciso XXXI, o qual interessa mais diretamente ao presente estudo, prescrevia: "A Constituição também garante os socorros públicos." O referido preceito, portanto, contemplava uma norma que poderia ser classificada como assistencial, impondo um dever genérico e de escassa efetividade para o governo imperial. Discorrendo a respeito do enunciado normativo, Balera reconhece a vaguidade dessa formulação porquanto, em face do estágio preliminar de desenvolvimento da história previdenciária, o cidadão não poderia exigir o cumprimento desse dever pela via coercitiva.[134]

É interessante constatar que, em matéria de preocupação com os riscos sociais, muito mais avançado era o projeto elaborado pela Assembléia Geral Constituinte e Legislativa convocada por Dom Pedro I, em 3 de junho de 1822, e dissolvida à força armada em 12 de novembro de 1823, cujos artigos 253 e 255 estabeleciam:

"Art. 253. A assembléia terá particular cuidado em conservar o augmentar as casas de misericórdia, hospitaes, rodas de expostos e outros estabelecimentos de caridade já existentes, e em fundar novos."

"Art. 255. Erigir-se-hão casos de trabalho para os que não acham empregos, e casas de correção e trabalho, penitencia e melhoramento para os vadios e dissolutos de um e outro sexo e para os criminosos condemnados."[135]

---

[132] BRESSER-PEREIRA. Luiz Carlos. *Desenvolvimento e Crise no Brasil: história, economia e política de Getúlio Vargas a Lula,* p. 80-81.

[133] WOLKMER, Antônio Carlos. *Constitucionalismo e Direitos Sociais no Brasil,* p. 29.

[134] BALERA, Wagner. *A Seguridade Social na Constituição de 1988,* p. 17 e 18.

[135] MELLO, Francisco Ignácio Marcondes Homem de. *A constituinte perante a História,* 1996. Esta obra foi publicado originariamente em 1863, mas graças ao esforço de preservação da memória institucional do Senado Federal, diversas obras relevantes de caráter histórico, cultural, social ou político foram republicadas pela coleção Memória Brasileira.

Depois, o Ato adicional de 1834, Lei n° 16, de 12.08.1834, única emenda efetuada na Constituição de 1824 – o qual destinava-se à concessão de certo grau de autonomia para as províncias – estabelecerá competir às Assembléias Legislativas Provinciais a atribuição de legislar: "§10. Sobre casas de socorros públicos, conventos e quaisquer associações políticas e religiosas."

2.2. CONSTITUIÇÃO DE 1891

A participação política da sociedade nas decisões relevantes era extremamente limitada, já que apenas 2,9% da população participava das eleições presidenciais, ficando o poder político retido nas mãos de uma oligarquia rural que atuava nos níveis regional e nacional.[136] Durante a República Velha, as batalhas políticas eram caracterizadas por lutas entre os coronéis rivais, verdadeiros senhores feudais tupiniquins. O Brasil inseria-se no capitalismo internacional como fornecedor de matérias-primas e importador de produtos manufaturados. A abolição da escravatura, em 13 de maio de 1888, conquanto tenha inicialmente desestruturado o setor agrícola, revelou-se extremamente benéfica, oportunizando o aumento do fluxo de migração, fator fundamental para o crescimento interno, pois o grande contingente de mão-de-obra disponível, e agora mais bem qualificada, permitiu que as mercadorias tivessem um baixo custo. As condições de trabalho da classe operária foram péssimas durante toda a República Velha. Ainda que já fossem reconhecidos como vetor social potencialmente ameaçador ao regime, os trabalhadores nunca conseguiram organizarem-se como força votante capaz de influenciar nas eleições.

À medida que a agricultura de exportação, setor vital da economia brasileira, desenvolveu-se, possibilitou a geração de um acúmulo de capital que favoreceu um processo geral de modernização, isto é: urbanização, expansão das comunicações e diferenciação estrutural. Contudo essa modernização foi qualificada como "prematura", pois os centros urbanos cresceram mais rapidamente que seu suporte industrial. Refletindo a modernização precipitada do Estado brasileiro, Malloy aponta a tendência de a burocracia estatal crescer além da capacidade produtiva da base econômica da nação, situação que pode ser demonstrada pelo número de empregos públicos, cujo total entre 1872 e 1920 restou triplicado.[137]

A Constituição de 1891, a mais concisa que o Brasil já teve (91 artigos e mais 8 disposições transitórias), inspirou-se, basicamente, no constitucionalismo americano, cujo modelo federalista se pretendia implantar no Brasil.

---

[136] MALLOY, James M. *A Política de Previdência Social no Brasil*, p. 31.
[137] Idem, p. 37.

A nação brasileira passou a ser constituída pela união indissolúvel das antigas Províncias, agora Estados, adotando como forma de governo a República. Quanto à organização federativa, a sua introdução atendeu aos anseios das oligarquias locais, as quais tiveram o seu poder fortalecido com a importação do modelo americano, consolidando um republicanismo fortemente autoritário.[138] Criou-se um quadro federalista distorcido o qual, ignorando o passado unitário e centralizador do país, deixou de estabelecer a integração entre as unidades federadas.[139]

Paradoxalmente, enquanto a tendência liberal prevaleceu nos valores constitucionais adotados, buscando-se neutralizar o poder pessoal dos governantes mediante a divisão dos poderes e a separação do Estado da sociedade, no nosso País, as estruturas liberais não foram incorporadas à vida política nacional, pois o Presidente da República era um "monarca sem coroa, um rei sem trono,[140] e nos Estados os partidos políticos funcionavam "apenas como fachadas das oligarquias locais",[141] dispostas a empregar todos os meios para se manterem no poder.

Nessa Carta ainda não houve preocupação de disciplinar a ordem econômica e social. Aliás, na concepção doutrinária e ideológica que viscejava na época, tais matérias pertenciam à competência do legislador ordinário. A declaração de direitos contemplada nessa Lei Fundamental preocupavase em tutelar a liberdade, a segurança individual e a propriedade. Merece especial referência o artigo 78 dessa Carta que dispunha: "A especificação das garantias e direitos expressos na Constituição não exclui outras garantias e direitos não enumerados, mas resultantes da forma de governo que ela estabelece e dos princípios que consigna".

Na constituição, a exemplo da legislação ordinária,[142] a previdência social principiou por atender os trabalhadores dos "serviços públicos".[143] A motivação da eleição particular dos servidores públicos, consoante o diagnóstico de Alvim, decorreu do fato de a maior parte dos trabalhadores urbanos, nessa época, serem funcionários públicos. Em razão da estrutura

---

[138] FERRAZ JÚNIOR, Tércio Sampaio. *Constituição Brasileira: Modelo de Estado, Estado democrático de direito, objetivos e limites jurídicos*, p. 44, In perspectivas Constitucionais, Vol . II.

[139] BARROSO, Luís Roberto. *O direito constitucional e a efetividade de suas normas: limites e possibilidades da Constituição brasileira*, p. 15.

[140] BONAVIDES, Paulo e ANDRADE, Paes. *História Constitucional do Brasil*, p. 246.

[141] Idem, p. 255.

[142] A Lei 3.397, de 24 de novembro de 1888, determinava a criação de uma caixa de socorros para os trabalhadores das estradas de ferro de propriedade do Estado. Depois, sobrevieram o Decreto 9.212-A, de 26 de março de 1889, tratando do montepio obrigatório dos empregados dos correios, e o Decreto 10.269, de 20 de julho do mesmo ano, criando o fundo especial de pensões dos trabalhadores das oficinas da Imprensa Régia. Para os servidores públicos, o conjunto dos benefícios era um direito que decorria do exercício da função, enquanto a previdência dos trabalhadores da iniciativa privada será criada exigindo-se o recolhimento de contribuições. (RUSSOMANO Mozart Victor. *Curso de Previdência Social*, p. 29 a 30)

[143] RUSSOMANO, Mozart Victor. *Curso de Previdência Social*, p. 32.

O Direito Fundamental à Previdência Social

agrícola do Brasil, sendo a produção industrial insipiente e voltada apenas para um consumo interno diminuto, inexistia uma massa suficiente de trabalhadores urbanos que pudessem exercer pressão no sentido de provocar o surgimento de uma legislação protetiva.[144] Nessa senda, a Constituição Republicana, no seu artigo 75, pela vez primeira, previu a concessão de aposentadoria para quem se invalidasse a serviço da nação: "A aposentadoria só pode ser dada aos funcionários públicos em caso de invalidez no serviço da nação". Esse dispositivo, provavelmente, foi inspirado na Constituição Francesa de 1799. Em que pese a restrição subjetiva e limitação prestacional, tratou-se de relevantíssimo precedente em matéria de proteção social no Brasil.[145]

No campo legislativo, significativa parcela da doutrina previdenciária considera que Previdência Social ostentou relevância própria no nosso direito positivo apenas após o término da Primeira Guerra Mundial.[146] Em sentido contrário, pelo estudo da evolução do Direito do Trabalho, outros juristas sustentam que o movimento associativo operário empreendeu, desde os fins do século XIX, atividades mutualistas, pois entre 1872 a 1929, foram catalogadas 67 associações de auxílio mútuo. De um modo geral, essas associações propunham-se a realizar programas assistenciais tais como: serviços médico-farmacêuticos e auxílio em caso de enfermidade, desemprego, invalidez e funerais.[147]

A previdência social urbana é estendida para os trabalhadores da iniciativa privada por via da Lei Eloy Chaves, Decreto Legislativo nº 4.682, de 24 de janeiro de 1923, o qual autorizou a instituição de Caixas de Aposentadorias e Pensões, considerado o marco oficial da previdência social no Brasil. As Caixas de Aposentadoria e Pensões – CAPs – eram entidades semipúblicas que operavam debaixo da regulação do Conselho do Trabalho, até 1930, e depois do ministério do trabalho. na opinião de Leite e Velloso, a previdência social no Brasil teria principiado em momento anterior, em 15 de janeiro de 1919, com a Lei 3.724 – dispondo sobre o seguro de acidentes do trabalho, a cargo das empresas, que deveriam contratá-lo obrigatoriamente com seguradoras privadas – porquanto nenhum seguro seria mais social do que o de acidentes do trabalho, sendo uma incongruência situar a sua origem num ato legislativo quatro anos depois.[148]

---

[144] ALVIM, Ruy Carlos Machado Alvim. *Uma História Crítica da Legislação Previdenciária Brasileira*, p. 14.

[145] BALERA, Wagner. *A Seguridade Social na Constituição de 1988*, p. 19 e 20.

[146] RUSSOMANO, Mozart Victor. Ob. cit., p. 33.

[147] PEREIRA LEITE, João Antônio G. *Curso Elementar de Direito Previdenciário*, p. 29 a 30.

[148] LEITE, Celso Barroso e VELLOSO, Luiz Paranhos, *Previdência Social*, p. 117. Talvez o fato possa ser compreendido quando recordarmos que as seguradoras privadas conseguiram manter sob seu domínio esse seguro, mesmo após a edição da LOPS em 1960. Somente durante o auge dos governos militares foi possível integrar na previdência social o referido seguro pela Lei nº 5.316, de 14 de setembro de 1967.

A previdência social brasileira[149] nascerá dentro de um contexto autoritário no qual a participação dos trabalhadores será pouco significativa, razão pela qual, nos primeiros anos, terá um perfil segmentado e contencionista, cabendo ao Estado o papel decisivo no que tange ao emprego das reservas financeiras, constituídas em um regime de capitalização, e empregadas em obras de infra-estrutura e na edificação da indústria de base.[150] Convém sinalar que não havia propriamente uma contribuição da União, o que só se efetivaria com a Constituição de 1934. As empresas recolhiam as contribuições devidas (as suas próprias, a dos trabalhadores e a dos usuários dos serviços das empresas) diretamente para as Caixas de Aposentadorias e Pensões, sem a intermediação estatal. Na opinião de Oliveira e Teixeira, tal modelo é apto a "ressaltar o caráter neoliberal das instituições previdenciárias nos anos 20 por comparação aos períodos subseqüentes. Em síntese, o 'Estado' não é um contribuinte do sistema."[151] Nessa concepção, os problemas sociais decorrentes do modo capitalista devem ser resolvidos pela sociedade civil.

Como observou José Albertino Rodrigues, citado por Oliveira e Teixeira, a aplicação do conceito liberal resultava pura e simplesmente na omissão do Estado diante das questões do trabalho, uma vez que as intervenções, tais como a redução da jornada de trabalho, afetariam a independência e autonomia da livre-empresa.[152] Na época, e durante muito tempo depois, as condições de exploração dos trabalhadores do campo não eram objeto de debate, por força da falta de mobilização das classes trabalhadoras campesinas e também pelo fato de a oligarquia rural exportadora ser a principal responsável pela tomada dos rumos do País.

A Emenda Constitucional de 3 de setembro de 1926 – cujo caráter era nitidamente centralizador, contrária aos princípios liberais, e destinada a reforçar o presidencialismo, mas que se revelou inócua para manter a República Velha – naquilo que nos interessa mais de perto, transmudou o artigo 34 que tratava das competências privativas do Congresso Nacional, passando a prever: "28. Legislar sobre o trabalho" e "29. Legislar sobre licenças aposentadorias e reformas, não as podendo conceder nem alterar leis especiais".

---

[149] Para Moacyr Oliveira, a previdência social poderia ser conceituada como: "a organização criada pelo Estado, destinada a prover as necessidades vitais de todos os que exercem atividade remunerada e de seus dependentes, e, em alguns casos, de toda a população, nos eventos previsíveis de suas vidas, por meio de um sistema de seguro obrigatório, de cuja administração e custeio, participam, em maior ou menor escala, o próprio Estado, os segurados e as empresas". (OLIVEIRA, Moacyr Velloso Cardoso de. *Previdência Social: doutrina e exposição da legislação vigente*, p. 10)

[150] DELGADO, Ignacio Godinho. *Previdência Social e Mercado no Brasil*, p. 164.

[151] OLIVEIRA, Jaime A de Araújo e TEIXEIRA, Sônia M. Fleury. *(IM)Previdência Social: 60 anos de História da Previdência no Brasil*, p. 33.

[152] Idem, p. 36.

O Direito Fundamental à Previdência Social

No campo do Direito do Trabalho, o n° 28 representava um importantíssimo reconhecimento da possibilidade de o legislador intervir na autonomia da vontade retratada, sobretudo no Código Civil, no que tange às relações de trabalho, em face da brutal desigualdade existente entre os sujeitos envolvidos. Não era sem relevância esse acréscimo, pois era sólida a concepção liberal de que os salários também deveriam estar abertos à livre concorrência na esteira do apregoado pelos economistas. Na Argentina, como destacou Menezes, a Corte Suprema havia declarado a inconstitucionalidade da Lei 922 pertinente ao salário-mínimo, por entender que ela regulava o preço, elemento essencial da locação de serviços disciplinado pelo Código Civil.[153] Até então, o artigo 34 de nossa Carta era considerado o fundamento para refutar as tentativas de se legislar sobre questões trabalhistas e sociais, vinculando o problema da autonomia dos Estados com o do liberalismo perante o mercado de trabalho. Nesse período, o legislador constituinte ainda não cogitava de abranger no dispositivo apontado qualquer matéria relativa aos seguros sociais.[154]

2.3. CONSTITUIÇÃO DE 1934

Sobrevém a Revolução em outubro de 1930 que pretendia romper com o Estado liberal-oligárquico da Velha República, realizada pela Aliança Liberal, pelo menos em seu discurso, disposta a depurar o sufrágio, acabando com as fraudes eleitorais, e a promover uma modernização conservadora. No campo econômico, Vargas promoveu uma substancial mudança na estrutura do País – impondo-se sobre as forças semifeudais que até então dominavam o Brasil, através de um acordo tácito com as grandes potenciais industriais, pois, até aquele momento, nossa economia estava orientada para atender os interesses da Europa e dos EUA, sendo nosso mercado interno insignificante[155] – entretanto, o movimento vitorioso adotou tímidas medidas para a resolução dos problemas sociais que afligiam o País, mantendo-se, no essencial, a estrutura de dominação.[156]

A expansão da indústria no Brasil, provocada pelo acúmulo de capitais gerados com o setor exportador, havia acarretado o incremento da classe

---

[153] MENEZES, Geraldo Bezerra. *O Direito do Trabalho e a Seguridade Social na Constituição*, p. 117.

[154] CÉSAR, Afonso. *A Previdência Social nas Constituições*, p. 24.

[155] A respeito do desenvolvimento econômico industrial promovido por Vargas em nosso país, é imprescindível a leitura do formidável livro de BRESSER-PEREIRA: *Desenvolvimento e Crise no Brasil: história, economia e política de Getúlio Vargas a Lula*.

[156] Como anotou Barroso, o movimento de 1930 foi a única revolução da República e, embora representa-se a quebra da hegemonia absoluta do setor agrário exportador, o qual passava a partilhar a hegemonia com a burguesia industrial, não representou uma transformação profunda das estruturas e das instituições da República. (BARROSO, Luís Roberto. *O direito constitucional e a efetividade de suas normas: limites e possibilidades da Constituição brasileira*, p. 19).

operária cujo contingente de 275.512 trabalhadores, em 1920, saltou para 450.000 em 1930 – iniciando a sua consolidação como um fator novo a ressonar no País, pondo em relevo os conflitos entre o capital e o trabalho – de forma que a questão social, até então desconsiderada, se convertesse, como anotou Faoro, em uma questão de polícia, quer o último presidente da República Velha, Washington Luís, tenha ou não pronunciado essa frase.[157]

Os acontecimentos políticos da Europa após a Primeira Guerra Mundial, com uma verdadeira difusão dos direitos sociais, os quais passam a ser constitucionalizados, e os movimentos social-democráticos também repercutiram no Brasil. Inegavelmente, a revolução de 30 – realizada com a marca de Getúlio Vargas, cuja atuação ocorreu no melhor estilo Bismarkiano – soube atender a anseios sociais que até então eram subestimados. Havia uma notória semelhança entre a Alemanha do final do século XIX e o Brasil da década de 30: desenvolvimento tardio do capitalismo, projeto de modernização da sociedade e busca de legitimação populista pela via de uma legislação social. Se a experiência alemã serve como referencial, não podem ser desconsideradas as nossas peculiaridades, por exemplo, a gradativa autonomia do poder em face das demais forças sociais e a tentativa de construção de um Estado burocrático-social.[158] Nessa linha, afirma Wolkmer que a concessão de alguns direitos sociais mínimos devem ser encarados muito mais como manobra de um Estado autoritário modernizante do que produto e conquista histórica de uma sociedade nacional burguesa solidificada.[159] A ruptura com a ideologia liberal não abalou as estruturas nucleares do poder o qual permanecia nas entranhas da oligarquia rural, pois as relações de trabalho do mundo agrário ficaram à margem da intervenção legislativa, refletindo-se no modelo previdenciário emergente.[160]

O regime de Vargas, no tratamento das relações trabalhistas, focou três objetivos: neutralizar o trabalho como fonte de apoio para grupos de oposição que defendiam uma mudança radical; despolitizar as organizações como fonte autônoma das demandas do grupo; e colocar o trabalho como apoio maior, embora passivo do regime.[161] Para dirigir essas metas, foi criado o Ministério do Trabalho em 1930, o qual restou exercido, pela primeira vez, por Lindolfo Collor. O Governo Provisório foi também responsável pela sindicalização das classes patronais e operárias, pois, mesmo sendo facultativa, essa passou a condicionar o exercício de direitos.

---

[157] FAORO, Raymundo. *Os Donos do Poder: formação do patronato político brasileiro*, p. 756.

[158] WOLKMER, Antônio Carlos. *Constitucionalismo e Direitos Sociais no Brasil*, p. 23 a 26 e p. 40.

[159] Idem, p. 35.

[160] OLIVEIRA, Jaime A de Araújo e TEIXEIRA, Sônia M. Fleury. *(IM)Previdência Social: 60 anos de História da Previdência no Brasil*, p. 38.

[161] MALLOY, James M. *A Política de Previdência Social no Brasil*, p. 64.

O Direito Fundamental à Previdência Social

A primeira solução para o enfrentamento global dos riscos de enfermidade, falta de trabalho, invalidez e morte no Brasil, teria sido o "Plano da Caixa Geral do Estado", de autoria do Dr. Décio Coutinho, apresentado em 24 de outubro de 1931. Segundo Celso Barroso Leite, tratava-se não apenas do primeiro documento específico no concernente à unificação da previdência social, como constituiria o projeto mais antigo do que hoje se conhece como seguridade social, elaborado onze anos antes do primeiro relatório de Beveridge.[162]

No dealbar da década de 30, já era possível constatar os inconvenientes do regime de filiação por empresa, com a proliferação de pequenas Caixas, poucas das quais com um número que tornasse viável o funcionamento dessas instituições, nos moldes securitários em que desde o seu início a previdência social brasileira opera. Ao mesmo tempo, numerosos trabalhadores permaneciam à margem da proteção previdenciária. Por isso, o aperfeiçoamento realizado foi a criação, entre 1933 e 1938, dos Institutos de Aposentadorias e Pensões, que englobavam toda uma categoria profissional, sendo o primeiro deles o Instituto da Aposentadoria e Pensões dos Marítimos (Decreto 22.872, de 29.06.1933).[163] Analisando a extensão da proteção do seguro social, Malloy destaca que inicialmente a previdência estaria associada ao modelo agroexportador primário, expandindo-se primeiro para os trabalhadores das atividades de infra-estrutura mais relevantes (estradas de ferro, docas, serviços públicos e frota mercante), servindo ao setor de exportação e às áreas urbanas, depois aos empregados do comércio e bancos e, finalmente à categoria mais amorfa dos trabalhadores: os da indústria.[164] A previdência social será edificada, nesse momento, como um instrumento de incorporação social controlada. A filiação compulsória dos trabalhadores integrantes de determinados segmentos profissionais urbanos representava a possibilidade de agregação de direitos sociais ao conjunto de leis trabalhistas implementadas por Vargas, o que era realizado dentro de um projeto de reorganização preventiva da contenciosidade entre o capital e o trabalho.[165]

De acordo com o apurado diagnóstico de Delgado, a previdência social teria sido a matriz do processo de formação das políticas sociais modernas no País – conduzida por um regime autoritário, pois o peso dos trabalhadores na tomada de decisões era muito reduzido – e estaria associada à cons-

---

[162] LEITE, Celso Barroso e VELLOSO, Luiz Paranhos, *Previdência Social*, p. 188 e189.

[163] Idem, p. 121.

[164] 1933 – IAP dos Marítimos, Decreto 22.872; 1934 – IAP dos Comerciários, Decreto 24.273 e IAP dos Bancários, Decreto 24.615; 1936 – IAP dos Industriários, Lei 367; 1938 – IPASE, Decreto-lei 288 e IAP dos Empregados em Transportes e Cargas, Decreto-lei 651. (MALLOY, James M. *A Política de Previdência Social no Brasil*, p. 75).

[165] WERNECK VIANNA, Maria Lucia Teixeira. *A americanização (perversa) da Seguridade social no Brasil: Estratégias de bem-estar e políticas públicas*, p. 140.

trução da própria nacionalidade (o Estado Nacional é compreendido pelo autor como a forma de articulação entre a autoridade e a solidariedade). Para ancorar essa afirmação, argumenta que, após a crise da economia agroexportadora, colimou-se através do seguro social a incorporação dos trabalhadores assalariados à comunidade nacional, além de propiciar um instrumento para potencializar a capacidade estatal de promover o desenvolvimento industrial no País. A sua formação teria resultado de uma coalização entre os empresários e o Estado, viabilizada por compensações paralelas, destacando-se o fechamento do mercado interno brasileiro e a transferência dos custos para a coletividade em geral.[166]

A influência mais marcante da Carta de 1934 proveio da Constituição de Weimar, provocando uma inserção mais significativa dos direitos sociais em nosso ordenamento. Essa conclusão fica robustecida, inicialmente, pelo contido no preâmbulo da Constituição que declara a intenção dos constituintes de organizarem um regime democrático para assegurar à Nação a unidade, liberdade, justiça e o bem-estar social e econômico. Nessa fórmula, o Estado assume determinados compromissos no que tange à organização da sociedade, dispondo-se a amparar os cidadãos que não conseguem, apenas pelo seu próprio esforço, obter uma colocação no mercado que seja apta a lhes assegurar uma situação compatível com a dignidade humana. A atuação estatal em face do problema social, em linhas gerais, manifesta-se pela limitação da liberdade contratual e da autonomia da vontade e pela transformação do direito de propriedade que de absoluto fica condicionado a sua função social.[167]

Nela, infelizmente de fulgaz existência, tratou-se em um Título próprio, pela primeira vez, da ordem econômica e social cuja organização deveria assegurar a todos uma existência digna (art. 115). Nesse Título, ficaria assentado o conjunto de regras e princípios que definem concretamente a posição do Estado em face do progresso econômico, permitindo definir as limitações da atividade econômica, mecanismos de controle e de incentivos a intervenções públicas nas suas diversas finalidades, sob a inspiração dos princípios da justiça social e do desenvolvimento nacional.[168] Previu-se também a intervenção legislativa para a fixação de melhores condições de trabalho, tendo em vista a proteção social do trabalhador e os interesses econômicos do país, no artigo 121, o qual inclusive tratou de disciplinar direitos trabalhistas como a limitação da jornada de trabalho e da indenização por despedida sem justa causa.

---

[166] DELGADO, Ignacio Godinho. *Previdência Social e Mercado no Brasil*, p. 134.
[167] VIDAL NETO, Pedro. *Estado de Direito: direitos individuais e direitos sociais*, p. 124.
[168] SOUZA, Neomésio, José. *A Evolução da Ordem Econômica nas Constituições Brasileiras e a Adoção do Ideal do Desenvolvimento como Programa Constitucional*, RDP 53-54, p. 352.

Logo no pórtico do capítulo dos direitos individuais – no qual, além dos direitos civis e políticos, pela primeira vez os direitos sociais surgiam nitidamente – o *caput* do artigo 113 destacava a preocupação com a subsistência, explicitada no § 34: "A todos cabe o direito de prover a própria subsistência e a de sua família, mediante trabalho honesto. O Poder Público deve amparar na forma da lei, os que estejam em indigência." Por fim, a tendência referida no parágrafo anterior é confirmada pela previsão de limitações ao direito de propriedade, pois este não poderia ser exercido contra o interesse social ou coletivo, sujeitando-se às limitações estabelecidas pela lei (§17 do art. 113).

Na seara dos direitos previdenciários, ainda atrelados ao Direito do Trabalho, cabe sinalar que a Carta de 1934 já previa a participação tríplice no custeio para viabilizar o atendimento dos riscos sociais na alínea *h* do §1º do artigo 121: "h) ... e instituição de previdência, mediante contribuição igual da União, do empregador e do empregado, a favor da velhice, da invalidez, da maternidade e nos casos de acidente do trabalho ou morte;" Essa diretriz, além de contribuir para o equilíbrio do sistema, possibilitaria a elaboração de uma política social abrangente, provendo o Estado com recursos significativos para fazer frente às carências sociais do povo.[169] O disciplinamento dessa participação ocorreu pela via da Lei 159/35. A contribuição da União deveria ser composta, ordinariamente, por "quotas de previdência", incidentes sobre os preços dos bens e serviços das empresas, isto é, tributando-se o consumo mediante "taxas de Previdência" incidentes sobre as importações. Nessa fase da previdência criaram-se os Institutos de Aposentadorias e Pensões, e o aparelho fiscal do Estado passou a ser empregado para a cobrança das contribuições previdenciárias. Paradoxalmente, o surgimento de uma "contribuição da União" não representou uma melhora na situação dos Institutos de Previdência. Ocorre que o governo federal, violando os preceitos constitucionais, não repassava os recursos devidos à previdência, nos montantes legalmente estabelecidos, dando a esses recursos destinações diversas.[170]

A competência para estabelecer regras de assistência social era da União (alínea *c* do inciso XIX do art. 5º), sendo privativa a competência do Poder Legislativo de legislar sobre aposentadorias, licenças e reformas (nº 8 do art. 39). No plano administrativo, era competência concorrente da União e dos Estados a atribuição de cuidar da saúde e da assistência públicas, bem como fiscalizar a aplicação das leis sociais (incisos II e V do art. 10).

A previdência social dos regimes próprios, destinados aos servidores públicos, está conectada de maneira indissociável com a política adotada

---

[169] BALERA, Wagner. *A Seguridade Social na Constituição de 1988*, p. 22.

[170] OLIVEIRA, Jaime A de Araújo e TEIXEIRA, Sônia M. Fleury. *(IM)Previdência Social: 60 anos de História da Previdência no Brasil*, p. 106.

pelo Estado no atinente ao funcionamento geral do serviço público, em especial a forma de seleção e contratação dos servidores. Por isso, no título pertinente aos funcionários públicos, Título VII, foram detalhadas as prestações previdenciárias a que faziam jus os servidores. Embora o sistema do concurso público já estivesse previsto nessa Constituição no artigo 169, na prática, ele selecionava menos da metade do total de servidores públicos. Como observou Malloy, desde o princípio, o componente do patronato cresceu mais rapidamente que o do mérito, pois em 1943, de 145.991 servidores federais, bem mais que 90.000 eram "protegidos".[171] Essa Carta foi a primeira a estabelecer um limite etário para o exercício da função pública, impondo que fossem aposentados compulsoriamente os funcionários que atingissem 68 anos de idade (art. 170, § 3°).

2.4. CONSTITUIÇÃO DE 1937

O descompasso entre as forças vivas da sociedade e a Constituição promulgada logo provocaram a sua substituição. Getúlio Vargas – que não tinha uma linha ideológica coerente, mas revelou-se extremamente habilidoso para promover diversas espécies de coalizões para se manter no poder, obtendo êxito por quinze anos – realizou, como dizem alguns, um golpe dentro do golpe, instituindo um regime corporativista. Segundo Malloy, a mentalidade do regime Vargas tinha raízes no modelo de relações Estado-sociedade que poderia ser denominado "autoritarismo orgânico", no qual o Estado era o principal regulador das relações socioeconômicas nacionais.[172]

O Estado, nesse interregno, robusteceu sua ação diretiva pela via da edição de medidas legislativas baixadas por Vargas, dentre as quais avulta a Consolidação das Leis do Trabalho, configurando uma estratégia de apropriação do "espaço de demanda", isto é, definindo quais, como e quando as demandas deveriam ser atendidas;[173] e mediante a multiplicação de organismos corporativos instituídos e controlados pelo governo. A partir de 1935, as reivindicações do movimento operário são abafadas por uma fortíssima onda de repressão policial, fechando-se os sindicatos mais independentes e prendendo-se os líderes operários que nada tinham a ver com a revolta aliancista de novembro de 1935. Depois de 1937, apenas um sin-

---

[171] MALLOY, James M. *A Política de Previdência Social no Brasil*, p. 84.

[172] "Em resumo, este modelo pretende criar uma sociedade orgânica mais ou menos harmoniosa, pela incorporação de agrupamentos sociais chave (em princípio, todos os grupos sociais; na prática, apenas um) num conjunto de estruturas controladas e centralmente dominadas por um aparelho de Estado Administrativo. Num certo sentido, é uma modalidade antipolítica que rejeita a noção de associações autônomas de interesse (para não mencionar classes) e lida com pontos importantíssimos, tais como problemas administrativos e técnicos a serem definidos e resolvidos pelo Estado que articula e incorpora os interesses da sociedade como um todo." (Idem, p. 60 e 61).

[173] Idem, p. 64.

dicato, em cada categoria, foi oficialmente reconhecido, tornando os sindicatos extensão do aparelho estatal. Sobre os acontecimentos do período é particularmente interessante o relato de Carone, citado por Oliveira e Teixeira:

> "Entre 1936 e 1937, não se registra nenhuma greve, pois a Lei de Segurança Nacional, Estado de Sítio e Estado de Guerra são argumentos de força contra qualquer pretensão. As prisões e intimidações levam ao recuo operário, o que por sua vez, permite ao Ministério do Trabalho começar a substituir gradativamente a verdadeira liderança sindical operária. Os pelegos, isto é, os operários de confiança do Governo tornam-se os representantes oficiais do proletariado. Este processo que é tênue entre 1935 e 1937, acaba sendo total durante o Estado Novo".[174]

A Constituição outorgada pelo golpe de Estado de 1937 é então justificada "como um imperativo de salvação nacional".[175] Pela sua própria natureza ideológica era concisa no concernente aos direitos individuais. Essa Carta, segundo acreditam os historiadores, inspirou-se na Constituição da Polônia, nos movimentos fascista e nazista da Itália[176] e Alemanha e, até mesmo, na Constituição do Rio Grande do Sul de 1890.[177] A ascensão dos movimentos nazista e fascista, consoante observa Peces-Barba, está diretamente relacionada com a batalha pela conquista dos direitos políticos empreendida pelo proletariado, os quais capacitavam obreiros a influir nas decisões políticas relevantes, em especial, na batalha pelos direitos econômicos, sociais e culturais. A resistência mostrou-se tão enérgica que a burguesia chegou, até mesmo, a renunciar às suas instituições, apoiando um totalitarismo, desde que fossem mantidos os seus privilégios.[178]

Atendendo à nova diretriz constitucional, a economia deveria ser organizada de forma corporativa (art. 140), tornando-se tais corporações órgãos do próprio Estado, inclusive com funções delegadas de poderes públicos. Se os monarcas absolutos podiam desprezar completamente a participação popular, os novos governos autoritários sentiam necessidade de, ao menos, simular uma participação do povo, como forma de legitimar o exercício do poder. Como exemplo dessa diretriz, cite-se o artigo 138 dessa Carta, esta-

---

[174] OLIVEIRA, Jaime A de Araújo e TEIXEIRA, Sônia M. Fleury. *(IM)Previdência Social: 60 anos de História da Previdência no Brasil*, p. 110.

[175] É interessante relembrar, que quando Francisco Campos se incompatibiliza com Getúlio, em 1945, concede entrevista ao Correio da Manhã do Rio de Janeiro, em 03 de março de 1948, na qual defende a Constituição de 1937 e sustenta que ela sequer entrou em vigor pela não realização do plebiscito previsto.(PORTO, Walter Costa. *Constituições Brasileiras*: 1937, Vol. IV, p. 49).

[176] A Carta "del Lavoro" de 1927, inclusive, contemplava um título que tratava da previdência, da assistência, da educação e da instrução.

[177] BONAVIDES, Paulo e Andrade, Paes, *História Constitucional do Brasil*, p. 340.

[178] PECES-BARBA MARTINEZ, Gregório. Derechos Sociales y Positivismo Jurídico, p. 58.

belecendo que a associação sindical seria livre, porém apenas o sindicato reconhecido pelo governo poderia representar legalmente uma categoria. Ao mesmo tempo, promovia-se a substituição dos autênticos líderes sindicais pelos operários de confiança do governo, completando a pantomima.

Não havia previsão nos direitos e garantias individuais dos direitos sociais. Estes foram inseridos de forma tímida basicamente na ordem econômica. Contudo, a greve e o *lock-out* eram considerados recursos "anti-sociais" (art. 139). No campo das competências, cabe gizar ter sido atribuído à União legislar sobre direito operário (inciso XVI do art. 16), enquanto aos Estados competia legislar sobre assistência pública (alínea *c* do art. 18).[179] Os direitos previdenciários eram tratados juntamente com os preceitos pertinentes aos direitos trabalhistas, cabendo destacar as alíneas *l, m* e *n* do artigo 137. Previa-se um período de repouso antes e depois do parto para a gestante, sem prejuízo do salário, a instituição de seguros de velhice, invalidez, de vida e para acidentes do trabalho, bem como o dever das associações de trabalhadores de prestar assistência no referente às práticas administrativas ou judiciais relativas aos seguros sociais e de acidentes do trabalho (último dispositivo inspirado no inciso XXVII da *Carta del Lavoro* italiana). A disciplina das aposentadorias dos funcionários públicos traçada pela Constituição anterior restou mantida no artigo 156. Nessa Carta, criou-se mais uma espécie de aposentadoria compulsória além da etária que havia sido instituída pela Constituição de 1934.[180] Com apoio nessa malfadada disposição, foram aplicados castigos draconianos e favorecimentos arbitrários a tal ponto que J. Guilherme de Aragão, citado por Abreu, com apropriada ironia, rotulou esse dispositivo como o "curupira" da Carta de 1937.[181]

Com a crise do Estado Novo, o empresariado que pelo incremento da atividade industrial acreditava ter conquistado um papel mais significativo no Estado e, em face do fortalecimento do sindicalismo e temeroso da propagação da pregação trabalhista e comunista, passou a defender um alargamento da proteção social. Entretanto, mostrava-se infenso a políticas efetivamente redistributivas, pois não aceitava a tributação direta e rechaçava proposições como a participação nos lucros dos trabalhadores.[182]

---

[179] A disposição constitucional referida, para CESARINO JÚNIOR, citado por CÉSAR, serviu para sustentar a autonomia do Direito Social que, referido como 'direito operário', havia sido colocado em condições de igual dignidade ao Direito Civil e do Direito Comercial pela Constituição. Entretanto, nenhuma das duas denominações acabou prosperando (CÉSAR, Afonso. *A Previdência Social nas Constituições*, p. 34.)

[180] "Art. 177 – Dentro do prazo de sessenta dias a contar da data dessa Constituição, podem ser aposentados ou reformados de acôrdo com a legislação em vigor os funcionários civis e militares cujo afastamento se impuser, a juízo exclusivo do Govêrno ou no interêsse do serviço público ou por conveniência do regime."

[181] ABREU DE OLIVEIRA, J. E. *Aposentadoria no serviço público*, p. 107.

[182] DELGADO, Ignacio Godinho. *Previdência Social e Mercado no Brasil*, p. 136.

As diretrizes dos Relatórios de Beveridge, os quais propunham uma estrutura unificada do ponto de vista administrativo e universal no que tange aos benefícios concedidos também irradiaram sua influência pela América Latina. O impacto desse novo enfoque para a questão social não foi ignorado pelo Brasil que, no esforço articulado para a reforma da previdência social – coordenado por João Carlos Vital em 1943, no qual se previa a criação de uma única instituição, o Institu de Serviços Sociais do Brasil - ISSB – tentou incorporar suas linhas básicas. Contudo, sofreu forte resistência no Brasil, por parte de grupos poderosos: a) das seguradoras privadas que não queriam perder o seu filão de mercado (monopólio dos seguros de acidente do trabalho); b) das categorias profissionais que desfrutavam de prestações mais generosas, dentro do sistema de proteção social corporativo e segmentado, que temiam uma redução no padrão vigente; c) dos funcionários das CAPs e IAPs, os quais queriam manter os seus cargos ameaçados pela racionalização e eficiência que o novo sistema prometia; e d) dos líderes sindicais e políticos, pois a sua base estava apoiada no controle que tinham das instituições de previdência.[183] Por outro lado, o empresariado, sobretudo depois do final da década de 40, era contrário à expansão dos benefícios por entender que isto implicaria elevação das contribuições e, conseqüentemente, aumento dos custos de produção e diminuição da capacidade de consumo do mercado interno.[184]

Com a vitória dos aliados sobre os nazistas, a ideologia da Carta de 1937 não poderia mais ser sustentada,[185] mas Vargas não encerrará ainda a sua vida política, procurando com medidas populistas construir uma nova rede de sustentação.[186] Em 7 de maio de 1945, era baixado o Decreto-Lei nº 7.526, que instituía o ISSB. Todavia, com a deposição de Vargas em 29 de outubro de 1945, o decreto-lei não foi regulamentado, e talvez, como afirmou Russomano, tenha-se perdido vinte anos de atraso na evolução da Previdência Social no Brasil.[187]

---

[183] MALLOY, James M. *A Política de Previdência Social no Brasil*, p. 93 e 94.

[184] DELGADO, Ignacio Godinho. *Previdência Social e Mercado no Brasil*, p. 155.

[185] A contradição política, como remarcam BONAVIDES e ANDRADE, consistia no fato de as forças armadas brasileiras terem combatido na Itália pela restauração da liberdade e da democracia, ao passo que internamente o País estava submetido a um sistema que era a própria negação desses princípios, sem partidos políticos e sem imprensa livre. (BONAVIDES, Paulo e ANDRADE, Paes, *História Constitucional do Brasil,* p. 349)

[186] Em que pese a sua deposição em 1945, após 15 anos ininterruptos no exercício da Presidência da República, Getúlio Vargas, o mais ardiloso e presdigitador líder político de nossa história, ainda colherá os frutos de sua passagem pelo Governo vindo a ser eleito para exercer a Presidência da República, agora pelo voto popular, em 1950, graças à atenção que dispensou aos problemas sociais, ainda que de maneira demagógica, e à propaganda do Estado Novo que ajudaram a forjar a imagem mítica de Vargas como o "Pai dos Pobres" e único responsável por toda a legislação trabalhista e previdenciária.

[187] RUSSOMANO, Mozart Victor. *Comentários à Lei orgânica da Previdência Social*, p. 36.

2.5. CONSTITUIÇÃO DE 1946

Basicamente, procuraram os constituintes a restauração do quadro traçado pela Constituição de 1934. A preocupação com a questão social era intensificada em escala mundial nas democracias liberais, pois era parte integrante de um plano ideológico destinado a contrapor-se aos projetos fascistas e socialistas de planificação social, demonstrando que a democracia liberal também tinha alternativas para o enfrentamento dos problemas sociais.[188] Através desse prisma, ficou assentado que a ordem econômica deveria ser organizada consoante os princípios da justiça social.

Pela primeira vez ficou consignado competir à União legislar sobre previdência social (alínea *b* do inciso XV do art. 5°), porém era permitido aos Estados suplementar a legislação da União nesta matéria (art. 6°). A competência legislativa em matéria previdenciária passou a ser concorrente, possibilitando aos Estados e Municípios a criação de regimes próprios de previdência para seus servidores, caso em que esses ficaram excluídos do regime geral. A diretriz permanecerá sendo seguida, inclusive, pela Constituição de 1988.

No artigo 157 da Lei Maior, os direitos trabalhistas e previdenciários ficaram albergados, cabendo destacar os incisos X, XV, XVI, os quais consagravam, respectivamente: período de repouso antes e depois do parto para a gestante, sem prejuízo do salário e do emprego; assistência aos desempregados; previdência contra as conseqüências da doença, velhice, invalidez e da morte. Contraditoriamente, embora no plano legislativo os seguros por acidente do trabalho a cargo das empresas privadas tenham antecedido a legislação previdenciária, esse seguro continuava fora do âmbito da previdência social oficial, pois o seguro contra acidentes do trabalho figurava em separado no inciso XVII e dependia de contribuição exclusiva do empregador. Essa Carta inovou ao manifestar preocupação com os desempregados, embora o preceito contido no inciso XV contemplasse natureza assistencial e não tenha, na vigência dessa Constituição, logrado efetiva concretização legislativa.

No Título VII, ao lado das aposentadorias por invalidez e compulsória, acrescentou-se a aposentadoria voluntária aos 35 anos de tempo de serviço (§ 1° do artigo 191). Embora o Estatuto dos Funcionários de 1939 já contemplasse essa modalidade no artigo 197, a concessão da prestação ficava ao alvedrio da administração, que poderia considerar que os serviços prestados não tinham sido bons e leais de maneira suficiente.

O artigo 192 passou a prever a contagem recíproca do tempo de serviço público federal, estadual ou municipal para fins de aposentadoria e dispo-

---

[188] OLIVEIRA, Jaime A de Araújo e TEIXEIRA, Sônia M. Fleury. *(IM)Previdência Social: 60 anos de História da Previdência no Brasil*, p. 176.

nibilidade. Em que pese a relevância do instituto, o qual permite a adição de tempos de filiação prestados em regimes previdenciários distintos, a lei somente disciplinará essa adição de períodos muito mais tarde.[189]

Não conseguindo o necessário consenso no legislativo para implementar seu plano de reforma da previdência, em 1º de maio de 1954, Vargas decidiu resolver a questão dentro do seu estilo autoritário, estabelecendo o Regulamento Geral dos Institutos de Aposentadorias e Pensões, Decreto nº 35.448 – baseado no Decreto-Lei nº 7.526, não expressamente revogado – o qual buscava regular os preceitos gerais da legislação previdenciária multifacetada, sem prever a sua unificação administrativa (na ocasião, o ponto nevrálgico da resistência). Com o suicídio de Getúlio, o Regulamento acabou revogado por Café Filho pelo Decreto nº 36.132, em 3 de setembro de 1954, ao argumento de que tal decreto configurava um exercício inconstitucional do Poder Legislativo.[190]

O partido criado por Getúlio, o PTB, em virtude da estrutura corporativista criada na Era Vargas, manteve considerável força política, graças a sua aliança com o PSD no governo de Juscelino Kubitschek. O sistema de previdência tornara-se, nas precisas palavras de Malloy, "a síntese da política de clientelismo que grassava em todo o sistema político". De fato, apenas para se ter uma idéia, na ocasião, o sistema contemplava então 80.000 cargos.[191] Com o acentuamento da crise financeira dos institutos e as denúncias públicas dos abusos administrativos, a reforma da previdência entrou novamente na pauta do dia. A cada ano a dívida da União com a previdência, decorrente da falta dos repasses devidos, crescia sensivelmente.

Invocando o inciso XVI do artigo 157, os governos de Dutra e os posteriores argumentaram que a Constituição não determinava mais uma contribuição paritária da União e que, em face da crise econômica, a solução seria reduzir a contribuição a cargo do governo. De fato, promulgada a Lei 3.807/60 – promotora da uniformização da legislação previdenciária, cuja multiplicidade de diplomas esparsos e, por vezes, contraditórios dificultava

---

[189] A primeira lei que permitiu a junção de períodos prestados em órgãos distintos foi a Lei nº 3.841/60, prevendo que a União, as Autarquias, as Sociedades de Economia Mista e as Fundações instituídas pelo Poder Público contariam reciprocamente, para os efeitos de aposentadoria, o tempo de serviço anterior prestado a qualquer dessas entidades pelos respectivos funcionários ou empregados. Para os mesmos efeitos era incluído o tempo de serviço prestado aos Estados e Municípios, mas nada era estabelecido caso o sentido percorrido pelo funcionário público fosse o inverso. Mais tarde, ficou viabilizada a adição do tempo de serviço público para o regime geral de previdência, por força do Decreto-Lei nº 367, de 19 de dezembro de 1968. Em verdade, ainda não se poderia falar em reciprocidade, na medida em que não era permitida a consideração do tempo de atividade privada no regime dos funcionários públicos. A contagem recíproca restou finalmente consagrada no nosso direito pela Lei nº 6.226, de 14 de julho de 1975. A crítica feita, na época, e que não se levava em consideração o tempo prestado para os órgãos regionais de previdência social. Com o advento da Lei 6.864/80 ampliou-se a reciprocidade também para o tempo de serviço prestado nos regimes estaduais e municipais, norma finalmente incorporada ao art. 77 da CLPS/84.

[190] LEITE, Celso Barroso e VELLOSO, Luiz Paranhos, *Previdência Social*, p. 125.

[191] MALLOY, James M. *A Política de Previdência Social no Brasil*, p. 104.

arduamente a concretização desses direitos[192] – vingou a idéia de que a União deveria responder apenas pelas despesas de administração do sistema.

Somente depois de treze anos de árdua luta legislativa e numerosas concessões, e como observou Russomano – tornando-se prioridade, como é comum com as questões sociais, apenas nas vésperas das eleições, ao se aproximarem as eleições presidenciais de 3 de outubro de 1960[193] – o projeto de lei acabou promulgado em 18 de julho de 1960, padronizando as contribuições e benefícios nos diversos institutos. No campo da assistência médica, permaneciam algumas disparidades, uma vez que essa estava sempre condicionada à capacidade orçamentária dos respectivos institutos.[194] Merece destaque a inclusão, ainda que tardia e timidamente, da autorização para a instituição do seguro-desemprego, custeado pela União e pelos trabalhadores, para atender a situações excepcionais decorrentes de crise ou calamidade pública que ocasionasse desemprego em massa (art. 167). Apesar do inegável avanço, o sistema continuou viciado: desigualdade, ineficiência, escamoteamento financeiro e empreguismo de pistolões no serviço público.[195]

A partir daí, paulatinamente, começa a ser ampliado o contingente de pessoas protegidas pelo seguro social obrigatório. A extensão da previdência para os trabalhadores rurais ocorreu mediante a criação de um sistema paralelo, de caráter assistencial, tendo no FUNRURAL – Fundo de Assistência ao Trabalhador Rural – seu órgão executivo, de acordo com a Lei nº 4.214, de 2 de março de 1963 (Estatuto do Trabalhador Rural). Em que pese a tardia disciplina da previdência social rural, quarenta anos de atraso em relação ao início da urbana, as generosas disposições do Estatuto do Trabalhador Rural nunca foram aplicadas à míngua de regulamentação.[196]

O exaurimento do modelo populista de relação entre os Estados e os trabalhadores vai-se acentuando à proporção que o Estado, por tornar-se cada vez mais dependente do capital externo, fica menos habilitado ao atendimento das demandas proletárias. Isto é, os compromissos políticos necessários para a sustentação do governo não podiam ser implementados em

---

[192] A respeito da anarquia legislativa anotou RUSSOMANO: "Ora, cada Instituto possuía regulamento próprio e especial. As normas consignadas nesses regulamentos eram divergentes. O especialista em Previdência Social, a rigor, devia ser especialista na legislação de determinado Instituto... Tais regulamentos não obedeciam a princípios gerais e comuns. Benefícios concedidos por certo Instituto eram desconhecidos por outros e os critérios de cálculo das contribuições e das vantagens variavam caso a caso". (RUSSOMANO, Mozart Victor. *Comentários à Lei orgânica da Previdência Social*, p. 15.)

[193] Idem, p. 36.

[194] ALVIM, Ruy Carlos Machado Alvim. *Uma História Crítica da Legislação Previdenciária Brasileira*, p. 25.

[195] MALLOY, James M. *A Política de Previdência Social no Brasil*, p. 121.

[196] LEITE PEREIRA, João Antônio Ghilembernardt, *Curso Elementar de Direito Previdenciário*, p. 41.

face do modelo de acumulação capitalista adotado.[197] A significativa tensão social e política na qual o País estava inserido, dentro de um quadro de queda no crescimento econômico e ascensão inflacionária, é potencializada pela renúncia de Jânio Quadros, colocando em risco não apenas a democracia, mas também o modelo de dominação patrimonial que temia uma subversão comunista. O movimento de 64, com o pretexto de salvaguardar a democracia e promover a modernização do País, instaurou um governo ditatorial novamente no Brasil. O regime autoritário reconduziu o Brasil a uma nova fase de desenvolvimento industrial, mediante uma política que, em suas linhas gerais, colimava controlar a inflação e propiciar condições de atração do capital externo para ser investido nos setores industriais.[198]

Com o golpe de 1964, a área da previdência social é associada ao conceito de segurança nacional, tendo em vista a necessidade de funcionamento efetivo de mecanismos atenuadores dos inevitáveis desníveis do progresso econômico.[199] Concomitantemente à preocupação de tornar o sistema mais eficiente, o governo militar buscou a desarticulação política dos trabalhadores, aumentando o papel do Estado como regulador da sociedade e promovendo uma centralização das decisões relevantes em todos os setores. No plano político, a oposição será silenciada mediante cassações, intervenções em sindicatos, limitação da liberdade de expressão e do direito de greve e por uma reforma no sistema partidário destinada a conferir certa legitimidade também pela via eleitoral.

É importante destacar, enquanto ainda estava formalmente em vigor, a Constituição de 1946, a edição da Emenda Constitucional n°11/65, acrescentando um parágrafo ao artigo 157 e introduzindo, expressamente, o princípio da precedência de fontes de custeio para a criação, majoração ou extensão de benefício previdenciário.[200] Indubitavelmente, emergia, em um texto constitucional, uma das normas mais relevantes da previdência social, um preceito decorrente da natureza essencial do funcionamento dessa instituição, cuja importância foi adequadamente compreendida por Balera nos seguintes termos: "A regra do equilíbrio, a regra da seriedade e do senso comum, a contrapartida, figurou no Estatuto Fundamental como um dado natural do sistema previdenciário. Foi, sem favor, o mais louvável dos preceitos introduzidos em nosso direito por via constitucional".[201] [202]

---

[197] OLIVEIRA, Jaime A de Araújo e TEIXEIRA, Sônia M. Fleury. *(IM)Previdência Social: 60 anos de História da Previdência no Brasil*, p. 176.

[198] DELGADO, Ignacio Godinho. *Previdência Social e Mercado no Brasil*, p. 168.

[199] ALVIM, Ruy Carlos Machado Alvim. *Uma História Crítica da Legislação Previdenciária Brasileira*, p. 27.

[200] Na legislação ordinária, o preceito já havia sido consagrado no artigo 158 da LOPS.

[201] BALERA, Wagner. *A Seguridade Social na Constituição de 1988*, p. 27.

[202] Na nossa visão, contudo, trata-se de uma norma princípio, no nosso entender uma das mais relevantes, sobre a qual serão tecidas considerações no Capítulo 4.

Nesse quadro de autoritarismo, viabilizou-se a unificação administrativa com a fusão dos IAPS pelo Decreto-Lei nº 72/66, criando-se o INPS, conquanto os argumentos alinhavados, na época, fossem o de aumentar a sua capacidade técnica e financeira, bem como a racionalização administrativa. Impende gizar, não ter sido a unificação administrativa total, porquanto subsistiram: IAPFESP – Instituto de Aposentadorias e Pensões dos Ferroviários e Servidores Públicos (art. 176 da LOPS); IPASE – Instituto de Previdência e Assistência dos Servidores do Estado, o qual contemplava os funcionários públicos federais (Decreto-Lei nº 288, de 23.02.1938) e SASSE – Serviço de Assistência e Seguro Social dos Economiários, abrangente dos empregados das caixas econômicas federais (Lei nº 3.149, de 21.05.1957).[203] No início de 1967, dando seguimento à depuração da influência política, eliminou-se a representação classista na gestão da previdência. Fugindo do tradicional maniqueísmo, deve ser gizado que a unificação operada no governo militar foi positiva quanto à viabilização do nivelamento das prestações e benefícios contidos na LOPS,[204] e também no processo de extensão da proteção previdenciária para categorias não abrangidas, tais como os trabalhadores autônomos, domésticos[205] e rurais.

2.6. CONSTITUIÇÃO DE 1967 E A EMENDA CONSTITUCIONAL Nº 01/69

A Carta de 1967 foi outorgada em 24 de janeiro de 1967, marcada pelo centralismo e fortalecimento do Poder Executivo. A Lei Maior passava a resumir as alterações institucionais operadas na Constituição de 1946, a qual findava após vinte e uma emendas, e o impacto decorrente de quatro atos institucionais e trinta e sete atos complementares.[206] Formalmente, a Constituição previa os mesmos direitos e garantias individuais da anterior, mas permitia a suspensão dos mesmos. Mediante o emprego de instrumentos discricionários, mandatos parlamentares foram cassados, direitos políticos restaram suspensos e também se decretou o recesso do Congresso Nacional. Desde a assunção do governo militar, até a Emenda Constitucional nº 11, de 13 de outubro de 1978, a Constituição conviveu com atos do poder revolucionário, os Atos Institucionais. Consoante o magistério de Silva, essa Constituição, a rigor, teria durado muito pouco, pois a Emenda Constitucional 01/69, teórica e tecnicamente, não se tratou de uma emenda,

---

[203] ALVIM, Ruy Carlos Machado Alvim. *Uma História Crítica da Legislação Previdenciária Brasileira*, p. 26.

[204] Nessa linha de entendimento, veja-se Mozart Russomano nos seus Comentários à Lei Orgânica da Previdência Social, 2ª v. p. 525.

[205] Os empregados domésticos passaram a ser segurados obrigatórios com a Lei nº 5.859/72.

[206] SILVA, José Afonso. *Curso de Direito Constitucional Positivo*, p. 88.

mas de nova Constituição, pois o texto foi integralmente reformulado.[207] No presente estudo, a análise será realizada conjuntamente, apontando-se topicamente as alterações que forem relevantes para os objetivos da reconstituição evolucionária da proteção social.

Debruçando-nos sobre o texto constitucional, impõe-se reconhecer, como já o fez Souza, que a Constituição de 1967 teve o mérito de, pela primeira vez, expressamente condicionar a intervenção econômica à obtenção de um fim: "a justiça social" consubstanciada nos princípios enumerados no artigo 157: I) liberdade de iniciativa; II) valorização do trabalho como condição de dignidade humana; III) função social da propriedade; IV) harmonia e solidariedade entre os fatores da produção; V) desenvolvimento econômico ; VI) repressão ao abuso do poder econômico caraterizado pelo domínio de mercados, a eliminação da concorrência e o aumento arbitrário dos lucros.[208]

Embora a legislação do trabalho padecesse de fortes restrições, as disposições atinentes à previdência social não sofreram alterações substanciais.[209] Restaram mantidos os direitos sociais atinentes: ao período de repouso antes e depois do parto para a gestante, sem prejuízo do salário e do emprego; previdência contra as conseqüências da doença, velhice, invalidez, e da morte; (incisos XI e XVI). No § 1º do artigo 158, repetiu-se o princípio da precedência do custeio; enquanto o § 2º estabelecia que a participação da União nos aportes seria atendida mediante dotação orçamentária ou por meio de contribuição de caráter geral. Dentre as inovações, percebe-se a primeira referência ao salário-família (inciso II) – o qual havia sido instituído pela Lei nº 4.266/63 – e a aposentadoria da mulher aos trinta anos de trabalho com salário integral (inciso XX). Também merece registro a modificação qualitativa da proteção oferecida aos desempregados, ocasião em que a "assistência ao desempregados" da Lei fundamental de 1946 passou a ser protegida por um seguro-desemprego. Até o final dos anos 80, a prestação foi objeto de legislação que condicionava a sua concessão a existência de recursos em um fundo – o Fundo de Assistência aos Desempregados, FAD, criado pela Lei nº 4.923/65 com múltiplas áreas de atuação que drenavam os seus recursos[210] – e a requisitos rígidos que praticamente interditavam o acesso dos trabalhadores ao seguro-desemprego.[211]

---

[207] SILVA, José Afonso. *Curso de Direito Constitucional Positivo*, p. 89.

[208] SOUZA, Neomésio, José. *A Evolução da Ordem Econômica nas Constituições Brasileiras e a Adoção do Ideal do Desenvolvimento como Programa Constitucional*, in: RDP 53-54, p. 371.

[209] CÉSAR, Afonso. *A Previdência Social nas Constituições*, p. 51.

[210] A Lei 6.181/74, no seu artigo 4º, destinou as reservas do FAT para: a) treinamento e aperfeiçoamento da mão-de-obra; b) colocação de trabalhadores; c) segurança e higiene do trabalho; d) valorização sindical; e) cadastramento e orientação profissional de imigrantes; f) programas referentes à execução da política salarial; g) programas especiais visando ao bem-estar do trabalhador.

[211] Com propriedade, a situação foi assim apreciada por RUSSOMANO: "Na realidade, pouco ou nada, nos fatos, se tem feito de efetivo e concreto, em favor do desempregado brasileiro, embora muito se tenha escrito no papel das leis, sobre esse problema, que tende a agravar-se, rapidamente, nas quadras atuais da economia brasileira." (RUSSOMANO, Mozart Victor. *Curso de Previdência Social*, p. 280).

Conquanto a proteção acidentária fosse um direito constitucional do trabalhador, desde a Constituição de 1934, o fortíssimo *lobby* das seguradoras privadas, havia logrado obter a sua exclusão da previdência oficial em um evidente retrocesso social. Somente em 14 de setembro de 1967, esse risco social será integrado na previdência social pela Lei nº 5.316, rompendo-se com a resistência das seguradoras privadas que dominavam esse segmento desde 1919.[212] Sobrevindo a Emenda Constitucional nº 01/69, o seguro de acidentes do trabalho restou reincluído no rol de prestações da previdência social.

Dentro do processo de modernização da Administração Pública brasileira, pretendeu-se permitir a âmbito de aplicação da legislação trabalhista no serviço público. Assim, o artigo 104 da CF/67 passou a admitir a aplicação da legislação trabalhista para os servidores contratados temporariamente. A matéria acabou pormenorizada pelo Decreto-Lei nº 200, de 25 de fevereiro de 1967. Com a reformulação decorrente da Emenda Constitucional nº 1, de 17 de outubro de 1969, em especial levando-se em consideração a redação do artigo 106, restou ampliada a possibilidade de adoção do regime celetista para os agentes públicos.

A jubilação voluntária dos funcionários públicos passou a reclamar 35 anos de serviço para os homens e 30 anos para as mulheres. Caso o tempo de serviço fosse menor, o benefício seria proporcional. No caso de invalidez, os proventos seriam integrais, se a invalidez decorresse de acidente ocorrido em serviço, moléstia profissional ou doença grave, contagiosa ou incurável, especificada em lei (arts. 100 e 101). A compulsória ficou mantida em 70 anos de idade. A aposentadoria dos magistrados era tratada apenas pelo § 1º do artigo 107, sendo os proventos integrais no caso da compulsória aos setenta anos de idade, ou por invalidez, ou após trinta anos de serviço. Manteve-se a Competência da União de legislar sobre direito previdenciário (alínea *c* do inciso XVII do art. 8º), bem como a supletiva dos Estados (§ 2º do art. 8º).

O padrão de proteção social construído nos anos 30 (modelo alemão) será modificado pelo autoritarismo militar. Se por um lado não se pode negar a importância da ampliação dos sujeitos abrangidos pela proteção previdenciária (empregados domésticos, trabalhadores rurais e autônomos), cuja extensão foi realizada em um período de crescimento econômico, concomitantemente os canais de expressão da sociedade eram interrompidos, mediante o controle dos sindicatos e associações de classe e uma reforma do sistema partidário que conferia legitimidade formal ao governo de exceção.[213]

---

[212] MALLOY, J. *Política de Previdência Social no Brasil*, p 136.
[213] WERNECK VIANNA, Maria Lucia Teixeira. *A americanização (perversa) da Seguridade social no Brasil: Estratégias de bem-estar e políticas públicas*, p. 142 a 145.

De grande importância social foram também os programas do FGTS (Lei nº 5.107/66) – destinada a compensar o fim da estabilidade no emprego após 10 anos, mas que favorecia a rotatividade no emprego, o enfraquecimento dos sindicatos[214] e o declínio do nível salarial – e do PIS (Lei Complementar nº 07/70), concebido como resposta para o problema da participação nos lucros das empresas. A relevância não se restringe à regulação do mercado de trabalho dentro de uma perspectiva mais liberal, mas também como mecanismos de poupança compulsória à disposição do poder público, pois, em face da conversão do regime previdenciário para o modelo de repartição simples, acarretou a significativa redução das reservas previdenciárias.[215]

O regime do FUNRURAL acabou aperfeiçoado e implementado efetivamente pelas Leis Complementares nº 11, de 25.05.1971, e 16, de 30.10.1973. Tratava-se de um regime de caráter nitidamente assistencial (não-contributivo), à medida que os segurados não recolhiam contribuições, sendo o benefício financiado por uma contribuição de 2% sobre o valor dos produtos rurais e de outra contribuição estipulada em 2,6% sobre a folha de salários das empresas urbanas, sendo 2,4% destinados ao FUNRURAL. Na abalizada opinião de Pereira Leite, apesar das suas limitações, tratou-se de uma obra de política social da maior relevância, pois é preferível ampliar gradativamente um programa limitado do que, do ponto de vista financeiro, torná-lo inexeqüível desde o início.[216]

Em 1º de setembro de 1977, criou-se o Sistema Nacional de Previdência e Assistência Social – SINPAS – com o escopo de integrar todas as atribuições ligadas à previdência urbana e rural, tanto a dos servidores públicos federais quanto os das empresas privadas, composto de sete órgãos: INPS, IAPAS, INAMPS, LBA, FUNABEM, DATAPREV e CEME. Cada organismo deveria desempenhar suas funções específicas, independentemente da qualidade profissional dos beneficiários.[217] Concomitantemente ao surgimento do SINPAS, promoveu-se a extinção do FUNRURAL, do SASSE e do IPASE.

Sobreleva apontar a Emenda Constitucional nº 07/77 – responsável por um delineamento mais refinado do sistema de custeio da previdência social e cujas disposições também autorizavam a criação de contencioso administrativo destinado a resolver questões previdenciárias – e a Emenda Constitucional 18/81, a qual tendo renumerado o inciso XX para XXI,

---

[214] A estabilidade no emprego, depois de 10 anos tinha sido prevista pela primeira vez pela Lei Eloy Chaves. E depois integrada na CLT. Com a sua supressão, os líderes sindicais não contavam mais com essa proteção podendo ser demitidos os empregados que atuassem nessas organizações. (MALLOY, J. *Política de Previdência Social no Brasil*, p. 132 e 133).

[215] DELGADO, Ignacio Godinho. *Previdência Social e Mercado no Brasil*, p. 172.

[216] PEREIRA LEITE, João Antônio Ghilembernardt, *Curso Elementar de Direito Previdenciário*, p. 42.

[217] ALVIM, Ruy Carlos Machado Alvim. *Uma História Crítica da Legislação Previdenciária Brasileira*, p. 29.

acrescentou no novo inciso XX um preceito que constitucionalizava a aposentadoria especial do professor aos 30 anos, e da professora aos 25 anos de tempo de serviço.

A recessão do início da década de 1980, combinada com a ampliação da cobertura previdenciária que caminhava rumo à universalização provocou déficits consideráveis na previdência social, cujo atendimento na área da saúde era expressivo, provocando o aumento das alíquotas e a criação de novas contribuições.[218] Em face do quadro, as proposições empresariais eram no sentido da privatização da assistência médica e do aumento dos fundos privados na previdência e no estabelecimento de requisitos mais rigorosos para a concessão das aposentadorias. Esse processo de deterioração dos serviços e rebaixamento dos benefícios previdenciários provocado pelos mecanismos de indexação foi designado por Werneck Vianna como americanização perversa do sistema de proteção social, na medida que nos EUA a saúde pública atendia apenas a parcela mais pobre da população, correspondente a 20%, enquanto no Brasil, a demanda atendida pelo mercado seria de apenas 20% da população,[219] ou seja, 80% da população pode contar apenas com o sistema público de saúde.

2.7. CONSTITUIÇÃO DE 1988 E A
EMENDA CONSTITUCIONAL Nº 20/98

Foi no governo do General João Baptista de Oliveira Figueiredo, empossado em 15 de março de 1979, que o País deu passos decisivos para a redemocratização, começando com a aprovação da Lei da Anistia nesse mesmo ano. A insatisfação crescente com o regime militar, demonstrada robustamente desde as eleições de 1974, desaguou em um amplo movimento suprapartidário pelo restabelecimento de eleições diretas para Presidente da República, o qual ficou conhecido como "Diretas Já".[220] Conquanto a proposta de emenda constitucional que pretendia restabelecer a eleição direta para presidente tenha sido rejeitada, a mobilização da sociedade civil serviu para evidenciar a impossibilidade de o regime militar permanecer vigendo por muito mais tempo. A Emenda Constitucional nº 26, de 27 de

---

[218] O Decreto-Lei 1.910, de 29/12/81, elevou as alíquotas de importação de bens considerados supérfluos, instituiu a contribuição de aposentados e pensionistas com alíquotas de 3% a 5%, elevou a contribuição de funcionários estatutários para um percentual de 6%, subiu a contribuição das empresas sobre a folha de salários de 8% para 25%, além de fixar em 10% a contribuição dos empregados que anteriormente importava em 8,5%.

[219] WERNECK VIANNA, Maria Lúcia Teixeira. *A americanização perversa da seguridade social no Brasil*, p. 152.

[220] BARROSO, Luís Roberto. *Dez anos de Constituição de 1988 (foi bom para você também?), In: O Direito Público em tempos de Crise: Estudos em homenagem a Ruy Rubem Ruschel*, SARLET, Ingo Wolfgang (organizador) p. 190 a 192.

O Direito Fundamental à Previdência Social

novembro de 1985, promoverá a convocação de uma Assembléia Nacional Constituinte, a qual estava longe de atender os anseios da população. Além de não ser exclusiva, admitiu a participação dos senadores "biônicos", eleitos indiretamente nos termos da Emenda Constitucional n° 8, de 14 de abril de 1977.

A Lei Maior de 1988, proclamada por Ulysses Guimarães como "Constituição Cidadã", representou o ponto culminante do processo de restauração do Estado Democrático Brasileiro, caracterizada como sendo uma constituição compromissária, analítica e dirigente.[221] Nela, a proteção social galgou excepcional relevância no nosso ordenamento jurídico: além de contemplar dentro do Título concernente aos Direitos e Garantias Fundamentais um capítulo próprio para os direitos sociais, a ordem social foi emancipada da ordem econômica, convertida que foi em um Título no qual avultam os seguintes temas: Seguridade Social; Educação, Cultura e Desporto; Ciência e Tecnologia; Comunicação Social; Meio Ambiente; Família, Criança, Adolescente e Idoso e Índios. Embora o Presidente Sarney não tenha encaminhado o anteprojeto construído pela Comissão Provisória de Estudos Constitucionais – instituída pelo próprio Poder Executivo em 1985 e presidida por Afonso Arinos de Mello Franco – inegavelmente esse relevante trabalho e as discussões travadas durante a sua elaboração são de inegável valor para a compreensão da abrangência e do sentido que se pretendia conferir aos direitos sociais, inclusive quanto a sua aplicabilidade.[222]

Entretanto, quando cotejamos o texto de vanguarda de nossa Lei Fundamental com as condições reais da miserável existência do povo brasileiro, é impossível não ter o espírito tomado por uma profunda decepção. Como diagnosticou acertadamente Streck, encontramo-nos em face de um sério problema: "de um lado temos uma sociedade carente de realização de direitos e, de outro, uma Constituição Federal que garante esses direitos da forma mais ampla possível".[223] Por isso, é necessário que a lei, por força da ação dos operadores do direito, seja convertida em um instrumento de ação concreta do Estado Democrático de Direito. Se inegavelmente a Constituição jurídica é condicionada pela realidade histórica, graças à sua força normativa, ela pode ordenar e conformar a realidade social e política, desde que não se proponha a implementar o irrealizável.

Para Balera, a nova Carta Republicana instituiu um autêntico Sistema Nacional de Seguridade Social, o qual configura um conjunto normativo integrado por um sem-número de preceitos de diferentes hierarquia e con-

---

[221] BARROSO, Luís Roberto. Ob. Cit, p. 195.

[222] Referimo-nos ao §1° do artigo 5°, sobre o qual teceremos algumas considerações adiante, no item 3.5.1.

[223] STRECK, Lenio Luiz. E que o Texto Constitucional não se transforme em um latifúndio improdutivo... – uma crítica à ineficácia do Direito. *In: O Direito Público em tempos de Crise: Estudos em homenagem a Ruy Rubem Ruschel*, SARLET, Ingo Wolfgang (organizador) p. 182.

figuração.[224] Dentro de um contexto no qual o trabalho é a pedra angular da ordem social,[225] exsurge a seguridade social como elemento de relevância nuclear para o desenvolvimento e manutenção da dignidade da pessoa humana, sendo-lhe atribuída a tarefa hercúlea – ideal quase inatingível, mas o qual deve ser incessantemente perseguido – de garantir a todos um mínimo de bem-estar nas situações geradoras de necessidade. A seguridade social é concebida como gênero de técnicas de proteção social, do qual são espécies a assistência social, a saúde e a previdência social. Essas técnicas não são compartimentos isolados, havendo institutos que apresentam elementos de integração entre elas, mas percebe-se uma nítida separação no respectivo campo de atuação – tendo a Constituição consagrado uma Seção específica para cada uma delas dentro do Capítulo da Seguridade Social – embora, de acordo com o artigo 5º da Lei de Custeio elas devam ser organizadas em um Sistema Nacional de Seguridade Social, o qual tem seus objetivos explicitados na própria Constituição no parágrafo único do artigo 194.[226] Não é por outra razão que o artigo 9º da Lei nº 8.212/91 prescreve a necessidade de saúde, previdência social e assistência social serem objeto de leis específicas para a regulamentação de suas organizações e funcionamento. Sobreleva destacar que o direito à saúde acabou estendido a toda a população, deixando de estar vinculado à condição de segurado como era estabelecido no SINPAS.

Não seria possível, nesse momento, esmiuçar cada um dos reflexos processados na previdência social por força do expressivo detalhamento da matéria em nível constitucional. Por isso, limitamo-nos a apontar os seguintes aspectos: a) pela primeira vez a reclusão ter sido incluída no rol de riscos sociais cobertos pela previdência (inciso I do art. 201);[227] b) acesso ao benefício de aposentadoria por idade com idades diferentes para homem e mulher, respectivamente, 65 e 60, além de redução em cinco anos para os trabalhadores rurais (inciso I do art. 202); c) aposentadoria por tempo de serviço aos 35 anos de tempo de serviço para o homem e 30 para a mulher, mantendo a tradição de inexigência de uma idade mínima (inciso II do art. 202); d) manutenção da aposentadoria especial para o professor aos 30 anos de tempo de serviço e, para a professora, aos 25 (inciso III do art. 202); e)

---

[224] BALERA, Wagner. *Sistema de Seguridade Social*, p. 11.

[225] BALERA, Wagner. *A Seguridade Social na Constituição de 1988*, p. 32.

[226] "Parágrafo único. Compete ao Poder Público, nos termos da lei, organizar a seguridade social, com base nos seguintes objetivos: I – universalidade da cobertura e do atendimento; II – uniformidade e equivalência dos benefícios e serviços às populações urbanas e rurais; III – seletividade e distributividade na prestação dos benefícios e serviços; IV – irredutibilidade do valor dos benefícios; V – eqüidade na forma de participação no custeio; VI – diversidade da base de financiamento; VII – caráter democrático e descentralizado da administração, mediante gestão quadripartite, com participação dos trabalhadores, dos empregadores, dos aposentados e do Governo nos órgãos colegiados."(Redação do inciso VII dada pela EC nº 20/98).

[227] Na legislação ordinária, o benefício já tinha sido previsto desde a LOPS, no seu artigo 116.

O Direito Fundamental à Previdência Social

pensão por morte no caso do cônjuge sobrevivente ser homem (inciso V do art. 202); f) possibilidade de deferimento do benefício com tempo inferior no caso do exercício de atividades especiais (§1º do art. 202); g) previsão constitucional da contagem recíproca (§ 2º do art. 202); h) além de cristalizar a forma de cálculo dos benefícios (*caput* do artigo 202), previa a correção monetária de todos os salários-de-contribuição (§ 3º do art. 201) e a aplicação de reajustes periódicos para os benefícios já concedidos com o desiderato de manter o seu valor real (§ 2º do art. 201); i) garantia de que os benefícios previdenciários não seriam pagos em valor inferior a um salário mínimo (§ 5º do art. 201); j) garantia de que a gratificação natalina dos aposentados e pensionistas teria por base os proventos do mês de dezembro (§ 6º do art. 201).

Segundo a tendência encampada por nossas constituições, desde 1934, os servidores públicos têm as linhas principais de seu regime previdenciário disciplinado em apartado (Seção II do Capítulo VII do Título III). O referido arranjo é atacado por parte substancial de nossa doutrina, na medida que a separação é acusada de contribuir para "elitizar" os servidores públicos, contrariando as diretrizes básicas de nossa Constituição.[228]

Com relação à previdência complementar, passou a ser imposta a criação de um sistema complementar público (§ 7º do art. 201), o que recebeu críticas da doutrina por ingressar em uma área na qual a iniciativa privada vinha operando de maneira adequada.[229] A necessidade da existência da previdência complementar, facultativa, decorre da impossibilidade financeira de o regime geral garantir a todos o mesmo padrão de vida anterior à aposentadoria, quando os trabalhadores ostentam rendimentos superiores a determinado limite.

No tangente ao seguro-desemprego, a solução do problema do financiamento restou equacionada com a redefinição dos objetivos do PIS e do PASEP pelo artigo 239 da Lei Maior,[230] utilizando-se os recursos de um fundo já existente, custeado exclusivamente pelas empresas. De efeito, embora o Decreto-Lei nº 2.284/86 tivesse lançado nova regulamentação, os recursos do programa ainda eram provenientes do FAD, situação mitigadora de sua corporificação como instrumento denso de proteção social. Por isso, editou-se a Lei nº 7.998, de janeiro de 1990, a qual criou o Fundo de Amparo ao Trabalhador (FAT), constituído com recursos do PIS-PASEP, acrescidos do adicional a ser pago pelas empresas que apresentassem taxas

---

[228] MARTINEZ, Wladimir. *A seguridade social na Constituição Federal*, p. 135.

[229] BALERA, Wagner. *A Seguridade Social na Constituição*, p. 109.

[230] "Art. 239. A arrecadação decorrente das contribuições para o Programa de Integração Social, criado pela Lei Complementar nº 7, de 7 de setembro de 1970, e para o Programa de Formação do Patrimônio do Servidor Público, criado pela Lei Complementar nº 8, de 3 de dezembro de 1970, passa, a partir da promulgação desta Constituição, a financiar, nos termos que a lei dispuser, o programa do seguro-desemprego e o abono de que trata o § 3º deste artigo."

elevadas de rotatividade da força de trabalho, em consonância com a autorização contida no §4º do artigo 239 da CF/88. Na precisa observação de Delgado, a mudança da destinação dos recursos do PIS-PASEP, da efetivação da participação dos trabalhadores nos lucros da empresas para a sustentação do seguro-desemprego representou a conversão de uma política *redistributiva* numa política *compensatória*.[231]

No campo econômico, nos anos 90, a nova política pugnava pela abertura comercial, a privatização das empresas e atividades exercidas pelo Estado, a desregulamentação das relações econômicas e de trabalho, a austeridade fiscal e a fixação de uma âncora cambial no dólar. Tais políticas eram consideradas essenciais para a atração de capitais externos necessários para a modernização da estrutura econômica nacional, uma vez que o endividamento externo e a estatização da década de 70 teriam levado a capacidade de financiamento do Estado à exaustão.[232] Apesar dos tons otimistas do discurso da Nova República – que pretendia resgatar a dívida social herdada do regime autoritário – todas as tentativas de mudanças de nível macroeconômico e as concernentes às principais políticas públicas não obtiveram êxito, tendo sido agravado o problema da concentração de renda no Brasil.[233]

Por força da ampliação processada no modelo nacional de proteção social pela Constituição Federal de 1988, aliado à crise financeira internacional, à estagnação do crescimento da economia brasileira que acarretou um processo de agravamento do desemprego e o aumento da informalidade,[234] bem como ao envelhecimento da população, o sistema previdenciário passou a apresentar déficits significativos. As reservas que deveriam ter-se constituído no período em que o sistema era jovem foram empregadas em outras finalidades – tais como a construção de Brasília, o aumento de capital das estatais, o custeio da implantação do SUS e os encargos previdenciários da União[235] – tornando a questão do financiamento das prestações previdenciárias, no futuro, uma ameaça perturbadora. Para se ter uma idéia do quadro, segundo dados da previdência social, o número de benefícios do regime geral saltou de 11,6 milhões, em 1988, para 18,2 milhões, em 1998.[236]

---

[231] DELGADO, Ignacio Godinho. *Previdência Social e Mercado no Brasil*, p. 205 as 206.

[232] Idem, p. 212 a 234.

[233] MELO, M. A . B.C e AZEVEDO, S. *O Processo Decisório da Reforma Tributária e da Previdência Social*, p. 12 a 13.

[234] Segundo dados da Previdência Social, o setor informal teria aumentado consideravelmente, pois em 1982 os trabalhadores com carteira assinada representavam 57% do total da população ocupada; enquanto em 1998 este número teria sido reduzido 46%. (ORNÉLAS, Waldeck. *O Novo Modelo Previdenciário Brasileiro: uma Fase de Transição*. Conjuntura Social, v. 10, n.2, p. 7-26, abr./jun. 1999).

[235] STHEPHANES, Reinhold. *Previdência Social: Uma solução Gerencial e Estrutural*, p. 30 e 31.

[236] MPAS, *Previdência e Estabilidade Social: Curso Formadores em Previdência Social*, p. 17, Coleção Previdência Social, volume 7.

Entre 1997 e 1998, a taxa de crescimento do déficit foi de 113%.[237] O debate público sobre a previdência social, depois da repercussão da questão dos 147%, havia-se polarizado em duas linhas diametrais: em um pólo, setores de esquerda que alegavam que o problema da previdência era apenas gerencial e, de outro, setores liberais que apregoavam que o problema só seria resolvido com a privatização do sistema.[238] Em 17 de março de 1993, EC nº 3, modifica o § 6º do artigo 40 para conferir caráter contributivo aos regimes próprios.

A Emenda Constitucional nº 20, de 15 de dezembro de 1998, portanto, foi cunhada em um cenário desfavorável, apresentando um caráter eminentemente restritivo. É curioso que as linhas basilares da PEC nº 20/98 rejeitadas veementemente pelo Congresso Nacional, tais como: a) introdução do modelo dos três pilares, uniformização dos regimes, tributação dos inativos e desvinculação dos reajustes dos servidores inativos, serão retomadas com a chegada ao poder do partido que mais as combateu.

Das inovações operadas na Constituição, nesse momento, cabe destacar: a) procedeu-se a desconstitucionalização da regra de cálculo do valor dos benefícios; b) acabou-se com as aposentadorias especiais para professores universitários, jornalistas, aeronautas, ficando vedado o estabelecimento de critérios diferenciados de aposentadoria, exceto em casos de efetiva exposição a condições nocivas à saúde; c) dentro de uma perspectiva de maior eqüidade social, restringiu o pagamento do salário-família e do auxílio-reclusão para as famílias consideradas de baixa renda (renda inferior a R$ 360, valor também a ser atualizado anualmente, na mesma proporção do valor real dos benefícios), embora não seja razoável a aplicação da mesma limitação para o auxílio-reclusão; d) promoveu a extinção das aposentadorias especiais dos professores universitários; e) fixou um limite máximo para benefícios do regime geral em R$ 1.200,00; f) buscou-se ampliar a previdência complementar, revogando-se a regra que previa a instituição de um regime público complementar; g) previu-se a possibilidade de instituição do mesmo teto do regime geral para os servidores públicos; h) instituíram-se restrições à acumulação de remuneração e proventos de aposentadoria; i) determinou-se a aplicação das mesmas regras definidas para os servidores públicos civis aos magistrados, promotores e membros do Tribunal de Contas. Os militares não foram afetados, pois graças à EC nº 18, de 6 de fevereiro de 1998, foi-lhes assegurado, constitucionalmente, um tratamento diferenciado.

---

[237] ORNÉLAS, Waldeck. *O Novo Modelo Previdenciário Brasileiro: uma Fase de Transição*. Conjuntura Social, v. 10, n. 2, p. 7-26, abr./jun. 1999.

[238] MELO, M. A . B.C e AZEVEDO, S, *O Processo Decisório da Reforma Tributária e da Previdência Social*, p. 23.

Na reforma da previdência que foi promovida no Brasil, cogitou-se de mudar o sistema de financiamento, todavia a transição do sistema de repartição para o de capitalização foi considerada inviável pelo custo da transição que, segundo estimativas feitas por especialistas do banco mundial IPEA e FGV entre 1995 e 1997, bem como estudos mais recentes, oscilaria entre 188% e 250% do PIB.[239] Um dos pontos nevrálgicos da reforma era a imposição de um limite mínimo de idade para o deferimento das aposentadorias, aplicável para o setor público e privado: 60 anos para o homem e 55 para a mulher, além do tempo de contribuição de 35 e 30 anos, respectivamente. Nessa meta, o governo logrou êxito parcial, sendo derrotado na aprovação do limite etário para o regime geral, enquanto a proposta triunfava para os servidores públicos, esvaziando a aplicação da regra de transição prevista no artigo 9º da emenda citada. Entretanto, a desconstitucionalização da regra de cálculo permitiu ao legislador introduzir um componente atuarial no mecanismo de cálculo – no qual é considerada a expectativa de sobrevida, a idade e o tempo de contribuição – juntamente com a ampliação do período básico de cálculo, providência efetuada pela Lei nº 9.876, de 29 de novembro de 1999.

2.8. A EMENDA CONSTITUCIONAL Nº 41/2003

Com a assunção de Lula, a reformulação do sistema previdenciário foi apresentada como a meta mais importante do governo petista. Contando com um apoio maciço dos meios de comunicação, buscou-se convencer a sociedade de que a previdência pública é uma instituição falida. Em face dessa situação dramática, como verdadeira panacéia capaz de resolver todos os problemas nacionais, o Poder Executivo apresentou sua receita milagrosa: a inclusão de um pilar obrigatório de previdência privada, em um primeiro momento, afetando os servidores públicos que recebem acima do teto do regime geral.[240] A referida medida, segundo o apregoado por seus arautos, teria o condão de tonificar a capacidade de poupança nacional, robustecer o mercado interno,·viabilizar o crescimento da economia e talvez, até mesmo, gerar os dez milhões de empregos prometidos pelo atual Presidente em sua campanha.

Como já salientado alhures, o nível de proteção social só pode ser avaliado dentro de um cenário específico, cuja compreensão é essencial quando se deseja alterar de maneira responsável uma instituição do quilate da previdência social. A seriedade do tema implica, portanto, o delineamen-

---

[239] Pinheiro, Vinícius Carvalho e Solange Paiva Viera . A Reforma da Previdência no Brasil: *A nova Regra de Cálculo dos Benefícios in: Revista Conjuntura Social*, MPAS, vol. 10, nº 4, out-dez 99.

[240] A respeito do sistema dos três pilares, vide o capítulo 4.

to de políticas de longo prazo, frontalmente incompatíveis com mudanças açodadas e sem um aprofundamento real do debate público. Infelizmente, a novel Reforma da Previdência foi conduzida de maneira totalmente arbitrária. Segundo as regras estabelecidas pelo Poder Executivo, a proposta deveria ser debatida, ao menos, no Conselho de Desenvolvimento Econômico e Social – CDES – órgão consultivo criado pelo novo governo. Nele se pretendia obter o respaldo dos grupos de trabalho, nos quais estariam representados os mais diversos segmentos da sociedade brasileira (empresários, centrais de trabalhadores, servidores públicos, militares, artistas, magistrados, professores, trabalhadores rurais, cientistas políticos, sociólogos, etc.). Após a proposta discutida ter sido alterada nesse fórum, ficando os representantes do governo vencidos em diversos pontos – exemplificativamente, destaque-se a questão da introdução de um teto único para todos os regimes previdenciários, tendo o CDES recomendado a manutenção de tetos diferenciados, em especial para as carreiras exclusivas de Estado[241] – ela foi absolutamente desprezada, demonstrando o peculiar funcionamento da democracia do partido dos ungidos divinos. O papel do "Conselhão", como foi apelidado, acabou esvaziado, tornando-se um mero "órgão para inglês ver", na expressão utilizada pelo líder da Força Sindical Paulo Pereira da Silva.[242]

Ao longo de sua trajetória evolucionista, a previdência forjou políticas distintas para o regime geral e para os regimes próprios dos servidores. Em suma, podemos afirmar que, enquanto o primeiro foi moldado sob uma perspectiva contributiva, para os servidores públicos[243] o conjunto de benefícios previdenciários era um direito que decorria do exercício do cargo, inclusive sendo a previdência disciplinada no próprio estatuto do servidor, desde o antigo Estatuto dos Funcionários Públicos Civis, de 28 de outubro de 1939, e não um direito propriamente previdenciário, pois as contribuições vertidas eram destinadas ao custeio da assistência médica e do benefício de pensão.[244] [245] A criação de regimes próprios para os servidores

---

[241] Relatório inserido em 29.04.2003 no site https://www.cdes.gov.br/, acesso em 26.07.2003.

[242] Zero Hora, de 17/08/2003, p. 8.

[243] "Servidor público, como se pode depreender da Lei Maior, é a designação genérica ali utilizada para englobar de modo abrangente, todos aqueles que mantêm vínculos de trabalho profissional com as entidades governamentais, integrados em cargos ou empregos da União, Estados, Distrito Federal, Municípios, respectivas autarquias e fundações de direito público. Em suma: são os que entretêm com o Estado e com as pessoas de direito público da administração indireta relação de trabalho de natureza profissional e caráter não eventual sob vínculo de dependência." (BANDEIRA DE MELLO, Celso Antônio, *Curso de Direito Administrativo*, p. 179).

[244] ABREU DE OLIVEIRA, J. E. *Aposentadoria no serviço público*, p. 146, Freitas Bastos, 1970.

[245] O conceito de aposentadoria no serviço público, acolhido por nossos ilustres doutrinadores, revelava a idéia que se fazia do benefício. Exemplificativamente, veja-se o formulado pelo saudoso Hely Lopes Meirelles: "A aposentadoria é a garantia de inatividade remunerada reconhecida aos servidores que já prestaram longos anos de serviço ou se tornaram incapacitados para suas funções." (MEIRELLES, Hely Lopes. *Direito Administrativo Brasileiro*, p. 387).

públicos não é em si um problema ou uma anomalia como vem sendo apresentado. Ainda hoje são muitos os países que possuem sistema específicos para os servidores, em especial para os exercentes de funções típicas de Estado. Como exemplo, podemos destacar Alemanha, Canadá, França, Áustria e Bélgica. O grave, no caso brasileiro, foi: a) a ocupação predatória dos cargos públicos, decorrente do patrimonialismo brasileiro tão bem retratado na já referida obra de Raymundo Faoro; b) extensão inadequada dos regimes próprios; e c) a falta de uma preocupação financeira e atuarial.

As entidades, quadros de pessoal e órgãos públicos, eram loteados, invadidos e geridos como propriedade da classe dominante, que ofereceu ao longo do tempo ferrenha resistência às esparsas tentativas de profissionalização da gestão e democratização do processo seletivo com base no mérito.[246] Embora o sistema do concurso público já estivesse previsto na Constituição desde 1934, na prática ele selecionava menos da metade do total de servidores públicos.

A Constituição Federal de 1988, sem dúvida, propiciou significativas conquistas para toda a sociedade, entretanto, isso não impede que se reconheça, do ponto de vista da administração pública, a existência de equívocos importantes. Em primeiro lugar, a disposição inserida no artigo 39 *caput* da CF/88, o qual estabelecia um regime jurídico único, abrangendo atividades que estão muito longe de expressar o núcleo de funções essenciais do Estado. No momento em que a Constituição veio a lume, 80% dos servidores da União estavam sob o regime de emprego, e não de cargo, de forma que a generosa medida provocou um significativo ônus para os cofres públicos.[247] Apesar de não se ter dados precisos sobre os custos dessa transição, acredita-se que pelo menos 230.000 servidores celetistas tenham se aposentado quase instantaneamente com a generosa mudança.[248] Deve ser sinalado, ainda, o comando contido no artigo 19 do ADCT[249] – medida populista que efetivou, sem concurso público, um contingente de 313.000

---

[246] SANTOS, Luiz Alberto dos. *Reforma Administrativa no Contexto da Democracia: a PEC n°173/95 e sua adequação ao Estado Brasileiro*, 14.

[247] BANDEIRA DE MELLO, Celso Antônio, Curso de Direito Administrativo, p. 210.

[248] Segundo a professora Eli Andrade, o número seria obtido pela interpretação dos dados do relatório Britto, apresentado em 1992. (ANDRADE, Eli, Iôla Gurgel de. *Pontos críticos da nova reforma da previdência*. In: Reforma da previdência em questão, p. 107).

[249] "Art. 19. Os servidores públicos civis da União, dos Estados, do Distrito Federal e dos Municípios, da administração direta, autárquica e das fundações públicas, em exercício na data da promulgação da Constituição, há pelo menos cinco anos continuados, e que não tenham sido admitidos na forma regulada no art. 37, da Constituição, são considerados estáveis no serviço público. § 1º – O tempo de serviço dos servidores referidos neste artigo será contado como título quando se submeterem a concurso para fins de efetivação, na forma da lei. § 2º – O disposto neste artigo não se aplica aos ocupantes de cargos, funções e empregos de confiança ou em comissão, nem aos que a lei declare de livre exoneração, cujo tempo de serviço não será computado para os fins do *caput* deste artigo, exceto se tratar de servidor. § 3º – O disposto neste artigo não se aplica aos professores de nível superior, nos termos da lei."

O Direito Fundamental à Previdência Social

servidores,[250] os quais estavam em exercício há mais de cinco anos. O recente quadro do descalabro administrativo é completado com as tintas da Lei nº 8.112/90, extensora do regime de seguridade social dos servidores estatutários para os egressos sem a realização de concurso público, os quais haviam recebido do legislador constituinte apenas o benefício da estabilidade, o que, convenhamos, já não era pouca coisa.

Os desequilíbrios decorrentes da falta de uma política adequada para a administração pública, agravados pelos vícios no processo de contratação da maior parte dos servidores públicos, acabaram desaguando em uma incorporação indevida de substancial contingente de segurados do regime geral aos regimes próprios – afetando substancialmente as contas da previdência dos servidores públicos – que não tinham sido concebidos de maneira a respeitar um equilíbrio financeiro e atuarial. Em especial, pela inexigência de um limite etário adequado, bem como pela concessão de benefícios que não consideravam as contribuições vertidas e nem um tempo mínimo de serviço público, problemas que só receberam medidas tendentes a aliviar as suas conseqüências a partir de 1998.

Indubitavelmente, encontramo-nos em um momento histórico extremamente delicado, que reclama a definição de uma alteração no sistema previdenciário dos servidores públicos capaz de conciliar a viabilidade a longo prazo, e a justiça do sistema, sem promover o desmantelamento do núcleo essencial do serviço público – o qual gravita em torno das carreiras ligadas às finanças, à gestão, à segurança, e à defesa jurídica do Estado – cuja seleção tem sido realizada através do sistema mais democrático e salutar para o interesse da sociedade e da administração: o concurso público.

A Emenda Constitucional nº 41, de 15 de dezembro de 1998, teve por principal escopo não corrigir as distorções eventualmente existentes nos regimes próprios dos servidores públicos, mas sim nivelar, por baixo, a previdência mantida pelo Estado, de forma a permitir a introdução de um segundo pilar de previdência: um pilar obrigatório de previdência privada, o qual deveria supostamente permitir o aumento da capacidade de poupança interna para viabilizar a aceleração do desenvolvimento econômico. Entretanto, a poupança constituída nos fundos de pensão não acarreta um incremento necessário na poupança nacional, pois além de reduzir os recursos à disposição dos governos, enfraquecendo o seu poder de intervenção, não há garantia alguma de que o capital será investido no setor produtivo.[251] Os responsáveis pela gestão dos fundos normalmente preferem investir os re-

---

[250] SANTOS, Luiz Alberto dos. *Reforma Administrativa no Contexto da Democracia: a PEC nº173/95 e sua adequação ao Estado Brasileiro*, 16.

[251] MURRO, Ernesto. *Una vision critica de las reformas privatizadoras y la necesidad de reformas progresistas en America Latina*, p. 5, extraído do site http://www.oit.org.pe/proyectoactrav/estudio.html, acesso em 28.08.2003.

cursos no mercado de capitais, dentro da lógica: o máximo lucro, no menor tempo, com o menor risco.

Lamentavelmente, poderemos, em um futuro muito próximo, caminhar rumo à extinção da previdência pública a qual será convertida em mera assistência social. Apenas para que se tenha uma idéia, em 1994, o documento da CNI "Rumo ao Crescimento: a visão da Indústria" já propugnava por um modelo de previdência social oficial básica funcionando sob o regime de repartição com benefício definido em torno de um salário-mínimo. Para os trabalhadores que recebessem rendimentos entre um e dez salários-mínimos, recomendava-se uma previdência complementar obrigatória, operando no regime de capitalização, suportada com recursos exclusivos dos segurados.[252] Uma análise mais detalhada sobre a adequação das normas constitucionais disciplinadoras da previdência social e da interpretação que vem sendo realizada pelo Supremo Tribunal Federal será efetuada nos Capítulo 4 e 5.

---

[252] DELGADO, Ignacio Godinho. *Previdência Social e Mercado no Brasil*, p.276 e 277.

3. A Previdência Social como Direito Fundamental

O escopo do desenvolvimento do presente capítulo é investigar, dentro da teoria dogmática dos direitos fundamentais, a adequação de se reputar o direito à previdência social como direito fundamental formal e materialmente, bem assim os reflexos que disso podem resultar na interpretação e concretização da legislação previdenciária. Para isso, serão tecidas considerações sobre a problemática dos direitos fundamentais, em especial, abordando-se: a dupla fundamentalidade dos direitos fundamentais, a perspectiva subjetiva e objetiva e a classificação dos direitos fundamentais. A partir dessas noções, serão avaliadas algumas dificuldades correntemente invocadas para a aceitação dos direitos sociais, tais como: a estrutura normativa diferenciada, os condicionamentos institucionais e a limitação dos recursos. Desde já, esclarecemos que não pretendemos nessa breve incursão, nem de longe, exaurir a riqueza da temática apontada, mas fornecer subsídios jurídicos para a análise sistemática do complexo de posições jurídicas que compõem o direito à previdência social.

3.1. AS NORMAS DE DIREITOS FUNDAMENTAIS E OS DIREITOS FUNDAMENTAIS

Direito, na nossa opinião, é um termo reservado à linguagem normativa o qual reclama, para que possamos reconhecer a sua existência, um sistema de normas em face do qual poderá ser tutelado pela atuação de órgãos estatais ou internacionais.[253] A ordem dos direitos fundamentais não é natural, mas positiva, sendo condicionada pelo contexto histórico específico, revelado pela previsão em preceitos jurídicos escritos, ou de sua inserção na consciência jurídica da comunidade, objetivamente determinável com base nos valores que permeiam o sistema jurídico. Por isso, os direitos

---

[253] Consoante preleciona PECES-BARBA, os direitos têm uma raiz moral que se indaga pela fundamentação, mas não são tais sem pertencerem ao ordenamento, o que lhes possibilita serem eficazes na vida social. Em suas palavras: "Nos direitos fundamentais, o espírito, a força e a moral estão entrelaçadas e a separação os mutila, os faz incompreensíveis". (PECES-BARBA, Gregório. *Curso de Derechos Fundamentales. Teoria General*, p. 104).

naturais, como bem demonstra Bobbio, não são propriamente direitos, mas exigências que buscam validade a fim de se converterem em direitos, motivadas por bons argumentos históricos e racionais.[254]

Para o jusfilósofo alemão Alexy, uma teoria jurídica dos direitos fundamentais é uma teoria dogmática, porquanto investiga o direito positivo de um ordenamento jurídico, podendo ser identificadas três dimensões: a analítica, a empírica e a normativa.[255] Na sua concepção, a vinculação das três dimensões é condição necessária para a racionalidade do direito como disciplina prática, razão pela qual defende uma teoria integrativa que é primariamente analítica.[256]

Tratando das conexões entre norma de direito fundamental e direito fundamental, afirma Alexy: "Sempre que alguém possui um direito fundamental, existe uma norma de direito fundamental que lhe outorga esse direito".[257] O conceito de norma de direitos fundamental, contudo, é vislumbrado de forma distinta do de direito fundamental, porque há normas fundamentais das quais não se extrai diretamente nenhum direito subjetivo. Para os fins do presente estudo, adotaremos o conceito de direitos fundamentais formulado por Sarlet que, partindo da teoria de Alexy, teve o inegável mérito de construir uma definição que se amolda à abertura material consagrada pelo nosso Direito Constitucional:

> "Direitos fundamentais são, portanto, todas aquelas posições jurídicas concernentes às pessoas, que, do ponto de vista do direito constitucional positivo, foram, por seu conteúdo e importância (fundamentalidade em sentido material), integradas ao texto da Constituição e, portanto, retiradas da esfera de disponibilidade dos poderes constituídos (fundamentalidade formal), bem como as que, por seu conteúdo e significado, possam lhes ser equiparados, agregando-se à Constituição material, tendo ou não assento na constituição formal (aqui considerada a abertura material do catálogo.)".[258]

Para uma melhor compreensão do conceito acima transcrito, torna-se mister proceder a uma rápida abordagem a respeito das noções de fundamentalidade material e formal.

---

[254] BOBBIO, Norberto. *A era dos Direitos*, p. 80.

[255] Em síntese rudimentar, a dimensão analítica ocupa-se da construção sistemática e conceitual do direito positivo. A perspectiva normativa é importante no momento da interpretação e concretização, pois busca dar uma resposta adequada para as opções valorativas (por exemplo, se a norma *N*, em determinadas circunstâncias, confere ou não certo direito subjetivo para o sujeito *A*), sendo necessário, muitas vezes, ir além do que está estabelecido pelo preceito legal. Por sua vez, a dimensão empírica trata das condições de eficácia (históricas e teleológicas) e o modo de aplicação dos direitos fundamentais pela Administração e pelo Poder Judiciário.

[256] ALEXY, Robert. *Teoría de Los Derechos Fundamentales*, p. 39.

[257] Idem, p. 47.

[258] SARLET, Ingo Wolfgang. *A Eficácia dos Direitos Fundamentais*, p. 80.

3.2. A DUPLA FUNDAMENTALIDADE E A ABERTURA MATERIAL DOS DIREITOS FUNDAMENTAIS

A fundamentalidade formal, em geral, é relacionada à positivação constitucional que qualifica especialmente determinados direitos, independentemente do conteúdo, abrangendo as seguintes características: a) os preceitos de direitos fundamentais situar-se-iam no ponto culminante do ordenamento jurídico; b) estariam blindados pelos limites de revisão (formais e materiais do art. 60); c) seriam normas diretamente aplicáveis, as quais vinculariam de maneira imediata as entidades públicas e privadas (art. 5º, § 1º, da CF).[259] Uma restrição da fundamentalidade ao aspecto meramente formal é flagrantemente insuficiente, na medida em que os direitos fundamentais não são atribuídos pelo legislador constituinte pura e simplesmente, mas resultam da concepção de constituição dominante, da idéia de direito, ou do sentimento jurídico coletivo (tendo-se em conta a corrente filosófico-jurídica adotada).[260] A fundamentalidade material, por sua vez, seria justificada pelo fato de os direitos fundamentais integrarem a constituição material – e, portanto, traduzirem decisões essenciais sobre a estrutura básica do Estado e da sociedade,[261] a qual oscila em face da realidade econômica, política e social concreta – razão pela qual, mesmo perante a falta de previsão expressa, existem direitos que pelo seu conteúdo e relevância não podem ficar de fora do grupo dos direitos fundamentais reconhecidos em um Estado. Nessa linha, Canotilho entende que apenas a idéia de fundamentalidade material pode fornecer suporte para: 1) abertura da constituição para outros direitos fundamentais não constitucionalizados (apenas materialmente constitucionais), 2) aplicação de alguns aspectos do regime jurídico inerente à fundamentalidade formal para direitos só materialmente constitucionais e 3) abertura a novos direitos fundamentais.[262] Da conjugação dos dois critérios tratados no presente item poderíamos cogitar, inicialmente, de: a) direitos fundamentais materiais e formais; b) direitos apenas materialmente fundamentais; e c) direitos apenas formalmente fundamentais.[263] Como demonstra Sarlet, ainda que fosse aceita a tese da existência de direitos apenas formalmente fundamentais, considerando que esses direitos estariam submetidos ao mesmo regime jurídico, a distinção seria, em princípio, destituída de importância prática.[264]

---

[259] SARLET, Ingo Wolfgang. *A Eficácia dos Direitos Fundamentais*, p. 78 a 79.

[260] MIRANDA, Jorge. *Manual de Direito Constitucional*, Tomo IV, p. 10.

[261] ALEXY, Robert. Ob. cit., p. 505.

[262] CANOTILHO, .J. J. Gomes, *Direito Constitucional e Teoria da Constituição*, p. 349.

[263] Posição defendida por VIEIRA DE ANDRADE (VIEIRA DE ANDRADE, José Carlos. Ob. cit., p. 73 e ss.).

[264] SARLET, Ingo Wolfgang. *A Eficácia dos Direitos Fundamentais*, nota, 178, p. 84.

Com relação aos direitos materialmente fundamentais, nossa Lei Suprema, no § 2º do artigo 5º, seguindo antiga tradição constitucional, abriu importante flanco para o reconhecimento de direitos fundamentais que estejam situados fora do extenso elenco do Título II da Constituição ou mesmo que não constem do seu corpo.[265] Essa norma tem a sua idéia reitora na constatação de que um sistema de direitos fundamentais, por mais extenso que seja o seu rol, jamais estará completo, razão pela qual permite a adição de direitos que possam ser deduzidos do regime e dos princípios fundamentais insculpidos no Título I da Lei Maior. Se a Constituição materializa o consenso social sobre os valores básicos em uma sociedade,[266] o conteúdo e a importância referidos (fundamentalidade material), de uma forma geral, poderão ser aferidos pela sua associação, principalmente, com os valores de liberdade, igualdade e solidariedade, os quais catalisam o desenvolvimento integral da pessoa humana em um determinado contexto.[267] No que concerne aos direitos sociais, o Constituinte foi ainda mais audacioso, pois, nos artigos 6º e 7º, inseriu verdadeiras "cláusulas abertas especiais",[268] mas que, em face da extensa enumeração de nossa Carta de Princípios, são recomendados critérios rigorosos na análise do seu conteúdo quando se pretende atestar o reconhecimento de direitos apenas materialmente fundamentais, sob pena de comprometer de forma irreversível tanto a segurança jurídica como a própria eficácia dos direitos fundamentais.

3.3. PERSPECTIVAS SUBJETIVA E OBJETIVA

É da tradição das normas de direitos fundamentais, desde a sua origem, que eles não se restrinjam a conceder direitos subjetivos, sendo, ao mesmo tempo, portadoras de regras e princípios objetivos.[269] Por isso, quando se enfocam as perspectivas subjetiva e objetiva dos direitos fundamentais, o que se pretende, inicialmente, é fazer ver que estes não podem ser pensados apenas do ponto de vista dos indivíduos, enquanto faculdades ou poderes, mas que estes valem juridicamente também do ponto de vista da comunidade como valores ou fins a que esta se propõe seguir, possuindo uma função diretiva de ação. A descoberta da faceta objetiva dos direitos fun-

---

[265] Consoante o entendimento do SARLET, os direitos apenas materialmente fundamentais classificam-se em escritos e não-escritos. No primeiro grupo, encontram-se aqueles que, embora fora do catálogo, constam do corpo da Constituição e dos Tratados Internacionais. O último abrange os implícitos e os que podem ser deduzidos com base no regime e nos princípios da Constituição. (SARLET Ingo Wolfgang. *A Eficácia dos Direitos Fundamentais*, p. 92 a 95.

[266] BONAVIDES, Paulo. *Curso de Direito Constitucional*, p. 261.

[267] PECES-BARBA, Gregório. *Curso de Derechos Fundamentales. Teoría General*, p. 106.

[268] SARLET, Ingo Wolfgang. *A Eficácia dos Direitos Fundamentais*, p. 86.

[269] HESSE, Konrad. *Significado de los Derechos Fundamentales*, in: BENDA, Ernest et alli, *Manual de Derecho Constitucional*, p. 91.

damentais desencadeou uma profunda renovação nos fundamentos da dogmática dos direitos fundamentais os quais, como direitos de dupla face,[270] não se limitam a uma função de direitos de defesa nem tampouco ficam restritos à noção de direitos subjetivos.

A perspectiva dos direitos fundamentais, portanto, revela as funções distintas desempenhadas pelos direitos fundamentais que poderiam ser apontadas como uma faceta axiológica e a sua "mais-valia" jurídica, expressão consagrada por Vieira de Andrade.[271] Por seu turno, como áreas de intensa irradiação da referida "mais-valia" jurídica dos direitos fundamentais, cabem destacar: a) as garantias institucionais; b) a eficácia externa e o dever de proteção; c) a organização e processo; d) outros efeitos normativos.

A faceta axiológica seria relevante para legitimar restrições aos direitos subjetivos individuais, à medida que esses incorporam e expressam valores comunitários, razão pela qual o seu exercício deve ser aquilatado também sob o ponto de vista da comunidade. Nesse sentido, ela legitimaria não apenas restrições aos direitos subjetivos individuais, como também contribuiria para a limitação do conteúdo e do alcance dos direitos fundamentais, ainda que o seu núcleo essencial deva ser sempre preservado.[272] Costuma-se a apresentar a dimensão objetiva em conexão com os deveres fundamentais, entretanto os direitos fundamentais não têm a natureza dúplice de direitos-deveres. Mesmo os aparentemente associados a direitos constituem, na generalidade dos casos, realidades autônomas.

Considerando que nem todas as normas de direitos fundamentais geram direitos subjetivos, e tendo em vista especialmente as garantias institucionais (nas quais um conjunto jurídico normativo regula um determinado setor da realidade econômica, social ou administrativa em torno de um direito fundamental), haveriam de se considerar os efeitos produzidos por normas que não conferem direitos subjetivos, mas que apresentam um caráter objetivo e instrumental de defesa de determinados bens jurídicos fundamentais. Seriam situações juridicamente reguladas para preservar a dignidade humana, mas indivisíveis e por isso apenas objetivas.

Costuma-se destacar, na faceta objetiva, uma "eficácia irradiante" das normas constitucionais que contemplam direitos fundamentais, ou efeito externo que vincularia o âmbito externo dessas relações (concebidas originariamente como relações entre os particulares e o Estado), fundamentando uma obrigação geral de respeito também nas relações privadas. Mais tarde verificou-se que não se poderia restringir a irradiação e eficácia dos direitos fundamentais, uma vez que todos os poderes públicos estariam submetidos

---

270 BONAVIDES, Paulo. *Curso de Direito Constitucional*, p. 540 e 585.
271 VIEIRA DE ANDRADE, José Carlos. Ob. cit., p. 138 a 155.
272 SARLET, Ingo Wolfgang. *A Eficácia dos Direitos Fundamentais*, p. 143.

aos seus preceitos – Executivo, Legislativo e Judiciário – os quais repercutem em toda ordem jurídica, passando-se a dar relevo à existência de deveres de proteção por parte do Estado com o objetivo de garantir efetivamente o conteúdo de tais direitos .[273]

Essa nova concepção provocou uma superação da idéia de que os direitos fundamentais seriam meros direitos de defesa, devendo o Estado empreender também medidas positivas, concretizar todas as normas necessárias, organizar e realizar todas as atuações administrativas e velar pelo funcionamento adequado dos tribunais, de modo a assegurar a todos os níveis e em todas as circunstâncias uma proteção eficiente dos direitos fundamentais dos cidadãos.[274] Avaliando nossa Constituição, também podemos perceber dispositivos que poderiam ser enquadrados nessa categoria, exigindo medidas legislativas de proteção, tais como a proteção do consumidor na forma da Lei (Inciso XXXII do art. 5°), a proteção do salário na forma da Lei (Inciso X do art. 7°) e a redução dos riscos inerentes ao trabalho por meio de normas de saúde, higiene e segurança (Inciso XXII do art. 7°).

Áreas de intensa irradiação normativa dos direitos fundamentais são as que decorrem da função conferida aos direitos fundamentais como parâmetros para a criação e constituição da organização e do procedimento das atividades públicas. Atualmente, seriam numerosos os direitos fundamentais consagrados nas constituições, cuja concretização e cujo exercício, pelos respectivos titulares, dependem de um procedimento e pressupõem uma organização. Como exemplo, destaca-se o direito do sufrágio (art. 14 da CF/88), o qual reclama um procedimento eleitoral e uma organização administrativa adequada. Noutras hipóteses, fala-se de direitos de cunho procedimental para designar aqueles direitos que não são concebíveis sem a existência de uma organização e um procedimento, tais como os direitos à saúde, à previdência social e à educação.

Outros efeitos importantes aqui inseridos seriam o do controle da constitucionalidade das leis, o da interpretação e aplicação do direito infraconstitucional em conformidade com os direitos fundamentais e ainda na existência de um dever geral do Estado de torná-los efetivos.[275] Sem dúvida, a valorização da perspectiva jurídico-objetiva dos direitos fundamentais põe em destaque os novos conteúdos que, independentemente da possibilidade de subjetivação, assumem papel de alta relevância na construção de um sistema eficaz e racional para a efetivação dos direitos fundamentais.[276]

---

[273] HESSE, Konrad. *Significado de los Derechos Fundamentales*, in: BENDA, Ernest *et alli*, *Manual de Derecho Constitucional*, p. 92.

[274] VIEIRA DE ANDRADE, José Carlos. ob. cit., p. 144.

[275] Idem, p. 154 e 155.

[276] SARLET, Ingo Wolfgang. *A Eficácia dos Direitos Fundamentais*, p. 148.

Na perspectiva subjetiva, procura-se enfocar o significado ou a relevância de uma norma consagradora de direito fundamental para o indivíduo e seus mais variados interesses. Essencialmente, quer-se evidenciar a possibilidade que o titular de um direito subjetivo tem de tornar justiciável, ou exigível, os poderes, as liberdades ou as faculdades outorgadas pela norma considerada. Esse poder será variável conforme a densidade normativa de cada direito fundamental. O direito subjetivo consagrado em uma norma de direito fundamental, segundo Canotilho,[277] reconduz-se a uma relação trilateral entre o titular, o destinatário e o objeto do direito.[278]

A perspectiva subjetiva é considerada predominante em razão de que a finalidade essencial dos direitos fundamentais é a proteção do ser humano, concretizando o princípio da dignidade da pessoa humana, considerando-se o indivíduo de maneira isolada ou como membro de organizações sociais. Entretanto, na hipótese de tensões entre os direitos individuais e os direitos que decorrem da inserção do indivíduo nessas formações sociais, o recomendável é que se recorra a uma ponderação entre os direitos em conflito.[279]

3.4. CLASSIFICAÇÃO DOS DIREITOS FUNDAMENTAIS

Classificar os direitos fundamentais tem sido uma tarefa árdua, pois, em face da sua multifuncionalidade, eles podem ser ordenados por critérios distintos: quanto à titularidade, ao conteúdo, à estrutura, ao modo de proteção e ao regime. Em geral, o referencial mais utilizado tem sido a doutrina dos quatro *status* de Jellineck, nos quais são diferenciadas as relações do Estado com os indivíduos,[280] constantemente objeto de críticas, atualizações e adaptações às peculiaridades dos diferentes ordenamentos jurídicos. No presente estudo, utilizaremos a classificação cunhada por Sarlet, a qual, partindo das funções por eles exercidas e, na senda das lições de Alexy[281]

---

[277] CANOTILHO, J.J. Gomes, *Direito Constitucional e Teoria da Constituição*, p. 1122.

[278] Por sua vez, CANOTILHO inspira-se no sistema de posições jurídicas fundamentais de ALEXY, o qual é referido na nota 259.

[279] CANOTILHO, J.J. Gomes. Ob. cit., p. 1126.

[280] A respeito vide, por exemplo, ALEXY, Robert. *Teoría de Los Derechos Fundamentales*, p. 247 a 266; e PEREZ LUÑO, Antônio-Enrique. *Derechos Humanos, Estado de Derecho y Constitucion*, p. 58. Entre nós, FARIAS, E. Pereira. Colisão de Direitos, p. 82 e ss., e SARLET, Ingo Wolfgang. A *Eficácia dos Direitos Fundamentais*, p. 153 e ss.

[281] No sistema de posições jurídicas fundamentais de ALEXY, em sua teoria analítica dos direitos subjetivos, há uma tríplice divisão: direito a algo, liberdades e competências. Para fins desse estudo, interessa esclarecer o que abrange o "direito a algo". O direito a algo é concebido como uma relação trilateral na qual o primeiro membro é o titular do direito, o segundo é o destinatário do direito e o terceiro é o objeto do direito. O objeto é constituído por uma ação do destinatário que pode ser positiva ou negativa pois, se o objeto não fosse uma ação do destinatário, não haveria sentido em incluí-lo na relação. Quando cogitamos dos direitos em face do Estado, os direitos a ações negativas são chamados de direitos de defesa, enquanto os direitos a ações positivas coincidiriam, parcialmente com os direitos a prestações, em uma conceituação restrita de prestação. Os direitos a ações negativas se subdividiriam

e Canotilho, encontra-se mais conectada com as peculiaridades de nosso ordenamento constitucional (sistematização, funcionalidade e regime jurídico aplicável). Com efeito, o referencial da dogmática constitucional alemã, freqüentemente utilizado pelos operadores do direito no nosso país, embora seja em muitos aspectos transponível para a Constituição brasileira, não pode ser acolhido sem as necessárias adaptações,[282] razão pela qual entendemos que essa classificação apresenta uma significativa vantagem em relação às demais, porquanto propicia um ponto de partida mais sólido nas tarefas de interpretação sistemática dos direitos fundamentais e de sua aplicação.

Consoante esse delineamento, os direitos fundamentais são sistematizados em dois grandes grupos: os direitos de defesa e os direitos a prestações. O segundo grupo seria composto pelos direitos à prestação em sentido amplo (abrangendo os direitos de proteção e os direitos à participação na organização e procedimento) e o dos direitos à prestação em sentido estrito (direitos materiais sociais).[283] Como reconhece o sistematizador, em razão de esses direitos abrangerem um feixe complexo e não necessariamente homogêneo de posições jurídicas, a própria distinção entre as diversas funções dos direitos fundamentais nem sempre é evidente, baseando-se o critério na predominância do efeito defensivo ou prestacional. Buscando apenas explicitar alguns reflexos dessa classificação, impõem-se breves apontamentos.

3.4.1. Direitos de defesa

Na qualidade de direitos de defesa, inspirados na concepção liberal burguesa que atribui primazia ao valor liberdade, os direitos fundamentais têm por escopo, precipuamente, evitar ingerências indevidas na esfera individual (reclamando uma conduta negativa), seja dos poderes públicos ou dos particulares, quando se admite uma eficácia horizontal desses direitos, concedendo autonomia aos membros da sociedade. Consoante a lição do mestre de Coimbra, os direitos fundamentais são garantidos como direitos negativos numa tríplice perspectiva: a) direito ao não-impedimento por parte dos entes públicos a realização de determinados atos; b) direito à não-intervenção dos entes públicos em situações jurídico-subjetivas e c) direito à

---

em: a) direito ao não-impedimento de ações; b) direito à não-afetação de propriedade (bens) e situações (jurídico-subjetivas); e c) direito à não eliminação de posições jurídicas. Por seu turno, os direitos a ações positivas se desmembrariam em direitos a ações positivas fáticas e direitos a ações positivas normativas. (ALEXY, Robert. *Teoría de Los Derechos Fundamentales*, p. 186 a 196.)

[282] KRELL, Andréas Joachim. *Direitos Sociais e Controle Judicial no Brasil e na Alemanha: os (des)caminhos de um direito constitucional "comparado"*, p. 41 a 44.

[283] SARLET, Ingo Wolfgang. *A Eficácia dos Direitos Fundamentais*, p. 166.

não-eliminação de posições jurídicas.[284] Evidentemente, essa vedação não abarca toda e qualquer intervenção, mas apenas aquelas que contrariam os limites constitucionais. O vistoso grupo é constituído pelos tradicionais direitos de liberdade e igualdade formal, bem como pelas mais diversas posições jurídicas que protejam os indivíduos contra ingerências indevidas dos poderes públicos, de forma a garantir o desenvolvimento e a livre manifestação da personalidade, estando albergados, em sua maioria, no art. 5° de nossa Lei Maior, tais como: a proibição da tortura e do tratamento desumano (inciso III), a liberdade de consciência e de crença (primeira parte do inciso VI), inviolabilidade de domicílio (inciso XI), liberdade de associação (inciso XVII), irretroatividade da lei penal mais gravosa (XL). No grupo em comento, são incluídas, ainda, a maior parte dos direitos políticos[285] e as garantias fundamentais,[286] pois essas não possuem regime jurídico distinto dos direitos fundamentais.[287]

3.4.2. Direitos a prestações

Inoculados pelo valor igualdade, os direitos prestacionais, germinaram amalgamados a uma nova concepção de Estado: o Estado Social, em face da sua vinculação com as tarefas que o Estado benfeitor avoca para si. No Estado Social, as constituições passaram a consagrar um papel novo para o Estado, decorrente da constatação da insuficiência das liberdades individuais para um real florescimento da personalidade humana, tendo em vista as distorções econômicas produzidas pela própria sociedade. Na categoria dos direitos prestacionais situam-se posições envolventes de um comportamento predominantemente ativo por parte do Estado (conduta positiva) com

---

[284] CANOTILHO, .J.J. Gomes. Ob. cit., p. 1126 e 1127.

[285] Consoante preleciona SARLET, os direitos políticos em nosso ordenamento constitucional restringem-se, em princípio, à participação dos cidadãos no exercício da soberania popular, pois o direito de petição e a liberdade de associação são considerados direitos de todos os brasileiros e estrangeiros residentes no país. Assim, em que pese a sua natureza híbrida de direitos de defesa e direitos a prestações, os direitos políticos, em sua maioria, apresentam participação em procedimentos sem o fornecimento de prestações, à exceção do contido no § 3° do artigo 17 da Constituição. (SARLET, Ingo Wolfgang. *A Eficácia dos Direitos Fundamentais*, p.178). Diversamente, FARIAS, entende que os direitos políticos integrariam um terceiro grupo denominado de direitos de participação (FARIAS, E. Pereira. *Colisão de Direitos*, p. 82).

[286] Partindo da doutrina de Ruy Barbosa cunhada para a Constituição de 1891, em nossa doutrina constitucional, com amparo no Título II da Carta de 1988, distingue-se entre as disposições constitucionais meramente declaratórias que agasalhariam direitos das da natureza asseguratória destinadas a tutelar esses direitos (garantias), embora seja reconhecida a dificuldade em precisar a sua linha divisória (vide, por exemplo, Silva, José Afonso da. *Curso de Direito Constitucional Positivo*, p. 189), pois ambos os elementos podem estar contidos no mesmo preceito (os chamados direitos-garantias, que são diferenciados das garantias institucionais, as quais não são capazes de produzir direitos subjetivos).

[287] SARLET, Ingo Wolfgang. *A Eficácia dos Direitos Fundamentais*, p. 185.

O Direito Fundamental à Previdência Social

o objetivo de alcançar prestações jurídicas e fáticas,[288] necessárias para que a vida em sociedade seja dotada de um mínimo de justiça social.

Costumam-se identificar os direitos sociais contemplados em nossa Constituição com os direitos prestacionais, mas isso não é adequado. Com efeito, no Capítulo II do Título II, sob a epígrafe de "direitos sociais", são emoldurados não apenas direitos com função predominantemente prestacional, como também direitos sociais de defesa, podendo ser exemplificados: a igualdade de direitos entre o trabalhador com vínculo permanente e o avulso[289] (Inciso XXIV do art. 7°); o direito de livre associação sindical (art. 8°); e o direito de greve (art. 9°). No Capítulo I do mesmo Título, onde predominam os direitos identificados com a denominada primeira dimensão dos direitos fundamentais, também é possível vislumbrar direitos prestacionais como os inseridos nos incisos XXXV e LXXIV, os quais contemplam, respectivamente, a inafastabilidade do controle judicial e a assistência jurídica integral e gratuita aos necessitados.[290]

Como direitos a prestações em sentido amplo, classificação residual vinculada aos desdobramentos da perspectiva jurídico-objetiva, englobam-se todas as posições fundamentais atinentes a prestações não-fáticas, divididas em direitos à proteção e à participação na organização e no procedimento. No primeiro subgrupo, estão situadas as posições jurídicas que outorgam ao indivíduo o direito de exigir do Estado que atue para protegê-lo contra ingerências de terceiros em determinados bens pessoais, tais como a vida, a liberdade, a dignidade e a família. Como exemplos de tais direitos, encontramos em nossa Constituição os incisos XXII (redução dos riscos inerentes ao trabalho, por meio de normas de saúde, higiene e segurança) e XXV (assistência gratuita aos filhos e dependentes desde o nascimento até seis anos de idade em creches e pré-escolas) do artigo 7°. Essa proteção pode ser efetivada por meio de normas penais, procedimentais, atos administrativos e até mesmo por atuação concreta dos poderes públicos, medidas que seriam destinadas à delimitação de esferas jurídicas e, se necessário, à sua imposição, as quais deveriam ser respeitas pelos demais sujeitos.[291]

---

[288] CANOTILHO, .J. J. Gomes. Ob. cit., p. 1127.

[289] O trabalhador avulso integra uma das cinco categorias de segurados obrigatórios da previdência social, elencadas no artigo 11 da Lei de Benefícios e, graças a esse preceito, beneficia-se de todos os favores legais concedidos ao segurado empregado, tais como a presunção de que as contribuições previdenciárias foram recolhidas na época oportuna para fins de contagem do tempo de contribuição (arts. 34, inciso I, e 35 da Lei 8.213/91).

[290] Recentemente, o Supremo Tribunal Federal reconheceu que o Estado deveria pagar os honorários periciais de exame de DNA decorrente de ação de investigação de paternidade de beneficiário da justiça gratuita, pois o inciso LXXIV do art.5° seria norma auto-aplicável garantindo aos necessitados o amplo acesso à Justiça (REXT n° 224.775-6/MS, rel. Min. Néri da Silveira, DJ 24.05.2002). Deve ser destacado que, com o advento da Lei 10.317, de 6 de dezembro de 2001, a Lei 1.060/50, no seu inciso VI do art. 3°, passou expressamente a contemplar o referido exame.

[291] ALEXY, Robert. *Teoría de Los Derechos Fundamentales*, p. 436.

No segundo subgrupo, por sua vez, estão abrangidas medidas estatais destinadas à criação de estruturas organizacionais e emissão de normas procedimentais ou a possibilidade dos indivíduos de atuarem nos procedimentos e estruturas já existentes, desde que essa participação possibilite uma influência na proteção jusfundamental no processo de formação da vontade estatal.[292] Assim, nem toda a problemática relativa à dimensão procedimental e organizatória poderia ser reconduzida à exigência de ações positivas. Por intermédio dos direitos de participação, defende Kirchhof, a liberdade se converte em um direito para a igualdade, uma vez que a expectativa do individuo, confrontada com as diversas exigências dos demais, deverá, ao menos, ser considerada.[293] A idéia a ser retida aqui é a de que a organização e o procedimento, de maneira geral, encontram-se a serviço dos direitos fundamentais, muitas vezes sendo condições indispensáveis para a sua efetivação. Nessa linhagem de direitos, busca-se uma maior democratização, aproximando os cidadãos das organizações e dos processos de decisão dos quais seus direitos são dependentes. Quanto aos direitos sociais, genericamente, há previsão no artigo 10 de nossa Lei Fundamental assim fixada: "É assegurada a participação dos trabalhadores e empregadores nos colegiados dos órgãos públicos em que seus interesses profissionais ou previdenciários sejam objeto de discussão e deliberação."

Na doutrina espanhola, Cóssio Dias distingue os direitos fundamentais, primeiramente, através de uma identificação deles com os valores de "liberdade" e "igualdade" – o valor consagrado no direito fundamental funcionaria como "signo visível" para ligar direitos fundamentais com valores – obedecendo ao tipo de obrigações que estes gerariam para os poderes públicos, sendo que, no caso do valor igualdade, as obrigações, de uma ou outra forma, estariam relacionadas com a concessão de prestações. Em um momento seguinte, investiga a natureza dos laços entre os direitos fundamentais e as prestações. Assim, seria possível identificar um conjunto de direitos cujo objeto principal consiste na abstenção dos poderes públicos,

---

[292] Em geral, a questão da organização e do procedimento é tratada mais através do prisma de um dever objetivo do legislador, contudo ALEXY aponta que a jurisprudência do Tribunal Constitucional Alemão desenvolveu importantes indicações que viabilizaram aos indivíduos a possibilidade de reclamarem do Estado a emissão de atos que tornassem concretos esses direitos. Nessa linha, advoga que para todo direito fundamental material poderiam ser adscritos direitos procedimentais, à medida que essas medidas procedimentais fossem indispensáveis para o exercício do direito fundamental reconhecido. Como exemplo, considere-se o direito de voto. Ora, seria impossível para alguém votar se o Estado não possibilitasse a realização das eleições por um determinado procedimento. Por isso, o indivíduo teria um direito subjetivo perante o Estado que deveria criar, caso essa não existisse, um procedimento que permitisse a realização de eleições. Arremata asseverando que não é possível dizer nada mais em abstrato, o resto depende do direito que está em jogo. (ALEXY, Robert. *Teoría de Los Derechos Fundamentales*, p. 459 a 467.)

[293] KIRCHHOF, Paul. *La jurisprudencia Constitucional de Los Derechos Fundamentales*. In: Pina, Antonio Lopez. *La Garantia Constitucional de Los Derechos Fundamentales, Alemania España e Italia*, 256.

nos quais existe uma dimensão prestacional complementar ou instrumental que colima melhorar as condições de exercício desses direitos (direitos fundamentais de liberdade com faceta prestacional). Por sua vez, eles não se confundiriam com os direitos nos quais se busca a elevação ou manutenção de determinadas condições de vida que prevêem prestações a cargo do Estado ou dos particulares nos quais o elemento prestacional seria o seu próprio objeto.[294] Em que pese a sedução desse arquétipo, predominantemente axiológico, ele não pode ser transplantado sem que sejam consideradas as peculiaridades de nosso ordenamento constitucional, cujo rol de direitos fundamentais é bastante extenso.

Com base na Constituição espanhola, seu criador classifica o direito a uma tutela judicial efetiva como direito fundamental de liberdade com faceta prestacional e o direito de greve e de liberdade sindical como direitos fundamentais prestacionais. Ocorre que o constitucionalismo espanhol vislumbra no preceito que alberga o "direito a uma tutela judicial efetiva", direitos fundamentais que são acolhidos em preceitos autônomos na Nossa Carta Republicana, tais como os incisos XXXVII, LIII a LVII, LXIIII, LXXIV. Essa opção do nosso constituinte reduzindo substancialmente a necessidade do reconhecimento de facetas prestacionais, é um fator que, por si só, já é suficiente para demonstrar a inconveniência de se adotar o referido referencial entre nós. Nesse trabalho, porém, a vistosa dicotomia entre direitos negativos (de defesa) e positivos (prestacionais) é relativizada, ficando evidenciado que, em muitos casos, um direito de defesa, embora não imponha uma obrigação principal de dar ou fazer para o Estado, a faceta prestacional desse direito emerge como condição material imprescindível para que o direito possa ser realizado.[295]

A classificação funcional rígida, majoritariamente aceita, é posta em xeque de maneira desconcertante pelo instigante trabalho de Holmes e Sustein, intitulado "The Cost of rights". Considerando que as instituições estatais são indispensáveis ao reconhecimento e efetivação dos direitos, e que estes só podem operar de maneira adequada se forem dotados de recursos financeiros, os autores concluem que todos os direitos são positivos.[296] Em alusão ao sistema constitucional americano, referem que, para garantir a proteção ofertada pela Primeira Emenda à liberdade de expressão, o Estado tem que manter abertos para manifestações, ruas e parques, embora isso seja caro e reclame uma conduta positiva. A proteção constitucional do direito à propriedade obriga o governo a evitar os esbulhos e invasões, bem como tornar tais garantias acessíveis aos proprietários. Do mesmo modo,

---

[294] CÓSSIO DIAZ, José Ramón. *Estado Social y Derechos de prestacion*, p. 174 a 181.

[295] Idem, p. 193.

[296] HOLMES, Stephen e SUNSTEIN, Cass. *The Cost of Rights*. Cambridge: Harvard University Press, 1999, p.35 a 48.

se os tribunais não forem acessíveis para garantir a eficácia das disposições contratuais, a garantia constitucional dos contratos ficará violada.[297] De efeito, a satisfação dos reverenciados direitos "negativos", tais como: propriedade, liberdade de expressão e direitos políticos, são intensamente dependentes da ação estatal, materializada pela disponibilização de remédios jurídicos, além de uma estrutura pública que assegure o efetivo desfrute desses direitos. Por isso levar os direitos a sério significa considerar criteriosamente a escassez dos recursos.[298] A compreensão dessa realidade apresentaria as seguintes vantagens: a) tornaria os cidadãos mais responsáveis no exercício de seus direitos além de desvelar a opção ideológica conservadora de despender uma proteção máxima para os direitos negativos em detrimento dos direitos sociais;[299] [300] b) levaria os tribunais a deliberarem sobre a efetividade e eficácia das pretensões, fundamentando suas decisões com mais inteligência e transparência, admitindo o modo pelo qual os custos afetam a própria efetividade desses direitos; c) a teoria legal seria mais realista ao examinar abertamente a competição por recursos escassos que afeta os diversos direitos básicos e outros valores sociais.[301]

Por derradeiro, cabe referir a distinção efetuada por Canotilho entre direitos originários (derivados diretamente de preceitos constitucionais) ou derivados a prestações, a qual tem relevância quando se investiga a eficácia dos direitos prestacionais. Nessa ótica, estaremos perante a estirpe dos direitos originários a prestações, isto é, ao fornecimento de prestações estatais sem que seja necessária uma estrutura administrativa precedente para o atendimento dessas demandas se: "(1) a partir da garantia constitucional de certos direitos (2) se reconhece, simultaneamente, o dever do Estado na criação dos pressupostos materiais indispensáveis ao exercício efetivo desses direitos; (3) e a faculdade de o cidadão exigir, de forma imediata, as prestações constitutivas desses direitos."[302] Nessa linhagem de direitos, a efetivação é mais delicada, na medida em que não há uma estrutura jurídica homogênea para esses direitos que, além disso, estariam dentro de uma reserva do possível. Por sua vez, os direitos derivados a prestações formam-se à proporção que o Estado vai cumprindo o seu papel no desempenho de tarefas econômicas, sociais e culturais, tanto na esfera legislativa como

---

[297] HOLMES, Stephen e SUNSTEIN, Cass. Ob. cit., p. 52 a 53.

[298] Idem, p. 94.

[299] Idem, p. 135 a 161.

[300] Entre nós, merece ser citado o excelente estudo de GALDINO que, apoiado no magistério dos autores americanos acima referidos, critica a tipologia positivo/negativo dos direitos fundamentais, descrevendo a evolução das concepções no Direito nacional, no concernente aos custos necessários para a sua efetivação e culminando por proclamar a necessidade de uma releitura das noções que envolvem os direitos fundamentais. (GALDINO, Flávio. *O Custo dos Direitos*. In: TORRES, Ricardo Lobo (org.) *Legitimação dos Direitos Humanos*, p. 139 a 215).

[301] HOLMES, Stephen e SUNSTEIN, Cass. Ob. cit., p. 98.

[302] CANOTILHO, J.J. Gomes, Ob. cit., p. 435.

O Direito Fundamental à Previdência Social

também mediante a instituição de estruturas de prestação de serviços – como saúde, previdência social, ensino, entre outros – conforme a capacidade de atendimento dessas estruturas. Enquadram-se como direitos derivados a prestações, tanto o direito de igual acesso, obtenção e utilização de todas as instituições criadas pelos poderes públicos quanto o direito de quota-parte (participação) nas prestações fornecidas por esses serviços ou instituições à comunidade.[303]

3.5. CONSIDERAÇÕES EM FAVOR DO RECONHECIMENTO DOS DIREITOS PRESTACIONAIS COMO DIREITOS SUBJETIVOS

3.5.1. Aspectos gerais

Os direitos sociais prestacionais, tais como saúde, previdência, habitação, educação, na medida que sua implementação reclama a mediação estatal, têm a sua realização umbilicalmente relacionada com a organização de políticas públicas. Fatores como o planejamento e a priorização de determinadas atividades, os condicionamentos institucionais – isto é, a existência de uma estrutura administrativa dotada de organização e capacidade técnica para a prestação de serviços – e um orçamento compatível, não podem ser ignorados.[304] Na mesma linha, CID ressalta que o acolhimento nas Constituições e nas Declarações supraestatais configura apenas o ponto de partida, já que, inexistindo uma organização social e econômica capaz de possibilitar a efetividade dos direitos econômicos sociais e culturais, o reconhecimento estatal ou internacional atuaria no vazio, e as posições atribuídas ao sujeitos careceriam de conteúdo real.[305] Por força de tais circunstâncias, os direitos a prestações (principalmente quando se cogita de direitos originários a prestações) têm sido objeto de uma acirrada polêmica que pode ser sintetizada em três linhas básicas: a) aqueles que negam o seu caráter de direitos fundamentais; b) os que reconhecem essa condição, mas lhe negam a mesma eficácia dos direitos de primeira dimensão; c) aqueles que defendem tanto a condição de direitos subjetivos quanto a eficácia dos direitos sociais fundamentais.

---

[303] CANOTILHO, J.J. Gomes, Ob. cit., p. 437.

[304] MIRANDA destaca, inclusive, que o artigo 22 da Declaração Universal liga os direitos econômicos sociais e culturais "ao esforço internacional e à cooperação internacional, de harmonia com a organização e os recursos de cada povo".(MIRANDA, Jorge. *Manual de Direito Constitucional*, Tomo IV, p. 348).

[305] CID. Benito de Castro. *Los Derechos Economicos sociales y culturales*, p. 173.

O primeiro posicionamento parte da tradicional noção de direito subjetivo,[306] incorporada em nosso Código Civil no artigo 75, isto é, para cada direito corresponderia uma ação que o assegurasse. Em decorrência, a falta de tutela ou de ação disponível demonstraria que os direitos sociais não são direitos em sentido estrito, já que não podem ser exigidos do Estado antes de terem sido institucionalizados por uma ação estatal.[307] Assim, não haveria tutela para os direitos fundamentais sociais originais, mas apenas para as hipóteses de sistemas de prestação existentes, nos quais houver diferenciação incompatível com o princípio da igualdade.[308] Argumenta-se, por exemplo, que tais direitos se sujeitam à *interpositio legislatoris*, encontram-se despojados do *status negativus*, carecem de eficácia *erga omnes*, encontram-se sob a reserva do possível, sendo que apenas o critério topográfico de nossa Constituição não autorizaria a assimilação dos direitos sociais pelos fundamentais.[309] Fundado no paradigma tradicional, indaga-se: Poderíamos considerar como normas aquelas que não ordenam, proíbem ou permitem *hic et nunc*, mas ordenam, proíbem e permitem para um futuro indeterminado, sem um prazo de carência claramente definido?[310] Defende-se, também, que as políticas de habitação, saúde, segurança social, educação e cultura não poderiam estar determinadas nos textos constitucionais, e sua realização implicaria opções de órgãos que detenham legitimidade democrática para serem responsáveis pela elaboração das leis e de capacidade técnica para o oferecimento das prestações e serviços. Por conseguinte, a concessão de tais direitos pelo Poder Judiciário feriria os princípios da reserva parlamentar em matéria orçamentária e o da separação dos Poderes.

Entendendo a categoria do direito subjetivo em sentido mais amplo, embora expressamente declinando da espinhosa tarefa de construir ou adotar uma posição doutrinária precisa de direito subjetivo – partindo simplesmente da idéia de que o direito subjetivo implica um poder ou uma faculdade para a realização efetiva de interesses reconhecidos por uma norma a um titular[311] – Vieira de Andrade posiciona-se no sentido de existirem dois tipos básicos de direitos fundamentais, diferentes quanto à determina-

---

[306] Para KELSEN: "A essência do Direito Subjetivo, que é mais do que simples reflexo de um dever jurídico, reside em que uma norma confere a um indivíduo o poder jurídico de fazer valer, através de uma ação, o não- cumprimento de um dever jurídico." (KELSEN, Hans. *Teoria Pura do Direito*, p. 197)

[307] LOEWENSTEIN, Karl. *Teoria de la Constitución*, p. 401.

[308] HESSE, Konrad. *Elementos de Direito constitucional da República Federal da Alemanha*, p. 237 e 238.

[309] TORRES, Ricardo Lobo. *A cidadania multidimensional na era dos direitos*, in omesmo(org), *Teoria dos direitos fundamentais*, p. 278 e 279.

[310] BOBBIO, Norberto. *A Era dos Direitos*, p. 77 e 78.

[311] VIEIRA DE ANDRADE, José Carlos. Ob. cit., p. 144. No mesmo sentido, CANOTILHO, J.J. Gomes e MOREIRA, Vital em *Fundamentos da Constituição*, p. 127 a 132.

ção do respectivo conteúdo e, conseqüentemente, com força jurídica diversa.[312] No mesmo sentido, assevera Canotilho que o ponto de partida sufragado pela generalidade dos constitucionalistas – a possibilidade de as normas consagradoras de direitos sociais servirem de parâmetro para o controle judicial, mas cuja exata configuração reclama intervenção legislativa para adquirir plena eficácia e exeqüibilidade – seria apenas parcialmente correto. Com efeito, poderiam os tribunais controlar se a concretização legislativa tem sido pautada por critérios reais de realização gradual, bem como o emprego de um controle de razoabilidade na concessão das prestações fundado no princípio da igualdade.[313]

No extremo oposto, Peláez sustenta, com assento na idéia de que todos os homens têm um direito moral de terem as suas necessidades básicas satisfeitas, que a incorporação dos direitos sociais pelas constituições converte esses direitos em direitos jurídicos com força plena.[314] Pérez-Luño, por sua vez, sublinha que, apesar das peculiaridades evidentes que distinguem a nova categoria dos direitos tradicionais de liberdade, não seria adequado estabelecer uma separação radical entre essas categorias, porquanto uma análise da estrutura dos direitos sociais revelaria inexistirem diferenças substanciais nos planos de fundamentação, formulação e tutela dessas categorias.[315] No Brasil, tornou-se clássico o artigo de Bandeira de Mello, escrito enquanto vigorava a Constituição anterior, no qual – conquanto reconhecesse que algumas normas investem os indivíduos em direitos de maior consistência, ao passo que outras não outorgam, por si mesmas, o desfrute positivo de um benefício[316] – afirmava que todas as normas constitucionais concernentes à justiça social gerariam verdadeiros direitos subjetivos na acepção mais comum da palavra.[317] [318]

Discorrendo sobre a celeuma dos direitos sociais fundamentais (direitos à prestação em sentido estrito), obtempera Alexy que podem ser deduzidos argumentos de peso nos dois sentidos, por isso – no seu modelo que é estruturado sob a idéia reitora de que os direitos fundamentais são posições jurídicas tão relevantes que a sua concessão ou denegação não podem

---

[312] Idem, ibidem, p. 189 e 190.

[313] CANOTILHO, J.J. Gomes. Ob. cit., p. 472.

[314] PELÁEZ, Francisco J. Contreras. *Derechos Sociales: Teoría e Ideologia*, p. 95.

[315] PÉREZ LUÑO, Antônio-Enrique. *Derechos Humanos, Estado de Derecho y Constitucion*, p. 90 a 92.

[316] Nesse artigo, o administrativista dividia as normas constitucionais quanto à consistência dos direitos que delas decorriam da seguinte maneira: a) normas que outorgam uma posição subjetiva na qual o desfrute independe de prestação alheia; b)) normas que geram um direito cujo desfrute reclama uma prestação, mas indica quem é o obrigado e caracteriza de forma suficiente a conduta devida; c) expressa em sua dicção apenas uma finalidade a ser cumprida pelo Poder Público sem apontar os meios a serem adotados para a sua consecução.

[317] BANDEIRA DE MELLO, Celso Antônio. *Eficácia das Normas Constitucionais sobre Justiça Social*, In; RDP, 57/58, p. 255.

[318] No mesmo sentido, amparado no §1º do artigo 5º de nossa Constituição, o magistério de GRAU. (GRAU, Eros. *A Ordem Econômica na Constituição de 1988* (interpretação e crítica), p. 300.

ficar nas mãos da simples maioria parlamentar – a questão de saber quais os direitos fundamentais sociais que o indivíduo possui é uma questão de ponderação. Por outro lado, o princípio da reserva parlamentar em matéria orçamentária, tanto quanto os demais, não é absoluto, podendo direitos individuais apresentarem mais peso que as razões de política financeira.[319]

Em que pesem os direitos econômicos sociais e culturais tenham sido inseridos nos textos constitucionais a partir da segunda década do século XX, passaram a ser menosprezados pela doutrina tradicional, rotulados como "normas constitucionais programáticas", desprovidas de qualquer vinculação jurídica. Hoje, prepondera um consenso a respeito do valor jurídico das normas programáticas ser idêntico aos demais preceitos constitucionais, sendo distinto, entretanto, o problema da aplicabilidade dessas normas.[320] No Brasil, durante muito tempo, os desvalidos e os bem-intencionados acreditaram que a mera positivação de ideais de justiça social teriam o condão de resolver as mazelas da realidade social brasileira, enquanto os reais detentores do poder em nossa sociedade concebiam a inserção das demandas por prestações estatais nessas declarações de intenções, em fórmulas genéricas, como forma de despressurizar as reivindicações por mudanças concretas, mas que não representavam um perigo concreto de alteração do *status quo*. Na ocasião, autores como Grau já haviam advertido a sociedade brasileira de que uma Constituição, isoladamente considerada, não seria capaz de desencadear nenhum processo de mudança social, razão pela qual o projeto nutrido na Constituição de 1988 para a instalação de um estado de bem-estar poderia ser coartado.[321]

Enfocando a postura dos operadores do direito que importaram a doutrina alemã de interpretação dos direitos sociais de forma acrítica, Krell demonstra que a não-inclusão dos direitos sociais na Lei Fundamental de Bonn, tomada como paradigma para a negação do caráter fundamental dos direitos sociais, decorreu de uma renúncia deliberada, em razão da experiência fracassada da Constituição de Weimar e que a previsão de direitos sociais sujeitos a condicionamentos diversos, considerando-se as peculiaridades e experiências vivenciadas pelo povo alemão, poderia enfraquecer a força normativa da Carta. Contudo, a sua não-inclusão não significa uma renúncia ao seu ideário subjacente. No Brasil, diferentemente da Alemanha, os constituintes formularam uma opção diferenciada e, segundo todas as regras de interpretação, os direitos sociais são direitos fundamentais.[322] Concordamos inteiramente com essa assertiva. De fato, se era necessário

---

[319] ALEXY, Robert. *Teoría de Los Derechos Fundamentales*, p. 494 e 495.

[320] CANOTILHO, .J.J. Gomes, *Direito Constitucional*, p. 184.

[321] GRAU, Eros. *A Ordem Econômica na Constituição de 1988* (interpretação e crítica), p. 299 e seguintes.

[322] KRELL, Andreas Joachim. *Direitos Sociais e Controle Judicial no Brasil e na Alemanha: os (des)caminhos de um direito constitucional "comparado"*, p. 45 a 49.

buscar inspiração na tradição constitucional dogmática e jurisprudencial germânica, melhor teria sido começar pelo postulado geral da garantia progressiva dos direitos fundamentais formulado pelo Tribunal Constitucional em 1971: "Incumbe a jurisprudência constitucional descobrir as diferentes funções de uma norma constitucional, e em particular de um direito fundamental. E respectivamente, se dará preferência à interpretação que melhor desenvolva a eficácia jurídica da norma".[323]

Uma das grandes dificuldades na aceitação dos direitos econômicos sociais e culturais reside no fato de a ciência jurídica atual estar formada por conceitos que procedem, em sua maior parte, do direito privado. As funções atribuídas por essa ciência ao Direito, consoante preleciona Peces-Barba seriam duas: uma função de preservação da autonomia dos particulares e uma função repressora para garantir a efetividade da ordem que torna possível essa autonomia. Como tais funções seriam negativas, todo o excesso nesse âmbito produziria somente a alternativa da sociedade totalitária. Com essa concepção do Direito, a teoria jurídica rejeitaria os direitos econômicos sociais e culturais que exigem justamente uma ação promotora e corretora do Estado.[324]

No mesmo diapasão, Lopes demonstra, mediante breve estudo histórico – inspirado, principalmente, nas lições de Villey e Diaz – haver a uma profunda relação entre o desenvolvimento do conceito de direito subjetivo e o mais sagrado dos direitos burgueses na modernidade: o direito de propriedade. O direito dos romanos correspondente à relação justa, adequada e proporcional, torna-se o poder do sujeito sobre a coisa. Depois, direito subjetivo e liberdade serão unidos na propriedade.[325] É interessante observar que Locke desenvolveu, na sua doutrina, uma teoria na qual o direito de propriedade era tratado como um direito subjetivo, anterior ao Estado e revestido de contornos absolutos e que servirá, como detectado por Macpherson, inclusive para justificar a moral burguesa.[326] Com o advento da ordem liberal revolucionária dos séculos XVIII e XIX, os direitos naturais de li-

---

[323] HÄBERLE, Peter. *Efetividad de los Derechos Fundamentales en el Estado Constitucional.* In: Pina, Antonio Lopez. *La Garantia Constitucional de los Derechos Fundamentales, Alemania España e Italia,* 263.

[324] PECES-BARBA MARTINEZ, Gregório. *Escritos sobre Derechos Fundamentales,* p. 205 a 206.

[325] LOPES, José Reinaldo Lima. *Direito Subjetivo e Direitos Sociais: O Dilema do Judiciário no Estado Social de Direito,* In: Direitos Humanos, Direitos Sociais e Justiça, p. 116 a 124.

[326] Na visão de MACPHERSON, Locke deixou, ainda, uma significativa contribuição para a sociedade capitalista, pois, ao remover os limites da propriedade, justificou não apenas uma propriedade desigual, mas a possibilidade de uma apropriação ilimitada. Teria justificado como natural e anterior ao estado civil, uma diferenciação de direitos e de raciocínios – os proletários não tinham uma vida totalmente racional, pois "viviam da mão para a boca" – fornecendo a base moral para a sociedade capitalista de classes diversificadas. As contradições e ambigüidades de sua obra decorreriam do seu *desideratum,* instituição de um estado de classes e de direitos naturais iguais, os quais são inconciliáveis, mas que representavam uma relação social que Locke aceitava como normal em uma sociedade civilizada. (MACPHERSON, C. B. Ob. Cit., p. 262).

berdade civil e pública são incorporados aos direitos positivos, razão pela qual a burguesia conservadora buscará não apenas manter a ordem posta, mas revesti-la de justificação e de valor absoluto.[327]

As considerações tecidas aqui não são direcionadas ao enfrentamento da problemática dos direitos subjetivos e nem para a abordagem de uma nova Teoria Geral do Direito (no bojo da qual avultaria um novo paradigma, diverso do paradigma liberal), cujas controvérsias estão fora do foco central do presente estudo. Pretendeu-se apenas pôr em evidência a importância do elemento ideológico – nas posições que rechaçam os direitos sociais prestacionais, situados no mesmo plano da fundamentalidade formal e material em nossa Constituição – o qual tem sua gênese na discussão sobre o papel e as tarefas que o Estado deve desempenhar, pois, enquanto os direitos de defesa impõem limites ao Estado quando age para atingir os seus fins, nada dizendo quanto a estes, os direitos a prestações impõem ao Estado a persecução de determinados objetivos. Conquanto os argumentos alinhavados contrariamente aos direitos prestacionais não sejam apenas ideológicos, há que se reconhecer obstáculos jurídicos (estrutura normativa diferencia-da)[328] e materiais (condicionamentos institucionais) consideráveis, eles não se constituem em limites inquebrantáveis, como será demonstrado no item seguinte.

3.5.2. A norma catalisadora do § 1º do artigo 5º

Em trabalho recente e instigante, Amaral principia por criticar as três correntes acerca da eficácia dos direitos sociais, assentadas na dicotomia dos direitos fundamentais positivos e negativos: a) a primeira que não re-conhece a eficácia desses direitos, porquanto a carga positiva dependeria de mediação legislativa e de meios materiais; b) a dos que vislumbram os direitos sociais com o mesmo nível dos direitos individuais; e c) uma ter-ceira que enxerga os direitos sociais vigendo debaixo da *reserva do possí-vel*, em face da sua implementação imprescindir de meios materiais.[329] Considerando tais distinções ineficazes para evidenciar a problemática dos direitos sociais prestacionais, propõe uma ótica nova para enfocar as posi-

---

[327] LOPES, José Reinaldo Lima. Ob. cit, p. 121.

[328] Analisando as normas de direitos fundamentais em nossa Constituição, SARLET destaca a reper-cussão que a forma de positivação distinta acarreta na eficácia dos direitos fundamentais, uma vez que "os direitos a prestações(de modo especial os que têm por objeto prestações materiais) costumam ser positivados sob a forma de normas programáticas, normas-objetivo, imposições legiferantes mais ou menos concretas, enfim, de tal forma a exigir – ao menos em princípio- uma interposição do legislador para que venham a adquirir plena eficácia e aplicabilidade." (SARLET, Ingo Wolfgang. *A Eficácia dos Direitos Fundamentais*, p. 234)

[329] AMARAL, Gustavo. *Direito, escassez e escolha: em busca de critérios jurídicos para lidar com a escassez de recursos e as decisões trágicas*, p. 61.

O Direito Fundamental à Previdência Social

101

ções jurídicas que decorrem dos direitos fundamentais: a sua decomposição em pretensões. No desenvolvimento dessa tese, depois de evidenciar que, mesmo os direitos negativos albergam pretensões positivas, culmina por defender que os direitos humanos e fundamentais seriam direitos sem deveres correlatos.[330] Como esses direitos valem para todos os que estão em condições de recebê-los, mas os recursos para o atendimento das demandas são finitos, surge um conflito específico: o conflito por pretensões positivas, quando será necessário decidir sobre o emprego de recursos escassos mediante a realização de escolhas disjuntivas (o atendimento de uns e o não atendimento de outros). Esse conflito não é, em geral, tratado pela doutrina e mesmo o critério de ponderação revelar-se-ia insuficiente.[331] Em relação ao papel do Poder Judiciário, conclui que a ele caberia o controle do discurso e das condutas adotadas pelos detentores da função executiva ou legislativa, não cabendo ao magistrado fazer a mediação fato-norma, seja pela subsunção ou pela concreção.[332] Em que pese o arrojo dessa visão e seu delineamento elaborado – capaz de ensejar profunda reflexão a respeito das decisões judiciais alocativas, destacando as peculiaridades das colisões de direitos de titulares que competem pelos mesmos recursos escassos – não podemos agasalhar parte substancial das conclusões de Amaral, o que será justificado a partir da reflexão sobre a norma catalisadora de aplicação dos direitos fundamentais estampada no § 1º do artigo 5º.

Inegavelmente, a categoria dos direitos fundamentais apresenta uma natureza jurídica diferenciada das categorias forjadas sob a égide do direito privado, porquanto incorporou ao seu âmbito aspectos tais como: as prestações devidas pelo Estado, as garantias institucionais, o sentido objetivo da norma e a qualificação valorativa, a qual, na lição precursora de Bonavides, reclama inclusive uma nova hermenêutica que opere na concretização dos preceitos constitucionais.[333] A objeção que pode ser feita à teoria de Amaral consiste no fato de que a dissociação dos direitos em pretensões, sem o respectivo dever, enfraquece em demasia a obrigatoriedade do Estado em dar cumprimento aos direitos fundamentais prestacionais que se tornariam um instrumento jurídico completamente inoperante – olvidando até

---

[330] "A afirmação de 'direitos' que não correspondem a 'deveres' pode chocar a princípio, mas cabe lembrar que a equivalência binomial direito-dever decorre de postulados do direito civil. Ora, as relações civis, mormente as obrigacionais, fundam-se em uma lógica inaplicável, ou mesmo impertinente para o campo dos direitos humanos. As obrigações contratuais decorrem da autovinculação, ainda que a liberdade seja apenas a de contratar, e não a de estipular os termos do contrato." (...) "Já quanto aos direitos humanos o mesmo não pode ser dito. A liberdade de ir e vir não decorre de qualquer ato ou fato." (Idem, ob. cit, p. 106 e 107).

[331] Idem, ibidem, p. 114 a 130.

[332] Idem, ibidem, p. 208.

[333] Para o Constitucionalista Cearense, as peculiaridade dos direitos fundamentais demandaram técnicas e meios de interpretação distintos, cuja construção e emprego gerou uma nova hermenêutica. (BONAVIDES, *Curso de Direito Constitucional*, p. 532 e seguintes).

mesmo da faceta objetiva dos direitos fundamentais, principalmente nos efeitos que decorrem da "mais-valia" jurídica de que nos fala Vieira de Andrade, os quais já foram sucintamente referidos no item 3.3 – pouco diferenciando da corrente que não reconhece a eficácia dos direitos fundamentais sociais.

Afortunadamente, no Brasil, segundo entendemos, não há um regime jurídico diferenciado para os direitos fundamentais sociais, sejam os direitos de defesa ou os direitos à prestação.[334] Em primeiro lugar, essa asserção pode ser demonstrada pelo fato de os direitos sociais terem sido incluídos no Capítulo II do Título II, rompendo-se com a tradição inaugurada com a Constituição de 1934 que os albergava no título concernente à ordem econômica. Ademais, não tendo sido efetuada diferenciação entre os direitos fundamentais clássicos e os direitos sociais no § 1º do artigo 5º – como ocorre em outras ordens constitucionais, à guisa de exemplo, considere-se a Carta portuguesa, na qual as normas que tratam dos direitos sociais, econômicos e culturais não regulam diretamente as relações jurídico-materiais[335] – conferir uma interpretação restritiva representa, no mínimo, uma acomodação indevida dos operadores do direito com as injustiças e desigualdades que nossa Lei Fundamental prometeu enfrentar. A formulação, é importante consignar, está plenamente afinada com o compromisso de nossos constituintes, materializado particularmente nos artigos 1º e 3º do Texto Fundamental, em implementar um autêntico Estado Democrático de Direito.

Para uma reflexão mais adequada do sentido que deve ser conferida ao enunciado normativo em comento, torna-se oportuno transcrever excerto do Relatório de Evaristo de Moraes Filho, quando presidia a Comissão Temática nº 9, encarregada Da Ordem Social, da Comissão Provisória de Estudos Constitucionais – instituída em 1985, o qual revela a origem e finalidade da introdução desse dispositivo:

"1.1 O ponto fundamental, no entanto, é a sua auto-execução, a sua auto-aplicabilidade, que já deve ter ficado regulada no Título I, sobre os Direitos Fundamentais, pois é abrangente de todo o restante da Constituição, e não somente das suas disposições de natureza social propriamente dita. Na reunião do último dia 7, o Prof. José Afonso da Silva leu, naquele grupo temático, dispositivo genérico que determi-

---

[334] Não desconhecemos que não se trata de questão pacificada, pois autores como Manoel Gonçalves Ferreira Filho, João Pedro Gebran Neto, Sérgio Fernando Mouro, para citar apenas alguns, defendem que não se pode atentar contra a natureza das coisas, de forma que os direitos prestacionais seriam eficazes apenas nos limites da lei. GEBRAN NETO arrola dois argumentos: a) de que a boa técnica legislativa recomenda que os parágrafos refiram-se aos artigos; e b) a interpretação extensiva resultaria numa verdadeira negativa da validade constitucional. (GEBRAN NETO, João Pedro. *A aplicação imediata dos direitos e garantias individuais: a busca de uma exegese emancipatória*, p. 158).

[335] CANOTILHO, .J.J. Gomes. Ob. cit., p. 431 e seguintes.

nava a executoriedade do texto constitucional, prevenindo ou eliminando os princípios meramente programáticos, verdadeiras e tradicionais letras mortas.

...

Os enunciados da ordem social são ou devem ser exigências auto-executáveis, como direitos públicos subjetivos, exigíveis pelos seus destinatários, do Estado que os deve prestar ou obrigar que terceiros prestem. Não se trata mais de meras franquias individuais, passivas e negativas, diante de um Estado inerme e absenteísta. Tudo isso, porém, constitui matéria pacífica, por demais conhecida, que dispensa alongamentos inúteis, tão tranqüila que é".[336]

Para Krell, que advoga uma interpretação material-valorativa dos direitos fundamentais, a escolha diferenciada dos constituintes brasileiros deve ser vislumbrada em consonância com as condições culturais, políticas e socioeconômicas do País, cuja sociedade civil ainda é pouco participativa, aumentando a responsabilidade dos membros do Poder Judiciário[337] no cumprimento das normas constitucionais, o que implica uma superação e reinterpretação de velhos dogmas constitucionais como o princípio da separação dos Poderes.[338] Entretanto, a iniciativa para a criação e eleição das políticas públicas, por óbvio, continua sendo matéria privativa do Poder Legislativo, cabendo ao Poder Judiciário apenas o controle da execução adequada e efetiva daquelas estabelecidas na Constituição e nas leis. Em sua visão arrojada, diametralmente oposta à de Amaral, o mestre da Universidade Federal de Pernambuco chega a proclamar a "falácia da reserva do possível", a qual decorreria de um Direito Constitucional comparado equivocado. Esgrima que não seria difícil a um ente público justificar sua omissão social perante critérios de política monetária e que o condicionamento da realização desses direitos a "caixas cheios" reduziria a sua eficácia a zero.[339]

Se, no âmbito dos direitos sociais prestacionais, costuma-se levantar questionamentos diversos no terreno da eficácia e da aplicabilidade, a doutrina majoritária aponta as seguintes cargas eficaciais comuns: a) revogação dos atos normativos anteriores contrários ao seu conteúdo; b) imposições que vinculam permanentemente o legislador; c) a possibilidade de serem declarados inconstitucionais todos os atos posteriores; d) constituem parâ-

---

[336] MORAES FILHO, Evaristo. *A ordem social num novo Texto Constitucional*, p. 18.

[337] Consoante o magistério de STRECK, a legitimidade do Poder Judiciário, para controlar a atuação do Poder Legislativo, decorreria do caráter existencial do Estado Democrático de Direito, o qual exige um órgão estatal com a função de resguardar os seus fundamentos, quais sejam a democracia e os direitos fundamentais.(STRECK, Lenio Luiz. *Jurisdição Constitucional e Hermenêutica: uma nova crítica do Direito*, p. 106).

[338] KRELL, Andreas Joachim. Ob. cit., p. 90 e 91.

[339] Idem, p. 51 a 57.

metros para interpretação, integração e aplicação das normas jurídicas; e) geram algum tipo de posição jurídico-subjetiva no caso de dimensões negativas de direitos fundamentais; f) impedem o retrocesso no caso de posições jurídicas de direitos que já sofreram concretização; g) no caso de direitos sociais prestacionais que foram objeto de tratamento pormenorizado na Constituição, os direitos defensivos que dele decorrem podem ser exigidos de imediato.[340]

Ainda que seja arriscado aventurar-se nesse terreno movediço, na nossa opinião, deve ser reconhecido um dualismo apenas relativo entre os direitos de defesa e os direitos a prestações, o qual decorre da necessidade de se produzir, destinar e viabilizar o acesso a bens ou serviços materiais, muitas vezes escassos, que são relevantes no momento da implementação e da concretização desses direitos, de forma que a conjuntura econômica não poderá ser ignorada. Vale dizer, é necessário não apenas ter sido outorgada, pela norma, certa capacidade de atuação para o seu destinatário, como também a existência de recursos materiais que tornem possível a satisfação do direito, fatores que consubstanciam a já referida cláusula da "reserva do possível".[341] Por força da indigitada limitação de recursos, parcela substancial da doutrina vem defendendo que apenas o "mínimo existencial" poderia ser garantido, isto é, um conjunto formado pela seleção dos direitos sociais, econômicos e culturais considerados mais relevantes, por integrarem o núcleo da dignidade da pessoa humana,[342] ou porque decorre do direito básico da liberdade, tendo validade *erga omnes* e sendo diretamente sindicável.[343]

A inexistência de diferenciação no regime jurídico não simplifica a questão da eficácia dos direitos prestacionais. Pelo contrário, problematiza-a de maneira positiva, desafiando os operadores do direito a arregaçarem as mangas e a empreenderem um esforço hermêutico inovador na tarefa de tornar esses direitos fundamentais efetivos elementos de uma ordem social e econômica justa. A idéia motriz dessa norma-princípio é a de atribuir às normas de direito fundamental – respeitadas as diferentes técnicas de positivação empregadas pelo Constituinte – a máxima juridicidade e eficácia possível, em conformidade com o que pode ser obtido pela sua inteiração com as demais normas constitucionais, admitindo-se também a sua complementação com o auxílio dos dispositivos da legislação ordinária. Nem sempre, portanto, será possível extrair um direito subjetivo prestacional contra o Estado sem a intervenção legislativa[344] (Como exemplo disso, considere-se

---

[340] SARLET, Ingo Wolfgang. *A Eficácia dos Direitos Fundamentais*, p. 268 a 272.

[341] Idem, p. 150 a 152.

[342] BARCELLOS, Ana Paula. *A Eficácia Jurídica dos Princípios Constitucionais: O Princípio da Dignidade da Pessoa Humana* , p. 114 e seguintes.

[343] TORRES, Ricardo Lobo. *A cidadania multidimensional na era dos direitos, in* o mesmo (org.). *Teoria dos direitos fundamentais*, p. 278 e 290.

[344] CANOTILHO, .J.J. Gomes; MOREIRA, Vital. *Fundamentos da constituição*, p. 130.

o direito à moradia, acrescentado como direito social pela EC nº 26, de 14 de fevereiro de 2000), aliás, nem mesmo nos direitos de primeira dimensão a auto-aplicabilidade significa a automática transformação destes em direitos subjetivos, concretos e definitivos.[345]

A melhor abordagem, na doutrina nacional, sobre a questão do reconhecimento de direitos subjetivos a prestações sociais foi a empreendida por Sarlet. Partindo da análise crítica de três modelos do direito alemão – Christian Starck, R. Breuer e Robert Alexy, nos quais todos aderem à noção de um padrão mínimo de segurança material, exigido para evitar o esvaziamento da liberdade real – Sarlet constata ser comum aos modelos delineados a problemática da reserva do possível e a objeção da reserva de competência parlamentar.[346] Em aprofundada reflexão sobre essa problemática, argumenta que a questão reside menos no grau de completude da norma do que no aspecto da alegada ausência de legitimação dos tribunais para a determinação do objeto e do *quantum* da prestação, à medida que a decisão sobre a aplicação de recursos públicos incumbiria precipuamente ao legislador.[347] Entendendo ser mais convincente o modelo proposto por Robert Alexy, conclui que, em todas as situações em que o argumento da reserva do possível e demais objeções aos direitos sociais na condição de direitos subjetivos esbarrar no valor maior da vida e da dignidade da pessoa humana, ou nas hipóteses em que, da análise dos bens constitucionais colidentes resultar a prevalência do direito social prestacional, poderá ser reconhecido um direito subjetivo definitivo a prestações, admitindo-se, quando tal mínimo for ultrapassado, tão-somente um direito subjetivo *prima facie*.[348]

Se todos os direitos custam dinheiro, inclusive os direitos negativos, é necessário que os juízes e tribunais, quando decidem sobre a eficácia e efetividade das pretensões, também fundamentem suas decisões admitindo o modo como os custos afetam a intensidade e consistência dos direitos, examinando abertamente a competição por recursos escassos que não são capazes de satisfazer a todas as necessidades sociais, implicando escolhas disjuntivas de natureza financeira. Normalmente, essa questão é tangenciada, pois apenas o caso concreto é analisado.[349] Se a apontada escassez é um

---

[345] CANOTILHO, J.J. Gomes. *Direito Constitucional e Teoria da Constituição*, p. 400.

[346] SARLET, Ingo Wolfgang. *A Eficácia dos Direitos Fundamentais*, p. 311 a 315.

[347] Idem, p. 318.

[348] Idem, p. 320.

[349] "Tomada individualmente, não há situação para a qual não haja recursos. Não há tratamento que suplante o orçamento da saúde ou, mais ainda, aos orçamentos da União, de cada um dos Estados, do Distrito Federal ou da grande maioria dos Municípios. Assim, enfocando apenas o caso individual, vislumbrado apenas o custo de cinco mil reais por mês para um coquetel de remédios, ou de cento e três mil reais para um tratamento no exterior, não se vê a escassez de recurso, mormente se adotando o discurso de que o Estado tem recursos nem sempre bem empregados." (AMARAL, Gustavo. *Direito, escassez e escolha: em busca de critérios jurídicos para lidar com a escassez de recursos e as decisões trágicas*, p. 146 e 147).

condicionamento importante, ela não pode ser superdimensionada, tornando-se o único balizamento na concretização dos direitos sociais, sendo necessário acrescentar ingredientes éticos e políticos para que o instrumental jurídico possa, não apenas ser legitimado, mas permitir que a evolução das condições econômicas e sociais possa beneficiar o maior número de pessoas.

No caso de estruturas estatais efetivamente existentes, é claro que a sua capacidade orçamentária e de operação deverá ser considerada, mas não é razoável que nem mesmo um nível mínimo de satisfação das necessidades sociais venha sendo assegurado, quando isso é possível, apenas com base na negação do valor jurídico de normas constitucionais rotuladas pejorativamente como "positivas ou prestacionais" e, por isso, "não-auto-aplicáveis". Faz-se necessário, por conseguinte, compreender e aplicar os direitos fundamentais à luz de uma nova hermenêutica, na qual é requerida do intérprete certa diligência criativa, pois a hermenêutica tradicional seria avessa a valores, vislumbrando a Constituição como direito, e não como lei, sob pena de, como advertiu Bonavides de maneira percuciente, embargar a normatividade constitucional, pelo seu teor principial ao espaço da programaticidade destituída de juridicidade.[350]

Logicamente, sendo os recursos restritos, no seu emprego judicioso, será mister limitar o âmbito de pessoas beneficiadas, o que contraria o princípio da universalidade, ou restringir o atendimento das necessidades. Sem essa limitação na generalização ou no conteúdo da cobertura, ou combinando-se ambas as limitações, a eficácia jurídica e a operatividade real desses direitos será praticamente impossível de obter. Peces-Barba, discorrendo sobre os direitos fundamentais econômicos, sociais e culturais, defende que cada tipo de direito, das sucessivas gerações articula-se de maneira diferente com relação à universalidade e à igualdade. Esses direitos, como os demais, pretendem favorecer a organização da vida social e o protagonismo da pessoa. Entretanto, não partem da ficção na qual se baseiam os demais direitos de primeira dimensão, para os quais basta ostentar a condição humana para ser titular dos mesmos. Consideram relevantes as diferenças e, por conseguinte, partem da discriminação de fato, econômica, social ou cultural, para proporcionar instrumentos, na forma de direitos, para quem está em inferioridade de condições. Esses direitos teriam como traços identificadores a igualdade como diferenciação e a universalidade como ponto de chegada, em oposição aos direitos das demais gerações que são universais desde o início e apresentam a igualdade como equiparação. Destaca, ainda, que, por razões políticas ou outras, se tem produzido grande confusão e se tem considerado meta desses direitos a generalização para todos os homens, desviando-os do seu objetivo e produzindo injustiças.[351]

---

[350] BONAVIDES, Paulo. *Curso de Direito Constitucional*, p. 535.
[351] PECES-BARBA MARTINEZ, Gregório. *Escritos sobre Derechos Fundamentales*, p. 61 a 66.

Os direitos sociais contrapõem-se à idéia de igualdade formal, pois diferentemente do paradigma tradicional no qual o sistema legal de garantias individuais era altamente seletivo e impermeável a conteúdos materiais, os direitos sociais são restritivos, intervenientes e compensatórios, operando com uma *seletividade inclusiva*.[352]

Em outro trabalho, o jusfilósofo espanhol critica severamente os dois tipos de cidadãos cujas condutas contribuem decisivamente para o enfraquecimento do Estado Social e para a inefetividade dos direitos sociais prestacionais: o rico egoísta, defensor do Estado mínimo, o qual pode satisfazer, sozinho, suas necessidades básicas; e, o pobre egoísta, persecutor, apenas, dos eventuais direitos – sem querer assumir nenhum dever em relação aos direitos que devem ser custeados pelo conjunto da sociedade – olvidando da repercussão coletiva atual e da carga a ser suportada pelas gerações futuras. Para Peces-Barba, o tipo humano do reivindicador generalizado, o qual tudo espera do Estado e não faz nenhum esforço próprio nem cooperativo, é tão inimigo do Estado Social como o mais fervoroso partidário do Estado mínimo.[353] Arremata, asseverando a necessidade de compatibilizar o Estado Social e o mercado, pois inexistira mercado no seu estado puro, como também não haveria uma ação positiva dos poderes públicos em nível absoluto, prevalecendo um mercado corrigido pela ação pública e uma ação pública limitada pelo mercado.[354]

Nessa linha de raciocínio, buscando preservar ao máximo a efetividade dos direitos sociais, principalmente daquelas parcelas da população que mais dependem da manutenção das políticas de inclusão, entendemos que as novas realidades podem tornar imprescindível, não só a reestruturação legislativa dos programas sociais – com o escopo de aperfeiçoar o sistema e corrigir distorções eventualmente existentes, podendo ficar a sua abrangência limitada ou condicionada a requisitos mais rigorosos – como também uma alteração na aplicação do direito em razão da constante transformação valorativa permitida pelo conteúdo dos princípios constitucionais, os quais devem orientar a aplicação dos direitos sociais, sob pena de negar-se o atendimento até mesmo das demandas mais essenciais. Exemplificativamente, considere-se a política de acesso universal do sistema de saúde. Em um país onde 80% da população não tem condições de manter um plano de saúde privado, parece-nos absolutamente equivocado que os escassos recursos do SUS sejam empregados nos casos em que os segurados podem pagar um tratamento, mas desejam que o sistema destinado aos mais necessitados arque com parte do ônus, quando tais pessoas optam por con-

---

[352] FARIA, José Eduardo. *O Direito na Economia Globalizada*, p. 272.

[353] PECES-BARBA MARTINEZ, Gregório. *Ética, Poder y Derecho. Reflexiones ante el fin de siglo*, p. 143 a 146.

[354] Idem, p. 148.

dições diferenciadas de tratamento.[355] Nossa Lei Fundamental, claramente, inclina-se no sentido da seletividade inclusiva. A começar pelo contido no inciso III do artigo 3°, o qual traçou como objetivo da República Federativa do Brasil a redução das desigualdades sociais e regionais. Além disso, especificamente na seara da seguridade social, entronizou a seletividade e distributividade na prestação dos benefícios e serviços (inciso III do art. 194).

Na precisa dicção de Alexy, as disposições que consagram direitos fundamentais sociais são muito diferentes, de forma que não podem ser tratadas como uma questão de tudo ou nada, sendo necessário realizar diferenciações,[356] embora o *quantum* de eficácia dependa da forma de positivação e das peculiaridades do objeto. No atinente à forma de positivação, observa Miranda, o mais comum é que os direitos de primeira dimensão, nos quais avulta o caráter abstensionista, apresentem, *prima facie*, um conteúdo constitucionalmente determinado ou determinável, ao passo que os direitos sociais careceriam de concretização legislativa, muito embora o seu conteúdo, pela via interpretativa e mediante integração dos preceitos constitucionais e legais, permita uma projeção bastante adequada da densidade de cada direito.[357] Já o objeto dos direitos sociais depende do seu reconhecimento e previsão em cada ordem constitucional, bem como da concretização realizada pelo legislador, pois tanto os direitos sociais prestacionais apresentam uma dimensão negativa, como os próprios direitos de defesa podem exigir uma atitude positiva, havendo uma interpenetração, entre ambos os grupos, de direitos fundamentais.[358]

Dessa maneira, ainda que defendamos a tese da aplicabilidade imediata das normas de direitos fundamentais sociais, o que implica o reconhecimento de um nível mínimo de eficácia, elas apresentam graduação no tangente ao dever do Estado em implementar o atendimento das necessidades sociais positivadas o que, aliás, é compatível com a multifuncionalidade dos direitos fundamentais e com a natureza principiológica desse dispositivo.[359] Nessa altura, é oportuno relembrar a lição de Häberle sobre a im-

---

[355] "Administrativo. Serviço Único de Saúde-SUS. Internação e Tratamento Diferenciados. Constituição Federal, Artigos 6° e 196. Lei 8080/90. Resolução n° 283/91. INAMPS. 1. Estatuído o direito à Saúde, elencado como dever do Estado, devem ser abertas e não fechadas ou entreabertas as veredas para o exercício desse direito e cumprimento de expressa obrigação estatal. 2. No internamento e tratamento 'diferenciados' o SUS não é onerado com outras despesas, senão àquelas que são da sua responsabilidade (internação simples), certo que as diferenças são arcadas pelo segurado. Impor-se a generalidade de situações configura lesão à ordem natural e cerceia o exercício de direito ao melhor tratamento à saúde, conforme o provimento financeiro do interessado. 3. Precedentes jurisprudenciais. 4. Recurso sem provimento. (RESP n° 128.909/RS, Rel. Min. Milton Luiz Pereira, STJ, 1ª T., un., DJU 28.05.2001, p. 152.)

[356] ALEXY, Robert. *Teoría de Los Derechos Fundamentales*, p. 459 a 467.

[357] MIRANDA, Jorge. *Manual de Direito Constitucional*, Tomo IV, p. 106.

[358] SARLET, Ingo Wolfgang. *Os direitos Fundamentais Sociais na Constituição de 1988*, p. 257 a 259.

[359] Idem, p. 150 a 152.

portância da interpretação para a efetividade dos direitos fundamentais. Consoante o Catedrático da Universidade de Bayreuth, a efetividade dos direitos fundamentais não é conseqüência automática de uma ordem abstrata, ou da eficácia vinculante de um texto, mas o resultado complexo e pleno de riscos de processos pluriarticulados de numerosos participantes.[360]

Nessa tarefa, quanto maior for o conhecimento técnico e sistemático do intérprete a respeito das diversas estruturas administrativas prestacionais, seu funcionamento, critérios legais e administrativos utilizados para o atendimento das demandas abrangidas e suas prioridades, melhores serão as possibilidades de controle da atuação estatal. Em decorrência, não é possível estabelecer uma fórmula universal e apriorística capaz de ser empregada em todas as soluções, devendo o intérprete, partindo de uma base o mais sólida quanto possível, realizar uma ponderação dos bens e valores em conflito.

3.6. O DIREITO FUNDAMENTAL À PREVIDÊNCIA SOCIAL

3.6.1. Fundamentalidade Formal e Material do Direito à Previdência Social

Ancorado no que já foi desenvolvido nos itens anteriores, podemos avaliar melhor o enfoque conferido por nossa Carta Política ao direito à previdência social. Como já referido alhures, direito fundamental em sentido formal refere-se a toda posição jurídica subjetiva que decorre de enunciado de direito fundamental expressamente consagrado na Constituição; enquanto a fundamentalidade material decorre do reconhecimento de que determinados direitos, integrando a essência do Estado Constitucional e constituindo prioridades do ordenamento jurídico, contribuem decisivamente para a dignificação da pessoa humana.[361]

No atinente ao aspecto formal, o direito à previdência social tem sua fundamentalidade acolhida de maneira irrefutável pela nossa Lei Maior no seu artigo 6°, *verbis*: "Art. 6°. São direitos sociais a educação, a saúde, o trabalho, a moradia, o lazer, a segurança, a previdência social, a proteção à maternidade e à infância, a assistência aos desamparados, na forma desta Constituição".[362] A fundamentalidade material, por sua vez, não apresenta

---

[360] HÄBERLE, Peter. *Efetividad de Los Derechos Fundamentales en el Estado Constitucional*. In: Pina, Antonio Lopez. *La Garantia Constitucional de Los Derechos Fundamentales, Alemania España e Italia*, p. 269.

[361] A respeito do papel normativo do princípio da dignidade da pessoa humana que se constitui no fundamento principal do conceito material de direitos fundamentais, veja-se SARLET, Ingo. *Dignidade da Pessoa Humana e Direitos Fundamentais na Constituição de 1988*, cit., p. 81-82.

[362] Redação dada pela Emenda Constitucional n° 26, de 14/02/2000.

maiores dificuldades no seu reconhecimento. Na lição de Benda, a obrigação do Estado de respeitar a dignidade do indivíduo não se restringe à expectativa de não ser tratado arbitrariamente, abrangendo uma obrigação prestatória quando o indivíduo não pode, de outra maneira, prover uma existência humanamente digna.[363] É justamente nos momentos nos quais os cidadãos, inseridos na sociedade por força de sua capacidade de trabalho (substancial maioria da população), têm a sua força laboral afetada, ou mesmo negado o acesso ao trabalho, como é cada vez mais comum por força do modelo econômico excludente, que a previdência social evidencia seu papel nuclear para a manutenção do ser humano dentro de um nível existencial minimamente adequado. A doutrina nacional mais abalizada sobre direitos fundamentais também reconhece a íntima vinculação entre o direito à previdência social e a dignidade humana, princípio basilar de todos os direitos sociais.[364]

3.6.2. Apontamentos sumários sobre a positivação do Direito Fundamental à Previdência Social no plano internacional

A necessidade de disciplinar o enfrentamento dos riscos sociais – cujo reconhecimento ficou patente após intensificação do processo de industrialização e de urbanização, o qual desencadeou o processo de intervenção estatal plasmado no *Welfare State* – determinou a adoção de políticas específicas de previdência, posteriormente incorporada pela seguridade social, em todas as latitudes. O acolhimento do direito à previdência social como direito fundamental, em nossa Constituição, está, portanto, em consonância com a tendência internacional de reconhecimento da sua valorização, como será adiante sucintamente demonstrado. Ademais, por força do disposto no § 2º do artigo 5º, nosso sistema constitucional acolhe os direitos materialmente fundamentais que decorram dos tratados internacionais, desde que seja promovida a ratificação pelo Brasil. O termo "tratado" é um termo genérico, usado para as Convenções, os Pactos e demais acordos internacionais.[365]

No âmbito das Nações Unidas, em que pese a sua força jurídica limitada, a Declaração Universal dos Direitos do Homem, nos artigos 22 e 25,[366] consagra a relevância da proteção previdenciária para todas as pessoas, em decorrência da simples condição de membros da sociedade, constituindo-se

---

[363] BENDA, Ernest. *Dignidad Humana y Derechos de la personalidad*, p. 126. In: Benda, Ernest *et alli, Manual de Derecho Constitucional*, p. 85.

[364] SARLET, Ingo Wolfgang. *A Eficácia dos Direitos Fundamentais*, p. 295.

[365] PIOVESAN, Flávia. *Temas de Direitos Humanos*, p. 66.

[366] Artigo já transcrito no item 1.4.4.

O Direito Fundamental à Previdência Social

em direitos humanos essenciais. A dignificação da previdência no plano internacional também foi proclamada pelo Pacto Internacional dos Direitos Econômicos, Sociais e Culturais de 1966 (art. 9°)[367] e pela Convenção de Direitos da Criança de 1989 (art. 26),[368] ambos ratificados por nosso País.

Nessa matéria, também são relevantes as convenções da OIT, pessoa jurídica de Direito Público Internacional, de caráter permanente, que elabora e aprova normas destinadas à regulamentação internacional do Direito do Trabalho e da seguridade social, além de outras questões que lhe são conexas, buscando fomentar a universalização da justiça social.[369] Em que pese o Brasil ainda não tenha ratificado as Convenções de n°s 102, 128 e 157 da OIT – as quais versam, respectivamente, sobre as normas mínimas de seguridade social; prestações de invalidez, velhice e sobreviventes; e preservação dos direitos em matéria de seguridade social – a influência que delas irradia, sobretudo a da convenção n° 102, já é manifesta na legislação interna, o que pode ser comprovado pelo relatório referente ao sistema brasileiro de seguridade social apresentado no XVI Congresso Mundial de Direito do Trabalho e da Seguridade Social, em setembro de 2000.

Por força de sua vinculação com a legislação laboral e em razão de organizar a economia coletiva para o enfrentamento dos riscos sociais efetivados em um território específico, trata-se de um direito submetido umbilicalmente ao princípio da territorialidade.[370] Mesmo os empregados de organismos oficiais estrangeiros estarão excluídos do regime geral, não em razão do território, mas pelo fato de estarem ao abrigo de outro regime previdenciário.[371] No plano internacional, fatores como a migração de trabalhadores, a atuação das empresas multinacionais e a criação de mercados comuns são fatores que têm acentuado a tendência de internacionalização da previdência e da seguridade social. Desse contexto, exsurge a imposição de que as legislações nacionais sejam integradas, a fim de os trabalhadores que se deslocam entre os estados não sejam prejudicados, em razão da falta de articulação entre as carreiras profissionais sujeitas a regimes previdenciários nacionais diferentes, circunstância que, na prática, pode privar o

---

[367] "Artigo 9°. Os Estados-partes no presente Pacto reconhecem o direito de todas as pessoas à segurança social, incluindo os seguros sociais."

[368] "Artigo 26 – 1. Os Estados-partes reconhecerão a todas as crianças o direito de usufruir da previdência social, inclusive do seguro social, e adotarão as medidas necessárias para lograr a plena consecução desse direito, em conformidade com a legislação nacional. 2. Os benefícios deverão ser concedidos, quando pertinentes, levando-se em consideração os recursos e a situação da criança e das pessoas responsáveis pelo seu sustento, bem como qualquer outra consideração cabível no caso de uma solicitação de benefícios feita pela criança ou em seu nome."

[369] SÜSSEKIND, Arnaldo. *Convenções da OIT*, p. 29.

[370] PEREIRA LEITE, João Antônio Ghilembernardt, *Curso Elementar de Direito Previdenciário*, p. 55.

[371] Artigo 11, alínea I, da Lei n° 8.213/91, com a redação delineada pela Lei n° 9.876/99.

trabalhador da proteção previdenciária.[372] Renunciamos expressamente a qualquer pretensão de proceder uma análise da coordenação dos ordenamentos jurídicos nacionais de previdência social, pois a complexidade e especificidade da matéria não permitem uma abordagem sucinta, cabendo destacar, apenas, não ser o objetivo dessa conjugação a modificação dos regimes e concepções nacionais.[373]

3.6.3. Conteúdo do Direito Fundamental à Previdência Social

O direito à previdência social constitui o núcleo gravitacional do Direito Previdenciário, em torno do qual todas as normas previdenciárias são confeccionadas, mesmo quando não estão diretamente relacionadas com as prestações previdenciárias (por exemplo, as que versam sobre as contribuições das empresas para a previdência social, possibilitando a arrecadação de recursos destinados ao financiamento das prestações previdenciárias). Se nos direitos sociais, em geral, a definição do conteúdo é um problema complexo e aflitivo, por força da alusão genérica a direitos predominantemente prestacionais, no concernente à previdência social o legislador constituinte procedeu, embora fora do Título II, mas dentro da própria Lei Fundamental, na Seção III do Capítulo II do Título VIII, um detalhamento incomum. De fato a leitura dos diversos preceitos, estampados nos artigos 201 e 202 e seus parágrafos, revela um quadro normativo bastante elucidativo, composto por normas densas e que, em alguns casos, carecem absolutamente de concretização legislativa, pois, além da auto-aplicabilidade preconizada pelo §1° do artigo 5°, a vinculação necessária do legislador ordinário imporia a edição de leis que se limitariam a repetir os dispositivos constitucionais.

Na esteira do que ficou desenvolvido no item 3.2 supra e, em atenção aos valores e objetivos eleitos por nossa Constituição, especialmente nos artigos 1° e 3°, entendemos que o direito fundamental à previdência social goza da força jurídica privilegiada do inciso IV do artigo 60. Evidentemente, o fato de integrar o elenco das "cláusulas pétreas" não tem o condão de obstaculizar qualquer adaptação que seja necessária ao aperfeiçoamento da cobertura previdenciária ou a sua adequação aos contornos evolucionantes de nossa realidade social, ainda que o efeito seja uma indesejada redução

---

[372] NEVES. Ilídio das. *Direito da Segurança Social: Princípios fundamentais numa análise prospectiva*, p. 171.

[373] Como exemplo, ainda que limitado, de iniciativas internacionais podem ser citadas as convenções bilaterais entre estados. O Brasil mantém Acordos de Previdência Social com os seguintes países: Argentina, Cabo Verde, Chile, Espanha, Grécia, Luxemburgo, Itália, Paraguai, Portugal, Uruguai. (MPAS, *Previdência e Estabilidade Social: Curso Formadores em Previdência Social*, p. 63, Coleção Previdência social, volume 7.

O Direito Fundamental à Previdência Social

de sua amplitude. Não sendo o nosso desejo aprofundar a problemática dos limites da revisão constitucional, impende destacar que somente a alteração agressora do núcleo fundamental da proteção previdenciária – instituída pelo legislador constituinte, diagnosticada no caso concreto pela insuportável afetação à dignidade da pessoa humana – não poderá ser admitida em qualquer circunstância.[374]

Elemento peculiar dessa técnica de proteção social, que difere substancialmente dos demais direitos prestacionais, decorre do caráter contributivo da previdência social. Inequivocamente, a obrigatoriedade do recolhimento das contribuições implica restrição no acesso à almejada cobertura do seguro social, pois aqueles que não têm capacidade contributiva ou exercem atividade econômica na informalidade não são amparados pela previdência social.[375] A limitação obrigatória efetuada sobre o resultado econômico do trabalho dos segurados torna mais nítidos os direitos e deveres que emanam a relação jurídica de previdência social – relação complexa cujo desenvolvimento progressivo produz vários direitos para os beneficiários,[376] até a constituição de um direito mais amplo ou principal,[377] no caso do regime geral, representado pelas aposentadorias ofertadas – conferindo uma maior justiciabilidade às posições jurídicas dela decorrentes. Diferentemente da assistência social, cujas prestações, via de regra,[378] não produzem um direito subjetivo passível de ser exigido em face do Estado, não podem os regimes previdenciários públicos alegar dificuldades financeiras para desincumbir-se do pagamento de benefícios previdenciários cujos requisitos de acesso já foram preenchidos pelos segurados. É em razão da previdência social estabelecer um vínculo entre a capacidade contributiva

---

[374] Sobre a proteção do princípio da dignidade da pessoa humana como limite à restrição dos direitos fundamentais, vide SARLET, Ingo. *Dignidade da Pessoa Humana e Direitos Fundamentais na Constituição de 1988*, ob. cit., p. 116 e ss.

[375] Sobre a universalidade mitigada da previdência social confira-se o item 4.2.3.1.

[376] Exemplificativamente, aponte-se: acesso ao auxílio-doença por força de acidente do trabalho, mesmo que não tenha sido implementada a carência de 12 meses; direito de manter a vinculação com o sistema enquanto estiver em gozo de benefício; cômputo do tempo de serviço ou de contribuição já prestado no mesmo regime ou nos demais regimes pela via da contagem recíproca, etc.

[377] RÁO, Vicente. *O direito e a vida dos direitos*, Vol. 2, p. 636.

[378] O benefício de prestação continuada previsto no artigo 20 da Lei nº 8.7428/93 constitui uma saudável exceção às práticas de institucionalização das políticas sociais, as quais mesmo quando introduzidas por Lei, ficam dependentes de disponibilidade orçamentária não configurando um autêntico direito subjetivo. É o caso do "Bolsa-Escola" (Leis nº 9.533/97 e 10.219/2001). Mesmo quando o direito é estabelecido, há uma tendência a interpretá-lo da maneira mais restrita possível. Essa asserção pode ser comprovada mediante o exame da decisão do Supremo Tribunal Federal, no julgamento da ADin nº 1232-1/DF, a qual, por maioria, julgou improcedente a ação e, em decorrência, reconheceu a constitucionalidade do §3º do artigo 20 da Lei 8.742/93 (Ação Direta de Inconstitucionalidade nº 1232-1/DF, Pleno, Rel. p. acórdão Ministro Nelson Jobim, DJ 01.06.2001). No julgamento da medida liminar, inclusive, o STF entendeu que a concessão de liminar tornaria a disposição constitucional dependente de regulamentação para ser aplicada, privando a administração de conceder novos benefícios até o julgamento final da ação. (Ação Direta de Inconstitucionalidade nº 1232-1/DF, Medida Cautelar, Pleno, un., Rel. Ministro Maurício Corrêa, DJ 26.05.1995).

e as prestações previdenciárias ofertadas, convertendo uma parte do resultado da atividade produtiva e a solidariedade social em proteção social individual e previsível, que se materializa uma expectativa jurídica legítima, nos beneficiários, de serem amparados nos momentos de necessidade social.[379]

Os diversos enunciados normativos dos artigos 201 e 202 de nossa Carta Republicana buscaram moldar a solidariedade, propiciada pela organização técnica e atuarial da economia coletiva compulsória, com o desiderato de tutelar os trabalhadores e seus dependentes, de maneira preventiva ou reparatória, durante toda a sua vida, contra a ameaça e/ou efeitos decorrentes dos riscos sociais. Ancorado naquilo que já foi desenvolvido no item 3.4 – e embora num mesmo enunciado normativo possam repousar mais de uma norma protetora de direitos fundamentais, as quais podem assegurar direitos e deveres de natureza diversa[380] – podemos classificar o direito à previdência social como direito prestacional, por força de seu efeito predominante, em virtude de o regime geral contemplar um conjunto de prestações previdenciárias, divididas em benefícios e serviços, tais como: aposentadorias, pensão por morte, auxílio-doença, salário-maternidade, reabilitação profissional, serviço social etc. Considerando a variada gama de posições jurídico-fundamentais complexas, decorrentes da disciplina conferida a esse direito, podemos afirmar: o direito à previdência social atuará como direito negativo, por exemplo, quando servir para impedir que práticas administrativas, ou mesmo alterações legislativas, desconsiderem aquilo que já se incorporou ao patrimônio previdenciário dos segurados; por sua vez, será direito prestacional quando estivermos em face de uma situação de necessidade social que produza o dever de atuação protetiva da entidade de previdência.[381]

Nos incisos do artigo 195, os quais arrolam as fontes de financiamento da seguridade social, encontramos preceito definidor de importante direito de defesa para os beneficiários do regime geral. Após o exaurimento da obrigação contributiva dos segurados da previdência social, e com o exer-

---

[379] Esse é um dos ensinamentos de ZACHER, Hans F. Seguridade Social e Direitos Humanos, In: *Arquivos de Direitos Humanos*, vol. IV, p. 118. A respeito do caráter contributivo da previdência produzir uma expectativa de contrapartida merecedora de tutela, consulte-se também o item 4.2.4.2, referente ao princípio da obrigatoriedade.

[380] SARLET, Ingo. *O Direito Fundamental à Moradia na Constituição: Algumas Anotações a Respeito de seu Contexto, Conteúdo e Possível Eficácia*. In: Arquivos de Direitos Humanos, vol. IV, p. 158.

[381] Tais situações são freqüentes na Justiça Federal. Apenas para exemplificar, cabe citar aqui decisão do Tribunal Regional Federal da 4ª Região, que embora não tenha se detido ao caráter defensivo do direito fundamental à previdência social, entendemos promoveu justiça no caso concreto: "PREVIDENCIÁRIO. CUMULAÇÃO INDEVIDA DE BENEFÍCIOS. REEMBOLSO. BENEFÍCIO PAGO NO VALOR DO SALÁRIO MÍNIMO. ART. 201,§5º DA CF/88. Embora haja previsão legal de reembolso de valores pagos pelo INSS impossível o desconto em benefício que é pago em valor pouco superior ao valor do salário mínimo sob pena de infração ao disposto no art. 201, § 5º, da CF/88." (AC nº 96.04.61077-5/RS, Rel. Juiz João Surreaux Chagas, 6ª T., un., DJ 1.9.99, p. 611-2).

O Direito Fundamental à Previdência Social

cício do direito subjetivo que acarreta a concessão da prestação previdenciária substitutiva, não pode o legislador ordinário instituir contribuições previdenciárias incidentes sobre os rendimentos da aposentadoria e da pensão do regime geral de previdência. Sob a égide da Constituição atual, porém antes da EC nº 20/98, o STF, no julgamento da ADIn 1.441-2/DF[382] – proposto contra a alteração do artigo 231 da Lei 8.112/90, estabelecida pela Medida Provisória nº 1.415, de 29 de abril de 1996, a qual previa o custeio do plano de seguridade dos servidores públicos federais pela cobrança de contribuições dos inativos –, por maioria, havia indeferido a medida liminar, por falta de plausibilidade jurídica. Na ocasião, havia prevalecido o entendimento de que, ao contrário dos trabalhadores da iniciativa privada, os quais nenhum liame conservam após a aposentadoria, os servidores inativos continuam regidos pelo estatuto que contempla proibições e interdições (tais como: imposição de teto de remuneração, proibições de vinculação ou equiparação de vencimentos, do cômputo de acréscimos pecuniários percebidos ao mesmo título, bem como a de acumulação remunerada) havendo perfeita simetria entre proventos e vencimentos. Além disso, o sistema de aposentadoria era não-contributivo até o advento da EC nº 03/93. Por isso, o disposto no § 6º do artigo 40, introduzido pela Emenda precitada, foi entendido como abrangendo servidores ativos e inativos.[383] Vindo a lume a EC nº 20/98, no RGPS, introduziu-se uma cláusula expressa de não-incidência no inciso II do artigo 195 da Lei Maior, a qual foi considerada aplicável ao regime dos servidores públicos, em razão da cláusula contida no § 12 do artigo 40, no julgamento da ADIn nº 2.010-2/DF.[384] A Emenda Constitucional nº 41, de 19 de dezembro de 2003, expressamente alterou o artigo 40 da Superlei, pretendendo viabilizar a cobrança da contribuição previdenciária dos aposentados e pensionistas dos regimes próprios. Na nossa opinião, a medida afeta o núcleo essencial do direito fundamental à previdência social, como será examinado no Capítulo 5.

Um outro exemplo de atuação do direito fundamental à previdência social, na sua faceta defensiva, pode ser obtido, quando consideramos a hipótese do segurado que, por equívoco da administração, recebe o pagamento de valores acima dos que teria direito, ou mesmo recebe outra prestação indevidamente. Mesmo que a percepção seja de boa-fé, o inciso II do artigo 115 da Lei nº 8.213/91 determina que seja procedida a devolução. Não olvidando do princípio geral de direito que veda o enriquecimento ilícito, se o segurado passa a receber apenas um benefício de valor mínimo

---

[382] Ação Declaratória de Inconstitucionalidade nº 1.441-2/DF, Medida Cautelar, Relator Ministro Octávio Gallotti, Pleno, DJ 12.04.2002.

[383] "§ 6º As aposentadorias e pensões dos servidores públicos federais serão custeadas com recursos provenientes da União e das contribuições dos servidores, na forma da lei."

[384] Ação Declaratória de inconstitucionalidade nº 2.010-2/DF, Medida Cautelar, Relator Ministro Celso de Mello, Pleno, DJ 12.04.2002.

ou pouco superior, mas que por força do desconto ficaria reduzido a um montante inferior ao mínimo, ainda mais tendo agido de boa-fé, acreditamos que uma ponderação dos interesses em jogo, tendo e vista o princípio da proteção contra os riscos sociais,[385] profundamente relacionado com o princípio da dignidade da pessoa humana, indicaria uma solução na qual o segurado ficaria dispensado de promover o ressarcimento. Com efeito, se o benefício mínimo corresponde ao valor indispensável para a subsistência de uma pessoa, mesmo o desconto mensal nos percentuais mínimo seria demasiado oneroso.

Dentre outros efeitos que poderiam ser destacados, relativamente ao aspecto negativo do direito fundamental em comento, avulta referir a garantia de não-eliminação de posições jurídicas, ou princípio da proibição do retrocesso. Esse princípio não afasta a liberdade de conformação do legislador, mas impede que alterações legislativas posteriores à densificação de um direito prestacional, previsto de forma genérica na Constituição, firam o conteúdo essencial do direito fundamental já realizado. Como exemplos de medidas inconstitucionais que contrariam esse princípio, as quais estão em sintonia com o direito fundamental aqui investigado, Canotilho indica: "uma lei que extinga o direito a subsídio de desemprego ou pretenda alargar desproporcionadamente o tempo de serviço necessário para a aquisição do direito à reforma".[386]

Em consonância com o desenvolvido no item 3.4, vimos que os direitos a prestações podem ensejar tanto prestações materiais quanto normativas. No que tange aos direitos à proteção, podemos afirmar que o legislador infraconstitucional, principalmente pela Lei 8.213/91, atendeu, em linhas gerais, ao dever constitucional de proteger os exercentes de atividade laboral contra os riscos sociais mais preocupantes, em que pesem as críticas que podem ser efetuadas em relação às limitações das prestações disponibilizadas. Todavia, como teremos oportunidade de abordar a seguir, muitos dos problemas na efetivação dos direitos prestacionais decorrem não da legislação editada, mas de interpretações que julgamos equivocadas da abrangência subjetiva e objetiva da proteção previdenciária.

Na seara dos direitos à participação e à organização no procedimento, além da previsão genérica contemplada no artigo 10, já transcrito, existe disposição expressa sedimentada no parágrafo único do artigo 194, o qual consigna os objetivos inspiradores da organização da seguridade social nos seguintes termos: "VII – caráter democrático e descentralizado da administração, mediante gestão quadripartite, com participação dos trabalhadores, dos empregadores, dos aposentados e do Governo nos órgãos colegiados".[387] Ape-

---

[385] A respeito desse princípio dedicaremos o item 4.2.3 de nosso trabalho.

[386] CANOTILHO, J.J. Gomes, *Direito Constitucional e Teoria da Constituição*, p. 320.

[387] Redação dada pela Emenda Constitucional nº 20, de 15/12/98.

O Direito Fundamental à Previdência Social

sar de os preceitos referidos destacarem a importância da esfera procedimental e organizatória para a efetividade dos direitos fundamentais prestacionais, a sua aplicação prática tem deixado muito a desejar. Um sistema de proteção social prestacional tão amplo quanto o regime geral, a fim de que possa ser constantemente aperfeiçoado para o cumprimento de suas relevantes funções, bem como permitir que as fraudes constantemente perpetradas contra ele sejam dificultadas, revela-se de todo conveniente aumentar a transparência da sua execução mediante a instituição de um controle público mais efetivo, resultante de um sistema de participação social adequado. Não se pode negar que os Planos de Benefício e de Custeio (Leis nº 8.212 e 8.213) começaram a trilhar esse caminho prevendo estruturas específicas de participação social na gestão pública do sistema previdenciário, tais como: o Conselho Nacional de Seguridade Social (art. 6º da Lei nº 8.212/91); o Conselho Nacional de Previdência Social (art. 3º da Lei nº 8.213/91); e os Conselhos Estaduais e Municipais de Previdência Social (art. 7º da Lei nº 8.213/91). O modelo de participação instituído parece não ter sido antecedido por movimento social ou ação concertada de atores sociais, razoavelmente organizados, o qual fosse apto a robustecer o processo concreto de construção dos Conselhos. Essa situação foi bastante diferente, por exemplo, do Conselho Nacional de Saúde, o qual fora precedido pela ação do Movimento Sanitarista e por toda uma articulação nacional e regional dos atores públicos envolvidos na política de saúde.[388]

Como pode ser observado pelas regulamentações da composição dos conselhos citados, bem como pela sua atuação, a participação dos trabalhadores e dos aposentados foi tímida, não observando o princípio da participação quadripartite, pois o governo contava com um número maior de representantes, além de centralizar o poder de todo o sistema na pessoa do Ministro da Previdência.[389] Por fim, a 5ª reedição da Medida Provisória nº 1799, de 13 de maio de 1999, posteriormente convertida depois de sucessivas reedições na MP 2.216-37, ainda em vigor nos termos do artigo 2º da EC nº 32, promoveu a extinção do Conselho Nacional de Seguridade Social e dos Conselhos Estaduais e Municipais de Previdência Social. Em nosso entendimento, a revogação violou os artigos 10 e inciso VII do artigo 194 ambos da Lei Fundamental, como também afrontou a cláusula da proibição do retrocesso.

Por derradeiro, resta averiguar como têm sido aplicadas as normas constitucionais nas quais foram inseridos dispositivos densificadores da dimensão prestacional do direito fundamental aqui destacado. A jurispru-

---

[388] DELGADO, Guilherme Costa *et alli. A participação social na gestão pública: avaliação da experiência do Conselho Nacional de Previdência Social* (1991/2000), IPEA, Texto para Discussão nº 909.
[389] TODESCHINI, Remígio. *Gestão da Previdência pública e fundos de pensão: a participação da comunidade*, p. 93.

dência de nossa Corte Constitucional, até o presente momento, permanece atrelada ao dogma da não-auto-aplicabilidade dos direitos prestacionais, como pode ser aferido mediante um exame do conteúdo das decisões referentes às normas contempladas na Seção III do Capítulo II do Título VIII da Constituição Federal. Em conformidade com o entendimento predominante da Corte Excelsa, o artigo 201 *caput* e seus incisos exigiam a edição de uma lei futura. Da mesma maneira, haveria parágrafos desse dispositivo que, por concederem direitos positivos, "chamam por lei ordinária" e outros que não o fazem na medida que consagram direitos negativos. Assim, os §§ 1º, 2º e 4º reclamariam uma regulamentação legislativa, enquanto os §§ 3º, 5º, 6º, 7º e 8º dispensariam[390] (apreciação do artigo 201 e seus parágrafos realizada antes das modificações operadas pela EC nº 20/98). Registre-se, para ser fiel ao entendimento do Tribunal Constitucional, que, mais tarde, o STF decidiu não ser o § 3º do artigo 201 – juntamente com o *caput* do artigo 202, os quais disciplinam a forma de cálculo dos benefícios previdenciários – auto-aplicável.[391]

Na paradigmática decisão proferida no RE 159.413/SP, cuja discussão versou principalmente sobre a aplicabilidade do § 5º do artigo 201 – referente à impossibilidade de nenhum benefício previdenciário ser pago em valor inferior a um salário mínimo, sendo que a sua aplicação imediata conflitava com o § 5º do artigo 195 – vingou a posição de que, para conferir eficácia imediata para essa norma, considerou que o referido dispositivo contemplava *norma proibitiva*, razão pela qual seria imediatamente aplicável. Nessa linha de raciocínio, para que uma norma proibitiva fosse limitada, a Constituição teria de ser expressa, não podendo o intérprete restringir quando a Constituição não o fez.[392] Consoante o desenvolvimento realizado no item 3.4, não negamos possuir a norma em comento uma faceta defensiva. Entretanto, assim como o § 6º do artigo 201, essa norma ostenta uma faceta prestacional tão ou mais relevante como passamos a demonstrar.

A norma em comento inovou substancialmente a amplitude da proteção previdenciária. De efeito, os aposentados e pensionistas que eram beneficiários do regime assistencial do FUNRURAL – regime que, atendendo a diretriz do inciso II do artigo 194 da Lei Maior, deveria ser integrado ao novo regime geral destinado a abranger os trabalhadores urbanos e rurais, o qual nos termos do artigo 59 ADCT deveria ter os projetos de lei apresentados no prazo máximo de seis meses – tinham os seus proventos pagos no equivalente a 50% do salário-mínimo. Consoante a interpretação conferida pelo Supremo de estender a aplicação de um preceito para os benefi-

---

[390] Esse o entendimento do Ministro Ilmar Galvão, no seu voto proferido no RE 159.413-6/SP, RTJ 153, p. 319. (STF, Pleno, Rel. Min. Moreira Alves, RTJ 153, p. 312 a 326).
[391] RE 193.456-5/RS, STF, 1ª T., Rel. p/ Acórdão, Min. Maurício Corrêa, DJ 07.11.97.
[392] RE 159.413-6/SP, STF, Pleno, Rel. Min. Moreira Alves, RTJ 153, p. 312 a 326.

O Direito Fundamental à Previdência Social

ciários de um regime substancialmente diverso, a sua renda mensal restou duplicada, o que na nossa visão foi extremamente relevante e justificado, embora paradoxal, porquanto a referida norma, alcunhada de "proibitiva", de acordo com o raciocínio empregado, ficou muito longe de tutelar uma posição jurídica já detida pelos segurados, além de provocar um substancial ônus financeiro mensal para o governo federal.

A inconsistência fica ainda mais exposta, ao relembramos os argumentos empregados no momento em que restou apreciada a redução etária para a aposentadoria por idade dos trabalhadores rurais, por força do inciso I do artigo 202. Nessa ocasião o Supremo Tribunal reconheceu, na esteira do voto vencedor do Ministro Moreira Alves, não ter havido mera redução etária no sistema anterior assistencial: "mas, sim, uma modificação de sistema com a inclusão dos trabalhadores rurais no sistema previdenciário geral.", implicando a necessidade de modificação das normas previdenciárias o que teria sido realizado pelas Leis n° 8.212 e 8.213, ambas de 1991.[393] Ora, se era necessária a modificação das normas previdenciárias ordinárias para adequar o sistema previdenciário às novas diretrizes constitucionais – apenas para se aplicar a redução etária da aposentadoria rural, não podendo o legislador ordinário dispor de maneira diferente – como foi possível duplicar o valor dos benefícios de um regime assistencial, bem como estender a ele o benefício do abono anual integral (que antes era calculado no equivalente a 1/12 dos valores recebidos durante o ano), antes da modificação desse quadro para os beneficiários de um regime assistencial?

Lamentavelmente, não obstante o fato de já existir uma estrutura adequada dotada de organização e capacidade técnica – no caso do RGPS essas tarefas são atribuídas ao INSS – bem como ser possível pela via interpretativa construir a norma de decisão em consonância com os objetivos fundamentais do Estado Social acolhido pela nossa Constituição, mesmo os direitos a prestações derivadas, em alguns casos, não têm sido assegurados da maneira que seria possível. Exemplificativamente, pode ser apontada a posição do STF sobre o inciso V do artigo 201, cujo preceito previu o direito do marido e do companheiro ao benefício de pensão por morte. O Tribunal Constitucional frustrou o atendimento dessa pretensão mediante decisões escudadas, basicamente, na não-auto-aplicabilidade do dispositivo,[394] desconsiderando que a distinção seria incompatível com o princípio da isonomia e que a pensão por morte não foi sequer um benefício criado pela Constituição Federal (preexistia para a generalidade dos trabalhadores urbanos desde a LOPS de 1960), tendo-se apenas corrigido uma distinção que, com o ingresso efetivo das mulheres no mercado de trabalho, tornou-se injustificável. Tais constatações evidenciam, a nosso ver, a necessidade de

---

[393] EDRE 163.332-2/RS, Pleno, Rel. Min. Moreira Alves, DJ 20.02.98.
[394] RE 211.319-1/RS, STF, 1ª T., Rel. Min. Moreira Alves, DJ 16.11.2001.

serem intensificadas as reflexões sobre as posições jurídico-fundamentais que podem resultar das normas que delineiam o direito fundamental à previdência social, em especial à luz do §1º do artigo 5º e dos princípios constitucionais específicos da previdência social.

4. Princípios constitucionais diretivos do Sistema Previdenciário brasileiro

No capítulo anterior, procuramos situar o direito à previdência social dentro da teoria dos direitos fundamentais. No presente, intentamos diagnosticar as principais artérias jurídicas pelas quais os valores mais relevantes de nossa sociedade oxigenam o sistema normativo da previdência social, moldando-o de forma a convertê-lo em um dos instrumentos mais efetivos de realização do bem-estar e da justiça social. Na concretização dos direitos fundamentais sociais, constantemente, os operadores do direito tomam decisões inspiradas também por princípios relevantes, tais como: dignidade da pessoa humana,[395] isonomia, proporcionalidade, entre outros, os quais apresentam inegável relevância na solução dos problemas jurídicos que envolvem a previdência social. Fiéis ao nosso objetivo inicial – e não olvidando que qualquer exegese comete, direta ou indiretamente, uma aplicação da integralidade do sistema jurídico[396] – examinaremos apenas os princípios constitucionais específicos que moldam o subsistema constitucional previdenciário pátrio.

A previdência social é uma instituição cuja estrutura técnico-solidária, como já referido alhures, colima prover as necessidades vitais de todos os que exercem atividade remunerada, formalmente, e de seus dependentes, nos eventos previsíveis de suas vidas por meio de um sistema de seguro obrigatório custeado por toda a sociedade direta e indiretamente.

Trata-se de um fenômeno complexo, demandando a realização de escolhas e renúncias por parte de uma comunidade, materializadas na legislação que consagra as políticas de previdência social que o Estado se propõe a implementar, pois, como vimos no capítulo anterior, se proteção social não pode ser total, deve ser orientada pela priorização do enfrentamento dos riscos sociais considerados mais relevantes. Essas opções devem estar em sintonia fina com o contexto específico de cada nação, pois, modelos

---

[395] Exemplificativamente, podemos apontar o papel de proteção desempenhado pelo princípio da dignidade da pessoa humana referentemente á limitação das restrições efetuadas no âmbito dos direitos fundamentais.Cf., por todos SARLET, Ingo Wolfgang. *Dignidade da Pessoa Humana e Direitos Fundamentais na Constituição de 1988*, p. 116 e ss.

[396] FREITAS, Juarez. *A interpretação sistemática do direito*, p. 53.

O Direito Fundamental à Previdência Social

que funcionam muito bem, em determinadas sociedades, podem não ser adequados para outras cujos perfis, nos aspectos culturais e econômicos, não sejam semelhantes. A abrangência da previdência social – no atinente: aos sujeitos protegidos, seu modo de financiamento, as espécies de prestações, as condições de elegibilidade para cada uma delas, o seu valor e a sua manutenção ao longo do tempo – dependerá de fatores culturais, demográficos, do nível de renda nacional e da estrutura econômica de cada Estado. A necessidade de aperfeiçoar o tratamento da matéria, e de propiciar uma resposta judicial mais célere e efetiva às demandas previdenciárias, vem determinando a especialização de Varas e Turmas dos Tribunais Regionais Federais.[397] Recentemente, a Lei 10.259, de 12 de julho de 2001, a qual institui os Juizados Especiais Federais, viabilizou a instalação, por decisão dos Tribunais Regionais Federais, de Juizados com competência exclusiva para o julgamento de ações previdenciárias.[398]

Os problemas jurídico-previdenciários emergentes da aplicação da caudalosa legislação previdenciária, em um contexto social dramático de escassez de recursos, tornam-se mais fáceis de serem equacionados, quando a questão é inserida na perspectiva dos princípios constitucionais diretivos do sistema previdenciário brasileiro. Tais princípios, em razão do seu conteúdo específico, contemplam no seu bojo uma concepção solidária de justiça distributiva (isto é, os deveres, sacrifícios, vantagens e proteção concedida pelo sistema à comunidade), traduzindo com a maior fidedignidade a *ratio,* o *telos* e as limitações que condicionam a efetividade da previdência social.

4.1. NOÇÕES PRELIMINARES

A definição de princípios jurídicos e sua distinção relativamente às regras, por se tratarem de categorias jurídicas lingüisticamente formuladas, depende do critério em função do qual a distinção é estabelecida.[399] Por conseguinte, torna-se necessário esclarecer o sentido em que o vocábulo *princípio* será aqui empregado. Com esse objetivo, apoiado substancialmente no magistério de Alexy, a expressão "norma" é concebida como

---

[397] LEIRIA, Maria Lúcia Luz. *Direito Previdenciário e Estado Democrático de Direito: uma (re) discussão à luz da hermenêutica*, p. 166 e 167.

[398] "Art. 19. No prazo de seis meses, a contar da publicação desta Lei, deverão ser instalados os Juizados Especiais nas capitais dos Estados e no Distrito Federal. Parágrafo único. Na capital dos Estados, no Distrito Federal e em outras cidades onde for necessário, neste último caso, por decisão do Tribunal Regional Federal, serão instalados Juizados com competência exclusiva para ações previdenciárias."

[399] AVILÁ, Humberto. *A distinção entre princípios e regras e a redefinição do dever de proporcionalidade*, p. 155.

aquilo que é expresso por um enunciado normativo, isto é, o gênero, englobando as regras e os princípios.[400]

O núcleo da distinção entre regras e princípios, segundo a teoria talhada por Alexy, seria o fato de os princípios serem concebidos como imposições de otimização. Nessa perspectiva, eles são normas que ordenam a realização de algo da melhor forma possível, mas não como imposições definitivas, devendo considerar as possibilidades fáticas e jurídicas. As possibilidades fáticas dependeriam do exame do caso concreto, ao passo que as jurídicas seriam determinadas pelos princípios e regras opostos. Em sentido diverso, as regras são imposições definitivas. Dessa distinção decorrem todas as demais, como por exemplo, a de que os princípios são realizados em graus diferentes, enquanto as regras, na qualidade de ordens definitivas, são realizadas ou não.[401]

Toda norma jurídico-positiva é uma espécie de instrumento forjado pelos homens com o desiderato de disciplinar determinado tipo de situação humana ou de conflito social, suscitada e condicionada em sua origem pelo contexto concreto que constitui a sua motivação.[402] Ao intérprete incumbe promover um diálogo com a vontade objetiva da lei, conferindo sistematicidade à norma e inserindo-a de forma harmônica no ordenamento jurídico.[403] Um direito fundamental não estará definitivamente assegurado com a edição de uma norma positiva, mas será a partir daí que será deflagrado um processo de interpretação e de aplicação a repercutir no próprio sentido e na função do direito consagrado. Mesmo que as formulações de direitos fundamentais possam ser idênticas, a substância desses direitos é afetada pelo quadro global da própria Constituição, principalmente sofrendo influência da organização do poder político, dos princípios constitucionais gerais e das posições relativas aos diversos direitos.[404]

Nos últimos anos, tem havido uma convergência dos doutrinadores no sentido de conferir especial atenção aos princípios, elevados à categoria de

---

[400] A diferenciação entre regras e princípios, segundo o prestigiado autor, é qualitativa. Essa distinção é um dos pilares sobre os quais é edificada a sua teoria dos direitos fundamentais, consistindo na base para a teoria dos limites dos direitos fundamentais, para a resolução dos conflitos de normas e do próprio papel dos direitos fundamentais no sistema jurídico. (ALEXY, Robert. Ob. cit, p. 81).

[401] Com base na Lei Fundamental de Bonn, ALEXY divide as normas de direitos fundamentais em dois grupos: as diretamente estatuídas pela Constituição e as obtidas por uma relação de precisão denominadas de "normas adscritas". No sistema alemão, as normas fundamentais adscritas representam uma possibilidade de expansão do texto constitucional, pela via da hermenêutica, extremamente relevante tanto pela falta de previsão de direitos sociais fundamentais como pela inexistência de uma cláusula de abertura, cujos limites são aferidos pela argumentação jurídica. Em face da abertura da amplitude do catálogo de direitos sociais de nossa Carta e do precitado § 2º do artigo 5º, parece não haver, no constitucionalismo brasileiro, interesse concreto em discutir, por exemplo, a possibilidade de normas adscritas conferirem direitos a prestações.

[402] SICHES, Luis Recaséns. *Introducción al Estudio del Derecho*, p. 121.

[403] FREITAS, Juarez. *A interpretação Sistemática do Direito*, p. 57.

[404] VIEIRA DE ANDRADE, José Carlos. *Os Direitos Fundamentais na Constituição Portuguesa de 1976*, p. 36.

O Direito Fundamental à Previdência Social

normas mais relevantes do ordenamento jurídico.[405] O Supremo Tribunal Federal também vem posicionando-se no sentido de vislumbrar a constituição como um sistema aberto construído à base de princípios e regras.[406] As abordagens mais aprofundadas realizadas no campo do Direito Previdenciário, pelo menos às que tivemos acesso até o presente momento, não consideravam os princípios como espécie de normas, mas como instrumentos auxiliares de integração e interpretação.[407]

Na preciosa lição de Guastini, a questão de qualificar uma norma como princípio não é uma questão de fato, mas de valoração (legislativa, doutrinária ou jurisprudencial), que como tal não é verdadeira e nem falsa. Pode acontecer, e freqüentemente ocorre, que a valoração seja compartilhada e por isso pareça óbvia: mas isso não lhe retira o caráter de valoração e nem a faz verdadeira.[408] Por isso, sentimos-nos estimulados a investigar a respeito da normatividade dos princípios constitucionais específicos do sistema previdenciário brasileiro, insculpidos nos enunciados normativos de nossa Lei Fundamental. No desenvolvimento desse capítulo, intentamos explicitá-los quanto à sua origem, ao conteúdo, bem como ao perfil que lhe vem sendo conferido pela aplicação jurisprudencial. Ainda que não se pretenda traçar um modelo definitivo e acabado, o arquétipo proposto será útil para aprofundar o estudo das relações entre o ordenamento jurídico previdenciário[409] e o ordenamento jurídico total.

Dentro do corte de cognição aqui realizado, passaremos agora ao estudo dos princípios constitucionais da previdência social, cuja carga valorativa aberta de que são portadores, em nossa opinião, revela-se capaz de

---

[405] Em sentido contrário, BARROSO defende que inexiste hierarquia normativa entre as duas categorias de normas (BARROSO, Luís Roberto. *Interpretação e aplicação da Constituição:* fundamentos de uma dogmática constitucional renovadora, p. 147).

[406] ADIn 1458-7/DF, Rel. Ministro Celso de Mello, DJ 20.09.96.

[407] Cite-se, a guisa de exemplo, a obra *Princípios previdenciários* de Wladimir Novaes Martinez, na qual, nas páginas 47 a 74, o autor realiza interessante acompanhamento sobre os poucos estudos que versam sobre princípios de Direito Previdenciário na doutrina nacional e estrangeira. (MARTINEZ, Wladimir Novaes. *Princípios previdenciários*, 3ª ed.). Também merece destaque o delineamento de Luiz Cláudio Flores da Cunha, intitulado *Princípios de Direito previdenciário na Constituição da República de 1988*, realizado na obra coletiva: *Direito Previdenciário, aspectos materiais processuais e penais.*

[408] GUASTINI, Ricardo. Distinguiendo: *Estudios de teoría y metateoría del Derecho*, p. 155.

[409] Uma divisão metodológica do ordenamento jurídico previdenciário – inspirada na lição de NEVES para a seguridade social (NEVES, Ilídio das. *Direito da Segurança Social: Princípios fundamentais numa análise prospectiva*, p. 80 e 81) – que pode ser interessante do ponto de vista didático é a seguinte: a) normas que tratam da estrutura da proteção social: abrange as medidas políticas de prevenção e de superação do estado de necessidade para a consecução dos fins assecuratórios da previdência social, a definição dos riscos a serem protegidos e os direitos prestacionais que serão alcançados, bem como os beneficiários protegidos; b) normas que tratam do sistema de custeio: contempla o regime de financiamento, a definição dos contribuintes e das contribuições, a metodologia para a definição dos níveis de contribuição e benefício, *etc.*; c) normas que tratam das entidades administradoras dos regimes de previdência: englobam os vínculos que envolvem os beneficiários e as entidades de previdência, os procedimentos de acesso às prestações previdenciárias e as relações que são desenvolvidas entre as diversas entidades de previdência.

propiciar concatenação e unidade a todo o Direito Previdenciário, uma vez que traduzem os seus elementos essenciais (sobretudo objeto, campo de aplicação, contingências cobertas, regime financeiro e valor das prestações). Nossa Lei Maior, no parágrafo único do artigo 194, elenca os objetivos orientadores do Poder Público na organização da seguridade social, os quais são considerados pela doutrina como princípios essenciais. Sendo a previdência uma das técnicas de proteção cujo conjunto compõe a seguridade, obviamente que serão encontrados princípios comuns, circunstância que, aliás, não é novidade no Direito em geral, no qual constantemente há princípios homônimos. Importa sinalar, porém, que o seu conteúdo irá adquirir tonalidades e contornos específicos, em cada seara, como ocorre com o princípio da universalidade, sobre o qual nos deteremos mais adiante.

4.2. PRINCÍPIOS CONSTITUCIONAIS DIRETIVOS DO SISTEMA PREVIDENCIÁRIO

Em síntese, o delineamento a ser efetuado pretenderá contribuir para a construção de um modelo dogmático destinado a subsidiar a concretização dos direitos previdenciários, possibilitando um equilíbrio entre as suas metas sociais relevantes com os imperativos macroeconômicos que têm condicionado os direitos sociais, de uma maneira geral, e as reformas que são e possam ser necessárias, tendo em vista que a realidade social e econômica do Brasil contemporâneo difere substancialmente daquela na qual a previdência nacional restou implantada nacionalmente na década de 1960.[410] Se o sistema é acometido pela impossibilidade de atender a todas as situações de necessidade social, situação comum na implementação de todos os direitos sociais,[411] o que deve ser buscada é uma otimização progressiva na qual sejam priorizadas as carências mais aflitivas, inclusive com a eliminação de distorções eventualmente existentes.

O princípio portador das diretrizes essenciais da seguridade e da previdência social, como, aliás, de todos os direitos sociais, é o da solidariedade, o qual se constitui no seu eixo axiológico, podendo ser nominado, utilizando a linguagem de Canotilho de princípio estruturante de nosso sistema previdenciário. Esse princípio revela-se apto a catalisar a articulação entre o Estado e a sociedade, operando como verdadeira bússola condutora da nau da previdência social no revoltoso mar da necessidade social. Na ordem constitucional brasileira, entendemos que o seu desenvolvimento, no

---

[410] Para se ter uma idéia, basta passar os olhos sobre os resultados do censo 2000, no qual se verifica que a população com idade superior a 60 anos passou para 8,6%, enquanto em 1960 esse contingente representava 4,7%. Para 2020, estima-se que a população com mais de 60 anos passe a representar 13% da população e, em 2050, chegue a 22%. (MPAS, Informe da Previdência n° 9, vol. 14, setembro de 2002).
[411] A respeito, vide item 3.5.1.

O Direito Fundamental à Previdência Social

campo da previdência social, é densificado, principalmente, pelos seguintes princípios: a) universalidade; b) proteção contra os riscos sociais; c) obrigatoriedade; d) equilíbrio financeiro e atuarial; e) irredutibilidade do valor real dos benefícios. Os princípios declinados podem ganhar concretizações através de outros princípios mais específicos ou regras. Cada princípio apresenta uma tessitura própria, o que não impede uma atuação conjunta e coordenada. Consoante preleciona Canaris, os princípios irradiam o seu conteúdo de sentido somente por meio de um processo dialógico de complementação e restrição recíprocas.[412]

Acreditamos que os princípios constitucionais da previdência social, aqui apontados, albergam na sua essência uma multiplicidade de potencialidades até agora pouco exploradas, permitindo ao intérprete encontrar soluções mais justas e coerentes dentro do próprio sistema, evitando-se decisões nas quais, embora conduzidos por relevantes razões morais, a fundamentação é construída de forma assaz deficiente. Nos casos difíceis, elas costumam oscilar entre uma análise jungida ao teor literal de regras do plano de benefícios, normalmente quando a pretensão é denegada, ou, na hipótese de a decisão ser concessiva, efetuam-se interpretações verdadeiramente afrontadoras do teor dos enunciados normativos, invocando-se o "caráter social" da norma, cujo exato conteúdo somente é conhecido pelo prolator da decisão, sem nenhuma preocupação com o ônus financeiro que deverá ser suportado pela sociedade como um todo e, menos ainda, com a sua adequada inserção no sistema de proteção demandado. Não é o escopo de nosso trabalho abordar, especificamente, a instigante questão dos objetivos, limites e processos afetos à interpretação constitucional. Reputamos importante, apenas, pôr em evidência, que o intérprete, no seu mister de conectar a realidade social pela via da interpretação, pode aperfeiçoar ou denegrir o trabalho do legislador. De efeito, em matéria de aplicação da legislação previdenciária, como adverte Balera, ao aplicar a norma ao caso, entendendo devida determinada prestação, o intérprete não se limita a solucionar um simples caso, mas está "abrindo caminho para que milhares de situações de necessidade recebam igual cobertura".[413]

Por conseguinte, o conhecimento e a compreensão dos matizes desses princípios permitem agregar determinabilidade e racionalidade na interpretação e aplicação da legislação densificadora do direito fundamental à previdência social, tornando o processo passível de ser adequadamente controlado e contestado.[414] A racionalidade do sistema jurídico-constitu-

---

[412] CANARIS, Claus-Wilhelm. *Pensamento Sistemático e Conceito de Sistema na Ciência do Direito*, p. 92 e 93.

[413] BALERA, Wagner. *A interpretação do Direito Previdenciário*, RPS nº 236, p. 682.

[414] Nessa linha, HESSE advoga que o objetivo da interpretação é o de encontrar o resultado constitucionalmente correto, através de um procedimento racional e controlável, mediante um procedimento igualmente racional e controlável, evitando-se o mero decisionismo. (HESSE, Konrad. *Escritos de Derecho Constitucional*, p. 37).

cional não decorre da aplicação de uma lógica formal estreita, pois sendo o Direito um sistema de normas e valores, sua adequação e coerência serão realizadas por via de critérios axiológicos e teleológicos.[415] Um breve panorama sobre o conteúdo e significado dos princípios específicos da previdência social será apresentado a seguir.

4.2.1. Solidariedade

4.2.1.1. Origem e significado

A solidariedade pode ser vislumbrada como uma virtude ético-religiosa ou como um valor superior. No primeiro caso, ela é considerada na perspectiva do indivíduo, sendo encontrada desde a cultura grega e que, colorida por diversas influências, v.g. o cristianismo, continua presente em nossos dias. Na segunda hipótese, ainda que apresente reflexos individuais, ela é delineada a partir de uma função inspiradora da organização social e cuja densificação é promovida por intermédio de outras normas jurídicas, porém aparece, significativamente, apenas em meados do século XIX. No seu conspícuo magistério, Peces-Barba divide essas duas concepções de solidariedade como solidariedade dos antigos e dos modernos, destacando, inexistir uma ruptura total, pois alguns elementos da concepção antiga teriam sido incorporados pela moderna.[416]

No mundo antigo, as caracterizações mais relevantes seriam as de Aristóteles, Cícero e Sêneca. O sábio de Estagira formula a idéia de solidariedade como "amizade cívica", enquanto os estóicos difundem idéias de amor e união entre os homens, ajuda mútua, companheirismo e irmandade,

---

[415] A respeito do caráter axiológico e teleológico da ordem jurídica, assevera CANARIS: "Na verdade, a Ciência do Direito, na medida em que aspire à cientificidade ou, pelo menos, a adequação racional dos seus argumentos, está evidentemente adstrita às leis da lógica; contudo essa ligação não é condição necessária nem suficiente para um pensamento jurídico correcto; mais ainda: os pensamentos jurídicos verdadeiramente decisivos ocorrem fora do âmbito da lógica formal. Assim sucede com o que é a essência do Direito, com o encontrar as decisões de valor, com o manuseamento esclarecido dos valores, pensando-os até ao fim e, a concluir, num último estádio, executando-os. Mas para estas tarefas, a lógica só assume o significado de um «quadro», enquanto o «entender» ou a «valoração» não se podem, no essencial, alcançar através dela,- tampouco como o «entender» um outro quadro significativo do espírito como, por exemplo, uma obra artística literária ou um texto teológico. A hermenêutica como doutrina do entendimento correcto e os critérios para a objectivação dos valores desempenham, aliás, em vez dele, o papel decisivo dentro do pensamento jurídico. "Tal resulta, sem exceção, de todas as formas de conclusão jurídica. Assim, na chamada subsunção, apenas a obtenção das premissas é decisiva: quando a «premissa maior» e a «premissa menor» sejam suficientemente concretizadas e ordenadas entre si – e para isso a lógica formal não é essencial – está concluída a tarefa própria dos juristas; a conclusão surge agora, por assim dizer, de modo automático, e até este último acto, a «subsunção» não é, de modo algum , apenas de tipo lógico-formal, antes surgindo, numa parte essencial, ainda que freqüentemente não explícita, numa ordenação valorativa." (CANARIS, Claus-Wilhelm. Op. cit., p. 31 a 34).

[416] PECES-BARBA MARTINEZ, Gregório. *Curso de Derechos Fundamentales: Teoria General*, p. 262.

O Direito Fundamental à Previdência Social

visão que será incorporada na trilogia da Revolução Francesa como fraternidade. Essa fraternidade contemplaria no seu núcleo: a) uma amizade que alcança a todo gênero humano; b) um objetivo de comunidade ou de unidade; c) o uso comum de bens; d) uma ajuda mútua, a qual decorre do fato de cada um dever tratar o outro como gostaria de ser tratado.[417] A solidariedade dos modernos emergiu como resposta à nova mentalidade econômica que negava espaço para a existência da solidariedade como virtude. Segundo a interpretação inaugurada com "A riqueza das Nações", as dimensões morais não afetariam a economia, guiada por suas próprias leis, pela mão invisível do mercado, pela divisão do trabalho e, somente dessa forma, seria obtida a riqueza das nações e o bem-estar dos indivíduos.[418] A cristalização definitiva da solidariedade dos modernos será realizada a partir do século XIX, favorecida pelo processo de generalização dos direitos humanos. Aqui ela será compreendida como um valor, cujo acervo moral já se encontrava na solidariedade dos antigos, o qual não só fundamenta a existência de direitos, como também influencia na organização jurídica da sociedade.

Justamente pelo fato de os homens identificarem-se com os seus semelhantes é que serão conduzidos a conviverem no mesmo espaço, a associarem-se, e a promoverem a construção de uma sociedade na qual possam desfrutar do maior nível de bem-estar coletivo. A solidariedade, portanto, está inserida nas relações dos indivíduos com a comunidade e com o Estado, refletindo-se na constatação de interdependência recíproca e no anelo de uma certa homogeneidade social, isto é, no compromisso coletivo de integrar a todos, na maior medida possível, nos benefícios da vida em sociedade.

Sem dúvida alguma, o estudo da solidariedade pertence prioritária, mas não de maneira excludente, ao domínio da sociologia, porquanto se trata de um fato social. Como a vida geral da sociedade não pode se expandir em uma determinada área sem que a vida jurídica também nela encontre expansão, Durkhein, na sua obra que examina a divisão do trabalho social – e na qual sustenta que a divisão do trabalho está ligada a toda nossa vida moral – procedeu um estudo das diferentes espécies de direitos, colimando descobrir as diferentes espécies de solidariedade social.[419] Nesse estudo,

---

[417] PECES-BARBA MARTINEZ, Gregório. Op. cit., p. 263 e 264.

[418] Idem, ibidem, p. 269.

[419] O ponto de partida do estudo é a sanção. Para ele, haveria dois tipos de sanções: as repressivas, que teriam por objeto privar o agente de algo de que desfruta; e as reparatórias, cujo objeto seria o restabelecimento das relações perturbadas. Conforme as diferentes sanções ligadas às regras jurídicas seriam extraídos tipos distintos de solidariedade social. Existiria um tipo de solidariedade proveniente de um certo número de estados de consciência comuns, a qual é revelada pelo Direito Penal. Uma vez que as condutas consideradas antagônicas aos interesses gerais da sociedade são tipificadas como crimes, pois as ações violadoras dessas regras abalam a coesão social e comprometem a sociedade, tais condutas são punidas com uma sanção penal, sendo esta solidariedade definida como mecânica ou por similitude. Há relações que não interessam à sociedade como um todo, razão pela qual não seriam tratadas pelo direito repressivo, mas não seriam alheias ao interesse da sociedade. Essas relações poderiam adquirir duas formas: negativas ou positivas. As negativas diriam respeito às relações entre

constatou haver duas espécies de solidariedade positiva: uma que deriva das similitudes, isto é, da consciência coletiva do grupo do qual os indivíduos fazem parte (denominada mecânica) e outra, da divisão do trabalho (denominada orgânica), as quais, ligando-se à vida moral dos indivíduos, se distinguiriam pelas seguintes características: 1) por força da primeira, o indivíduo está ligado diretamente à sociedade, sem nenhum intermediário; na segunda, ele depende da sociedade, porque depende das partes que a compõem; 2) na mecânica, a sociedade é concebida como um conjunto de crenças e sentimentos comuns, ao passo que na orgânica é vislumbrada como um sistema de funções diferentes e inter-relacionadas; 3) a mecânica se fortalece quando a personalidade individual é absorvida no coletivo; ao contrário, a segunda só é possível se cada um tiver uma esfera de ação própria.[420] Essas espécies de solidariedade, conquanto esbocem certo antagonismo, conduzem a mesma finalidade por caminhos opostos, ambas demonstrando o estado de dependência do indivíduo para com a sociedade, não sendo necessário escolher entre uma ou outra, mas o que é relevante é dar a cada uma a importância pertinente, em cada momento histórico.[421] A solidariedade humana, como assevera Comparato, pode manifestar-se em três dimensões: dentro de cada grupo social; no relacionamento externo entre grupos, povos e nações; entre as sucessivas gerações na história.[422] As medidas protetoras adotadas para o enfrentamento das necessidades sociais, consoante pudemos constatar no Capítulo Primeiro, são manifestações tanto da solidariedade orgânica quanto da mecânica e podem ser concretizadas em qualquer dessas dimensões.

As medidas de proteção social coletivas germinaram espontaneamente da solidariedade orgânica, pois, na fase embrionária da previdência social, a mutualista, ela surgiu historicamente com o desiderato de tutelar, reciprocamente, os grupos que, exercendo uma mesma atividade, apresentavam entre si uma estreita identificação e, muito provavelmente, um destino comum. Contudo, com o advento da Revolução Industrial que propulsionou o aumento da produtividade e da mais-valia, tornando as sociedades cada vez mais complexas, os trabalhadores passaram a ser considerados como

---

as pessoas e as coisas, expressas pelos direitos reais e as ocasionadas pelo seu exercício. Contudo, como é apenas por intermédio de pessoas que as coisas podem ser integradas à sociedade, a solidariedade resultante seria negativa. Por isso, ela não contribuiria para a unidade do corpo social. Na verdade, essa solidariedade negativa seria uma emanação de outra positiva. Já a divisão do trabalho, quando espontânea, levaria a cooperação que corresponderia a uma solidariedade positiva ou orgânica, pois, quanto mais especializados forem os indivíduos, mais estreita seria a sua dependência da sociedade. Nas palavras do sociólogo: "não é apenas porque faz de cada indivíduo um trocador, como dizem os economistas; é porque ela cria entre os homens todo um sistema de direitos e deveres que os ligam uns aos outros de maneira duradoura." (DURKHEIN, ÉMILE. *Da divisão do Trabalho Social*, p. 429).

[420] Idem, p. 106 a 109.

[421] Idem, p. 419.

[422] COMPARATO, Fábio Konder. *A Afirmação Histórica dos Direitos Humanos*, p. 32.

meros objetos do mercado de trabalho, quebrando-se os vínculos de solidariedade orgânica das corporações de ofício e, inclusive, criminalizando a associação dos trabalhadores. A lógica do Estado Liberal propugnava que a sociedade deveria encarregar-se da solução das crises decorrentes do sistema capitalista, deixando que cada indivíduo construísse o seu próprio destino, pois a intervenção estatal atingiria a autonomia da sociedade civil. Em decorrência, caberia ao Estado apenas apoiar, pela edição de leis, a tomada dessas decisões pela sociedade.

No fim do século XIX, o equacionamento da questão da responsabilidade civil, nos casos de acidente do trabalho, operada pela consolidação jurisprudencial e legislativa da teoria do risco profissional, evidenciará a decadência das concepções do individualismo para a regulação dos dilemas sociais.[423] Os graves problemas de exclusão social foram equacionados, no século XIX, na Europa Continental, por um sistema engenhoso de solidariedade – no qual os riscos decorrentes dos acidentes do trabalho serão integrados – cujas principais diferenças são a perda do caráter espontâneo, a adoção de bases científicas[424] e a ampliação gradativa de sua atuação. Na Alemanha, ele foi implementado concomitantemente com o processo de construção do Estado nacional, mantendo, porém, internalizados os riscos da vida em sociedade.

Como observa Flickinger, o sistema de solidariedade forçada de Bismarck fez surgir uma mentalidade de pertença social, pois os riscos individuais são assumidos pelos demais membros pela via dos aportes, além de o Estado continuar desvinculado das responsabilidades sociais.[425] Porém, com o surgimento de novas crises oriundas da herança da Primeira Guerra Mundial, em especial a miséria generalizada, a sociedade passou a reivindicar do Estado uma política capaz de amenizar as dificuldades, mediante uma intervenção cada vez mais efetiva. A nova gestão do seguro social, cuja evolução resultou na seguridade social, já dentro dos contornos do Estado Social de Direito, revela uma preponderância da solidariedade mecânica, pois o móvel da seguridade social é a tutela da dignidade econômica da pessoa humana, cuja violação, independentemente do grupo social a qual os cidadãos estão vinculados causa um sentimento de mal-estar em todas as consciências individuais.

---

[423] FARIAS, José Fernando de Castro Farias. *A Origem do Direito de Solidariedade*, p. 134 e 135.

[424] Consoante a lição do saudoso Armando de Assis, foi a descoberta da "Lei dos grandes números", atribuída ao matemático Jacques Bernculli, que permitiu conhecer o índice de freqüência de qualquer fenômeno causal. Essa possibilidade de avaliação prévia das necessidades globais permitiu a superação do ponto fraco do "método de economia coletiva", consistente na incerteza quanto ao valor arbitrado como cotização financeira individual dos interessados. (ASSIS, Armando de Oliveira. *Compêndio de Seguro Social*, p. 15 a 16).

[425] FLICKINGER, Hans-Georg. *A trajetória das políticas sociais na Alemanha*. In: FLICKINGER, Hans-Georg (Org.). *Entre Caridade, Solidariedade e Cidadania: história comparativa do serviço social Brasil / Alemanha*, p. 51-52.

Como visto, a cooperação em sociedade muitas vezes é voluntária, outras vezes necessita ser imposta pelo Direito. A solidariedade aqui tratada se refere aos desdobramentos de um princípio jurídico, com toda a normatividade que lhe é inerente, o qual detém importância nuclear em nosso Direito e está umbilicalmente associado aos fundamentos do Estado Social. Como vislumbrou com lucidez Russomano, as novas realidades sociais e econômicas engendradas pelo ser humano "deixaram claro que não seria suficiente dar a cada um o que é seu para que existisse equilíbrio e felicidade. Ao contrário, muitas vezes, se tornou preciso dar a cada um o que não é seu, mas que na verdade lhe é devido, pela sua simples condição de homem".[426] Na perspectiva em que vislumbramos a sociedade, os indivíduos não são ilhas isoladas e, sem olvidar de suas diferenças e de seus anseios específicos, é necessário compatibilizar adequadamente os interesses individuais e coletivos, em uma estrutura jurídica, econômica e social apta a acomodar as tensões existentes, buscando a integração de todos os cidadãos no maior grau de bem-estar coletivo possível. Essa estrutura social poderá e deverá ser constantemente revista, consoante seja exigido pela dinâmica social.

A solidariedade diferencia-se dos demais valores por fundamentar indiretamente os direitos, isto é, assegurá-los à medida que os deveres são respeitados.[427] A solidariedade constitucional, na lição de Perlingieri, atua limitando e funcionalizando os interesses protegidos pelo ordenamento jurídico, de forma a harmonizá-los com o interesse social.[428] Nossa Constituição preocupou-se em proteger os interesses individuais por intermédio de um extenso elenco de direitos fundamentais nos quais os direitos à vida, à liberdade, à propriedade e à cidadania são tutelados de forma pormenorizada. Porém não se deve olvidar que os direitos individuais não podem ser vislumbrados apenas como poderes contra o Estado. A inviolabilidade dos direitos assegurados – com exceção daqueles que, por sua natureza, foram concebidos para serem tutelados exclusivamente pelos órgãos do Estado, como as garantias políticas e os direitos sociais prestacionais – implica deveres de respeito não apenas ao poder público, mas também aos particulares,[429] pois quando não há o sentimento espontâneo de zelo pelo respeito

---

[426] RUSSOMANO, Mozart Victor. *Comentários à Lei Orgânica da Previdência Social*, 1ª v. p. 28 a 29.

[427] PECES-BARBA MARTINEZ, Gregório. *Curso de Derechos Fundamentales: Teoria General*, p. 280.

[428] PERLINGIERI, Pietro. *Perfis do Direito Civil:introdução ao Direito Civil Constitucional*, p. 121 a 122.

[429] Embora nosso constituinte não tenha previsto, expressamente, uma vinculação das entidades privadas aos direitos fundamentais, não resta dúvida de que, no Estado Social, a liberdade requer proteção não apenas contra o poder público, mas também contra os grupos poderosos da sociedade. Por isso, partindo da dimensão objetiva dos direitos fundamentais a doutrina sustenta, sobretudo com base no princípio da unidade do ordenamento jurídico, que as relações privadas deverão respeitar o conteúdo dos direitos fundamentais. (Sobre o tema, vide SARLET, Ingo Wolfgang. *A Eficácia dos Direitos Fundamentais*, p. 333 a 339).

da esfera jurídica alheia na sociedade civil, a falta de coesão será um grande obstáculo para um desenvolvimento homogêneo e para a estabilidade das relações sociais.[430]

No Estado Social de Direito, as Constituições comprometem-se, explicitamente, a transferir parte essencial das tarefas sociais da sociedade civil para o Estado, entretanto, como adverte Rosanvallon, é necessário que o Estado não seja o único agente da solidariedade social, sendo necessário pensar-se em um novo contrato social, adaptado ao espaço pós-social-democrata.[431] O pacto social realizado no momento da promulgação de uma constituição não é imutável. Constantemente é necessário rever suas bases para que a legitimidade seja mantida, agora inspirado pelo novo paradigma do Democrático de Direito, bem assim possa o Estado adequar-se aos desafios que constantemente se descortinam no horizonte social. Finalmente, registre-se que, independentemente do modelo de financiamento adotado por um regime de previdência – repartição, capitalização, capitalização escritural, ou sistema multipilar – a carga real da responsabilidade recai a todo momento sobre a população ativa, razão pela qual será sempre uma solidariedade intergeracional.[432]

4.2.1.2. Base constitucional

Podemos constatar a materialização de um princípio de solidariedade no título primeiro de nossa Lei Fundamental, intitulado de maneira inovadora pelo Constituinte de 1988 como "Princípios Fundamentais", situação reveladora da intenção de consagrá-los como normas embasadoras e informativas de toda a ordem constitucional, inclusive dos direitos fundamentais.[433] Dentro de um Estado que pretende ser democrático e de direito, o qual consagra como fundamentos a cidadania, a dignidade da pessoa humana e os valores sociais do trabalho, o compromisso com a solidariedade é uma decorrência natural. Afinado com essa tendência, o inciso I do artigo 3º da Constituição, detalhando os objetivos fundamentais da República Federativa do Brasil, prescreve: "construir uma sociedade livre, justa e solidária", além de dispor no inciso III do mesmo dispositivo "erradicar a

---

[430] Como observou ROSANVALLON, à proporção que o sistema de relações sociais ficou estagnado, na espera de que apenas o Estado fosse o único agente da solidariedade social, isto gerou uma sobrecarga de atribuições, e conseqüentemente financeira ao Estado. Com o advento de uma nova realidade econômica desfavorável, tornou-se necessário promover modificações no sistema de relações sociais, o que não tem sido fácil pela corporativização da sociedade, reivindicações de grupos e dos indivíduos distanciam-se de um sentido social, e pelo radicalismo ideológico dos setores progressistas e conservadores da sociedade que obstaculizam a concretização de um novo pacto social. (ROSANVALLON, Pierre. *La crisis Del Estado Providencia, Editorial Civitas*, 1995).

[431] ROSANVALLON, Pierre. Op. Cit., p. 127 a 134.

[432] THOMPSON, Lawrence. *Mais velha e mais sábia: a economia dos sistemas previdenciários*, p. 73.

[433] SARLET, Ingo. *A Eficácia dos Direitos Fundamentais*, p. 99.

pobreza e a marginalização e reduzir as desigualdades sociais e regionais;".

Trata-se do princípio de maior relevância e que, ostentando a maior abertura vertical, conferirá uma margem mais ampla para a atuação dos órgãos concretizadores.[434]

Como vimos, a solidariedade previdenciária legitima-se na idéia de que, além de direitos e liberdades, os indivíduos também têm deveres para com a comunidade na qual estão inseridos. No elenco desses deveres, um dos mais relevantes é o de pagar os tributos devidos, a fim de que o Estado possa ter condições de implementar as políticas sociais necessárias à concretização efetiva do bem comum.[435] Dentro da ideologia liberal, a qual reivindica um Estado mínimo, parte-se das premissas de que cada um, comportando-se de maneira egoísta e buscando apenas o próprio bem-estar, acaba promovendo da melhor forma o interesse da sociedade e de que os pobres e menos favorecidos estão nessa situação exclusivamente por sua própria culpa. Por isso, sentir-se-ão muito à vontade em rechaçar as ações positivas do Estado, proclamando que o Estado não deve fazer nada, ou o mínimo possível para atender as demandas dos menos favorecidos.

Considerando que, segundo a concepção contratualista, a sociedade resulta e se mantém, graças a um pacto entre os indivíduos – no qual são estipuladas as bases que deveriam ser observadas, principalmente, mediante uma divisão dos poderes, o estabelecimento de direitos individuais mínimos, bem como com a determinação de interesses e rumos comuns essenciais à vida social – não surpreende, ter sido a segurança um dos interesses mais relevantes a serem positivados. Inicialmente, ela abrangia a proteção contra as forças da natureza (animais ferozes, chuva, frio, fome) e contra outros grupos rivais. Mais adiante, esse anelo por segurança abarcaria, além dos fatores já referidos, a preocupação com temas sociais, tais como a violência urbana, a poluição, o desemprego involuntário, as doenças profissionais, etc. Essa evolução do anseio de segurança, moldado em conformidade com os problemas da sociedade contemporânea, somente tornou-se possível graças ao fortalecimento do princípio da solidariedade na consciência social.

Quando se fala em solidariedade, a primeira imagem que nos vem à mente é a de uma pessoa em uma situação difícil recebendo o apoio de outras que podem ser os familiares ou amigos. Aqui, porém, não estamos

---

434 "A abertura de uma norma constitucional significa, sob o ponto de vista metódico, que ela comporta uma delegação relativa nos órgãos concretizadores ; a densidade, por sua vez, aponta para a maior proximidade da norma constitucional relativamente aos efeitos e condições de aplicação." (CANOTILHO, .J.J. Gomes, *Direito Constitucional e Teoria da Constituição*, p. 1055).

435 Sobre o bem comum, em geral entendido como o bem de todos e de cada um, VIDAL NETO assevera: "Finalidade da sociedade política, o bem comum é um meio para que os indivíduos realizem seus próprios fins, constituindo-se, portanto, no conjunto de condições morais e materiais capazes de permitir o integral desenvolvimento daqueles." (VIDAL NETO, Pedro. *Estado de Direito: direitos individuais e direitos sociais*, p. 71).

cogitando ainda de fraternidade ou altruísmo, mas de uma necessidade fundamental para viabilizar o convívio em sociedade, ou seja, a prevenção e a reparação, na medida do possível, de riscos sociais. Naturalmente, quanto maior for o grupo social, maior é a tendência de serem desconsiderados os problemas dos outros que não nos afetem diretamente de forma visível, avultando a tarefa do Estado de proteger, de maneira efetiva e consistente, os seus integrantes em face dos danosos efeitos dos riscos sociais. Inegavelmente, em uma sociedade liberal, a competição do mercado impulsionada pelos egoísmos individuais tende a excluir os cidadãos menos capacitados. Se não fossem os mecanismos de intervenção estatal, inspirados pela solidariedade, a lei do mais forte nas relações comerciais e industriais condenaria esses cidadãos ao mais completo abandono.

No artigo 195 da Carta Republicana, o qual traça as linhas gerais do financiamento da seguridade social, exsurge uma concretização, extremamente relevante, resultante da distribuição do ônus financeiro necessário para que o Estado possa viabilizar as políticas de seguridade social. Considerando que as empresas conseguem desenvolvimento graças a sua inserção em determinada comunidade, nada mais adequado que contribuam de forma significativa para a consolidação da paz social, para a qual a previdência social tem um papel fulcral.

Infelizmente, visceja uma vasta cultura sonegatória em nosso país, terrivelmente prejudicial para a economia nacional que afeta diretamente a solidariedade previdenciária e cujas causas refogem à análise do presente estudo. Contudo acreditar que é apenas o elevado custo tributário que conduz a sonegação fiscal é um equívoco corriqueiro e representa subestimar o problema, pois, nos países nórdicos, por exemplo, a carga fiscal é bem superior e socialmente aceita. Além disso, argumentar-se-á ser freqüente a malversação dos recursos arrecadados pela tributação. Nessa perspectiva, se o Estado não deveria interferir na dinâmica social e se a sua intervenção muitas vezes não cumpre as finalidades estabelecidas, ficará justificada, na moral burguesa, a própria sonegação fiscal que tantas mazelas vem causando ao nosso País e à previdência social.

A questão está enraizada mais profundamente na moral e na tradição do povo brasileiro que se acostumou, desde os tempos em que o País era uma colônia, a ver um Estado omisso e clientelista que cobrava tributos sem propiciar nenhuma contraprestação ao povo.[436]

---

[436] Discorrendo sobre as características da relação povo-poder no Brasil, nos séculos XVI, anota Maria Gonh: "O povo tinha de construir suas próprias condições de sobrevivência no meio urbano (abrir ruas, conservá-las, construir muros, valas, pontos sobre córregos etc) e pagar altos impostos ao fisco. Não havia nenhuma contrapartida. O resultado disto foi a aprendizagem da necessidade de resistir, não pagando taxas, burlando a lei, quando não se entrava em conflito direto. Não havia direitos ou Poder da Justiça para socorrer. Daí a desconfiança e a busca de estratégias de "dar-se um jeito".(GONH, Maria da Glória. *História dos movimentos e lutas sociais: a construção da cidadania dos brasileiros.*) As relações entre a sociedade e o Estado têm sido aprimoradas desde então: tanto a sociedade passou a

O princípio da solidariedade também significa uma participação engajada e co-responsável de toda sociedade, traduzida pela vontade geral que se materializa na lei – e, por isso, torna-se obrigatória e não apenas ética – com o objetivo de auferir recursos, em um montante significativo, que permita a esta sociedade destinar importâncias em dinheiro necessárias para a sobrevivência em padrões mínimos de dignidade, daqueles que não estão trabalhando por terem sido atingidos por um evento indesejado, ou quando a realização de trabalho não for socialmente recomendável (ex.: a mãe logo após o parto, ou a aposentadoria depois de certa idade).

O instrumento básico da solidariedade social é o seguro social estruturado na Constituição Federal, em nossa opinião, principalmente, pelos princípios da universalidade, da proteção, da obrigatoriedade, do equilíbrio financeiro e atuarial e da manutenção do valor real dos benefícios. Nos países em geral, existe pelo menos um sistema de previdência social estatal obrigatório, o qual garante um nível mínimo de proteção, mediante uma pequena contribuição dos segurados, podendo aumentar para aqueles que detêm uma maior capacidade contributiva, e ainda de outras fontes de custeio, em conformidade com o regime de financiamento adotado.[437]

O princípio da solidariedade também já foi reconhecido por nossa Corte Constitucional como viga mestra da previdência social, tanto do regime geral como dos regimes próprios. Isso ocorreu no julgamento da Ação Direta de Inconstitucionalidade nº 240-6/RJ – na qual foi declarada a inconstitucionalidade, por aspectos formais e materiais, do artigo 283 da Constituição fluminense, o qual facultava para o servidor a designação da pensão por morte para pessoa de sua escolha, desde que não tivesse cônjuge, companheiro ou dependente. Apreciando essa ampla possibilidade de designação de qualquer pessoa como legatário da pensão por morte, circuns-

---

cobrar e a fiscalizar melhor a atuação governamental como esse passou a ser mais transparente e sua atuação tem orientado-se, paulatinamente, por critérios menos casuístas – é obvio que muitos recursos públicos continuam sendo administrados de maneira irresponsável e criminosa – porém, a mentalidade de que a sonegação fiscal não é socialmente reprovável, apesar da tipificação penal, ainda é amplamente difundida.

[437] Além da contribuição dos segurados, as empresas vertem contribuições nas quais a alíquota oscila de acordo com a natureza da atividade. As empresas que não exercem atividade agropecuária são compelidas a recolher 20% sobre o total das remunerações pagas aos seus empregados ou trabalhadores avulsos que lhe prestarem serviços mais um adicional de 1%, 2% ou 3%, conforme a sua atividade preponderante seja considerada, respectivamente, de risco leve, médio ou grave (destinado ao financiamento da aposentadoria especial e dos benefícios concedidos em razão do grau de incidência de incapacidade laborativa decorrente de riscos ambientais do trabalho). Se a atividade desenvolvida pelo segurado permitir a concessão de aposentadoria especial, essas alíquotas serão acrescidas, ainda, de 6%, 9% ou 12%. Havendo contratação de contribuintes individuais, as empresas deverão recolher uma contribuição patronal de 20% sobre o total das remunerações pagas no decorrer do mês, e, de 15% sobre o valor bruto da nota fiscal ou da fatura de prestação de serviços, relativa aos serviços prestados por intermédio de cooperativas de trabalho. Por seu turno, as empresas do setor agropecuário necessitam recolher o equivalente a 2,6% sobre o total da receita bruta proveniente da comercialização da produção rural. (MPAS, *Previdência e Estabilidade Social: Curso Formadores em Previdência Social*, p. 42, Coleção Previdência social, volume 7).

O Direito Fundamental à Previdência Social

tância que ultrapassava a ordem dos beneficiários tradicionais, consagrados no inciso V do artigo 201, ficou assentado nas palavras do relator, Ministro Octávio Gallotti: "estaria a divorciar-se do princípio da solidariedade que é inerente ao sistema previdenciário, devendo para ele confluir, tanto o regime próprio dos servidores públicos como o destinado aos trabalhadores em geral".[438]

O artigo 40 da Constituição Federal, o qual desde o advento da EC n° 20/98 estabelece detalhadamente as linhas mestras a serem observadas pelos regimes próprios, com o advento da EC n° 41/03, passou, no seu *caput*, expressamente a referir "um caráter contributivo e solidário", buscando legitimar perante a sociedade a instituição da nefasta contribuição dos servidores inativos e pensionistas. A questão da impropriedade da instituição da contribuição dos inativos é examinada nos itens 4.2.5 e 5.7

Uma regra previdenciária profundamente inspirada pelo princípio da solidariedade é o § 3° do artigo 11 da Lei 8.213/91,[439] a qual determina que o segurado já aposentado continue obrigado a contribuir, embora as prestações a que faz jus sejam bastante limitadas, nos termos do § 2° do artigo 18 do mesmo diploma legal.[440] Ao contrário do seguro privado em que há comutatividade, obrigatoriamente se paga pelo seguro, no seguro social as relações de custeio e de benefício são independentes no seu funcionamento, mas profundamente relacionadas na sua finalidade protetiva. Por isso, justifica-se o fato de serem amparadas pessoas que contribuíram muito pouco, ou mesmo, após a filiação, não tiveram a oportunidade de verter contribuições, enquanto outras deverão contribuir sem ter direito a novos benefícios como a hipótese do aposentado que retorna ao exercício de atividade vinculada ao regime geral.

4.2.2. Universalidade

4.2.2.1. Origem e significado

Preliminarmente, consignamos que, em nossa ótica, o campo de aplicação desse princípio é exclusivamente subjetivo abarcando apenas a clien-

---

[438] Ação Direta de Inconstitucionalidade n° 240-6/RJ, Pleno, Rel. Ministro Octávio Gallotti, DJ de 13.10.2002.

[439] "3° O aposentado pelo Regime Geral de Previdência Social – RGPS que estiver exercendo ou que voltar a exercer atividade abrangida por este Regime é segurado obrigatório em relação a essa atividade, ficando sujeito às contribuições de que trata a Lei n° 8.212, de 24 de julho de 1991, para fins de custeio da Seguridade Social."

[440] "§ 2° O aposentado pelo Regime Geral de Previdência Social – RGPS que permanecer em atividade sujeita a este Regime, ou a ele retornar, não fará jus a prestação alguma da Previdência Social em decorrência do exercício dessa atividade, exceto ao salário-família e à reabilitação profissional, quando empregado."

tela protegida. Trata-se de um princípio movido pela idéia de inclusão, tendo por desiderato tornar acessível a previdência a todos os exercentes de atividade remunerada – e também para aqueles que, mesmo não o fazendo, recolherem contribuições na forma da lei – inclusive estrangeiros, e seus dependentes, estendendo-a para todos os recantos de nosso território. As situações de necessidade social contempladas pela previdência social, por sua vez, serão abarcadas pelo princípio da proteção contra os riscos sociais, o qual será tratado no item 4.2.3 do presente livro. No mesmo sentido, Venturi, embora analisando a seguridade social, já concebia o princípio em comento apenas no aspecto subjetivo, enquanto os casos de desequilíbrio econômico estariam abrangidos pelo princípio da compreensibilidade ("comprensività", traduzida para o espanhol por *globalidade*), o qual tenderia a uma amplitude cada vez maior de contingências previstas.[441] Pastor, por sua vez, define a universidade subjetiva como extensível obrigatoriamente a toda a população; enquanto a generalidade objetiva tenderia a reparar todas as conseqüências que produzam necessidades sociais, ainda que não previstas, abrangendo ainda necessidades morais e espirituais[442] Etala segue a mesma linha, todavia, denomina o segundo princípio de integralidade.[443]

Em sentido diverso, autores como Ruprecht[444] e Cardone,[445] tratando da seguridade social, enxergam uma dimensão subjetiva e outra objetiva no princípio em destaque. Sob o aspecto subjetivo (ou universalidade de cobertura) são considerados todos aqueles que forem atingidos por uma contingência social que lhes retira a capacidade de trabalhar ou acarreta um aumento de despesas, a qual se revela apta a desencadear um desequilíbrio no orçamento familiar. No atinente ao aspecto objetivo (ou universalidade de atendimento), estariam contidas as contingências a serem atendidas pelo sistema. Balera, partindo da premissa de que a universalidade é a base estrutural da seguridade social, e que a universalização da seguridade social deveria igualar todas as pessoas que residam no território nacional, também compreende as duas dimensões ao princípio em estudo.[446]

A universalidade do seguro social, em nosso sentir, não é mais do que uma universalidade mitigada. Considerando que a técnica de proteção social em tela imprescinde da participação econômica do segurado, sem a qual

---

[441] "Assim como o princípio da compreensibilidade lhe atribui a amplitude no objeto, através da integração dos riscos, o princípio da universalidade lhe atribui a amplitude no campo de aplicação que, abandonado qualquer critério limitativo, compreende a todo ser humano." (VENTURI, Augusto. *Los Fundamentos Científicos de la Seguridad Social*, p. 338, em tradução livre).

[442] PASTOR, José Manoel Almansa. *Derecho de la Seguridad Social*, p. 105.

[443] ETALA, Carlos. *Derecho de La seguridad social*, p. 53.

[444] RUPRECHT, Alfredo J. *Direito da Seguridade Social*, p. 76 a 80.

[445] CARDONE, Marly A . *Previdência, assistência, saúde: O não trabalho na Constituição de 1988*, p. 28.

[446] BALERA, Wagner. *Sistema de Seguridade Social*, p. 19.

O Direito Fundamental à Previdência Social

o sistema não seria viável, ainda que possa ser efetivada de maneira indireta – como é o caso do segurado especial, por expressa autorização do § 8º do artigo 195 da Lei Maior[447] – promovendo a exclusão de todos os despojados de capacidade contributiva, bem como dos exercentes de atividade econômica de maneira informal. De fato, a universalidade do atendimento da população economicamente ativa está muito longe de ocorrer, o que pode ser comprovado pelos alarmantes dados coletados pela previdência social, nos quais se constata que 40,2 milhões de brasileiros, número correspondente a 56,1% da população ocupada, não contribuem para a previdência social e, em decorrência, não estarão por ela amparados nos momentos de necessidade social.[448]

Reconhecendo a necessidade premente de editar medidas de inclusão social, a nova redação do § 12 do artigo 201, ditada pela Emenda Constitucional nº 41/03, inscreveu um preceito inspirado pelo cânone da universalidade, mas que, por sua natureza assistencial, ficaria melhor no artigo 203 de nossa Carta.[449] Em verdade, a própria assistência social não é totalmente universal, porquanto o seu atendimento é orientado pela diretriz da seletividade, como ficou claramente consignado no inciso V do artigo 203 da Lei Maior, instituidor do benefício assistencial de prestação continuada, regulamentado pela Lei 8.742/93 (Lei Orgânica da Assistência Social).

A existência de regimes previdenciários distintos constantemente é invocada como circunstância que conflita com o princípio da universalidade. As distinções existentes, em alguns casos, são mais e, em outros, menos justificáveis (v.g., considerem-se as pensões eternas concedidas para as filhas de militares que nunca contraem matrimônio de maneira oficial). Não se pode olvidar, todavia, que a própria Constituição, pelo teor do enunciado normativo do artigo 40, § 12, admitia a existência de diferenças na amplitude de proteção dos regimes. Aliás, nos diversos países do mundo, a multiplicidade de regimes tem sido a regra, e a unicidade, a exceção, razão pela qual, nesse aspecto, a previdência brasileira está em consonância com tradição mundial. A diversidade de regimes pode ser explicada por fatores tais como as vicissitudes históricas, as assimetrias econômico-sociais, a preponderância de certos valores ideológicos, a diversidade de incidência dos

---

[447] "§ 8º O produtor, o parceiro, o meeiro e o arrendatário rurais e o pescador artesanal, bem como os respectivos cônjuges, que exerçam suas atividades em regime de economia familiar, sem empregados permanentes, contribuirão para a seguridade social mediante a aplicação de uma alíquota sobre o resultado da comercialização da produção e farão jus aos benefícios nos termos da lei."

[448] PINHEIRO, Vinícius Carvalho e CAETANO, Marcelo Abi-ramia. *Projeções atuariais para o RGPS, previdência dos servidores públicos federais, militares e assistência social.* Informe da Previdência Social, n.5, Vol. 13, p. 2.

[449] "§ 12. Lei disporá sobre sistema especial de inclusão previdenciária para trabalhadores de baixa renda, garantindo-lhes acesso a benefícios de valor igual a um salário-mínimo, exceto aposentadoria por tempo de contribuição."

riscos sociais, os constrangimentos financeiros e a capacidade reinvindicativa de certos grupos profissionais.[450]

A Emenda Constitucional nº 41, de 19 de dezembro de 2003, emplacando o objetivo que já tinha sido manifestado por ocasião da tramitação da EC nº 20/98, veio a permitir a unificação dos regimes públicos de previdência, em especial pelo estipulado nos §§ 3º, 15, 17 e 20 do artigo 40 da CF/88. Conquanto a adequação da medida já tenha sido avaliada no item 2.8, considero importante salientar que, isoladamente, a medida não representa nenhuma espécie de ampliação da proteção social, mas apenas um nivelamento, por baixo, das prestações oferecidas pelos regimes próprios, além de abrir um grande segmento de mercado para a ampliação da previdência privada.

A universalidade do seguro social, quanto ao acesso, não significa, obrigatoriamente, a concessão de um direito igual, para todos os trabalhadores, de receber benefícios exatamente nas mesmas condições. Embora as prestações, via de regra,[451] sejam estabelecidas para o atendimento do mesmo grupo de riscos sociais, o valor das prestações previdenciárias dependerá – em conformidade com o tipo de sistema de financiamento e do método de cálculo estabelecido – em maior ou menor grau, dos aportes vertidos pelos segurados, o que corresponde, no nosso caso, a uma proporcionalidade em relação ao salário-de-contribuição e às demais regras relativas ao cálculo da prestação substitutiva.

4.2.2.2. Base constitucional

No artigo 194 de nossa Constituição, dentro da Seção I do Capítulo II do Título VIII, a qual versa sobre as disposições gerais, nosso constituinte consagrou como um dos objetivos da organização da seguridade social, no inciso I do artigo 194, a "universalidade da cobertura e do atendimento". Como preleciona Martinez, a universalidade no seguro social é limitada, ao passo que na seguridade social é praticamente ilimitada.[452] A amplitude diferenciada decorre da distinção do objeto da seguridade social: tutelar toda a sociedade, inclusive aquelas pessoas que não desejam contribuir ou que não podem fazê-lo, as quais estariam fora do espectro previdenciário. No primeiro caso, relembre-se de prescindir o direito à saúde de participação direta, sendo estendido a toda a população de forma gratuita, ao contrário de outros sistemas de seguridade nos quais é necessário pagar para

---

[450] NEVES. Ilídio das. *Direito da Segurança Social: Princípios fundamentais numa análise prospectiva,* p. 85.

[451] Inspirado pela diretriz da seletividade, a EC nº 20/98 alterou o inciso IV do artigo 201 de nossa Constituição, restringindo o acesso ao auxílio-reclusão e ao salário-família apenas aos dependentes dos segurados de baixa renda.

[452] MARTINEZ, Wladimir. *Princípios de Direito Previdenciário,* p. 104.

poder usufruí-los. Inegavelmente, entretanto, haverá uma dificuldade maior em tornar esses direitos justiciáveis, pois em caso de demandas direcionadas à obtenção de determinado tratamento específico e caro, a escassez de recursos será sempre um argumento a ser ponderado criteriosamente. No segundo, a necessidade de se resguardar uma esfera de dignidade obrigará o Estado a atender os cidadãos afetados por um estado de necessidade social crítico, por intermédio da assistência social. Contudo, a obrigação terá contornos muito menos rígidos, dificilmente caracterizando um direito subjetivo.[453]

O campo de aplicação pessoal dos seguros sociais, como é cediço, principiou pelos trabalhadores subordinados. Depois, com a constatação de que outras categorias profissionais, ainda que não assalariadas, apresentavam condições econômicas e um *status* social similar, pouco a pouco, foi sendo promovida a extensão também para essas categorias. Na vigente Lei de Benefícios, a universalidade manifesta-se no elenco de sujeitos protegidos pela previdência social, os quais são designados genericamente como beneficiários, expressão que abrange os segurados (figura jurídica que designa genericamente as categorias profissionais incorporadas ao seguro social) e seus dependentes.[454] Não podemos, nessa altura, deixar de referir o gigantesco número de trabalhadores que estão excluídos do seguro social, em face do flagelo do desemprego estrutural, agravado pelo momento recessivo que atravessa nossa economia e pelas alterações processadas no âmbito do mercado de trabalho e que repercutem na previdência social, tais como a terceirização, o cooperativismo[455] e a ampliação do mercado de trabalho irregular. Esses fatores afetam a principal fonte de financiamento da previdência social, a qual reside nas contribuições dos trabalhadores e dos tomadores de serviço, obrigando a previdência a adaptar-se rapidamente às novas tendências.[456] Os dependentes são os beneficiários cuja

---

[453] A respeito da problemática dos direitos sociais prestacionais, reportamo-nos às considerações efetuadas no item 3.5.1.

[454] "Art. 10. Os beneficiários do Regime Geral de Previdência Social classificam-se como segurados e dependentes, nos termos das Seções I e II deste capítulo."

[455] O cooperativismo foi concebido como um meio de aperfeiçoar as relações de trabalho previsto na Convenção 169 da OIT. Entretanto, tem sido utilizado para baratear os custos de produção e fraudando a aplicação dos direitos trabalhistas. De fato, com o advento da Lei 8.949/94, a qual deu nova redação ao artigo 442 da CLT, impedindo o surgimento de vínculo empregatício com a sociedade cooperativa e com os tomadores de serviço, os cooperados ficaram totalmente responsáveis pelo recolhimento das suas contribuições para se manterem vinculados à previdência social, o que na prática, acabava acarretando a extinção desse liame, porquanto os trabalhadores acabavam não recolhendo as suas contribuições.

[456] Partindo de dados estatísticos que apontavam o fato de 60% da população ativa do setor privado não estar amparada pela previdência oficial, a Medida Provisória nº 83, de 12 de dezembro de 2002, promoveu substancial modificação no sistema de recolhimento das contribuições dos autônomos, determinado, no seu artigo 4º, que a pessoa jurídica que contrate contribuintes individuais, além da sua contribuição, deva fazer o desconto e o recolhimento também da contribuição devida pelos segurados. Caso os contribuintes individuais não estejam inscritos, a cooperativa de trabalho e a pessoa jurídica são obrigadas a efetuar a inscrição dos seus cooperados e contratados (§ 2º do art. 4º). Trata-se de tentativa de tornar a previdência social neutra no que tange à forma de contratação da mão-de-obra.

característica fundamental reside na subordinação econômica ao segurado.[457] Na Lei de Benefícios, o artigo 16 classifica os dependentes em classes, sendo que a existência de dependentes em classe prioritária exclui o direito dos dependentes integrantes de outras classes, de forma que somente os dependentes integrantes da mesma classe concorrem em igualdade de condições.[458]

Instituto de notável relevância para o Direito Previdenciário, inoculado pelo princípio da universalidade do seguro social, é o da contagem recíproca que tem como assento constitucional o § 9º do art. 201, na redação delineada pela Emenda Constitucional nº 20/98: "§ 9º Para efeito de aposentadoria, é assegurada a contagem recíproca do tempo de contribuição na administração pública e na atividade privada, rural e urbana, hipótese em que os diversos regimes de previdência social se compensarão financeiramente, segundo critérios estabelecidos em lei".[459] A finalidade do instituto é franquear ao segurado que esteve vinculado a diferentes regimes a obtenção dos benefícios previdenciários, quando ele não preenche os requisitos, considerando-se unicamente um determinado regime previdenciário. Isto torna-se possível mediante a adição dos tempos de filiação cumpridos pelo segurado em cada um dos diferentes regimes.

Atualmente, a contagem recíproca é disciplinada pela Lei de Benefícios nos artigos 94 a 99, os quais ostentam o *status* de normas gerais de Direito Previdenciário (aplicáveis a todos os regimes previdenciários). No nosso modo de ver, a expressão *tempo de contribuição* empregada no enunciado normativo citado era inadequada,[460] pelo menos até o advento da Emenda Constitucional nº 20/98, sobretudo por inexistir critérios legais claros a respeito do que pode ser considerado como tempo de contribuição e em face do contido no § 3º do artigo 40 da Lei Fundamental em sua redação original.[461] A avaliação do instituto da contagem recíproca e do subsídio interpretativo fornecido pelo legislador constituinte no artigo 4º da EC nº 20/98 é realizada no item 5.6.2 .

---

[457] PEREIRA LEITE, João Antônio Ghilembernardt. *Curso Elementar de Direito Previdenciário*, p. 88.

[458] Reza o § 1º do artigo 16: "§ 1º A existência de dependente de qualquer das classes deste artigo exclui do direito às prestações os das classes seguintes."

[459] Na redação original da Constituição, o preceito estava ubicado no § 2º do art. 202.

[460] A discussão, nesse momento, vem revestindo-se da maior relevância prática, sobretudo em face do interesse de os servidores públicos empregarem o tempo de serviço rural para o fim de deferimento de benefícios estatutários. Com base no que foi sinalizado pelo Supremo Tribunal Federal no julgamento da liminar da ADIn nº 1664-0/DF, relator Ministro Octávio Gallotti, o Superior Tribunal de Justiça vem exigindo à comprovação do recolhimento das contribuições para que o tempo de serviço rural possa ser considerado no regime estatutário.

[461] § 3º – O tempo de serviço público federal, estadual ou municipal será computado integralmente para os efeitos de aposentadoria e de disponibilidade.

O Direito Fundamental à Previdência Social

4.2.3. Proteção contra os riscos sociais

4.2.3.1. Origem e significado

O princípio da proteção contra os riscos sociais, destinado a amparar o beneficiário nos momentos de necessidade social mais preementes, está umbilicalmente relacionado com a própria razão de existência do Estado, em síntese, facilitar a concretização do bem comum em todas as facetas da vida humana. O cânone apresenta sua invulgar importância, quando refletimos a respeito da amplitude da tarefa estatal de direção e coordenação de esforços destinados a permitir, por meio do desenvolvimento econômico – pelo menos dentro de uma ótica mais humanitária que caracteriza o Estado Social de Direito – a compatibilização do modo de produção capitalista com uma distribuição mais eqüitativa dos bens e oportunidades sociais, permitindo que todos sejam beneficiados.

Durante a sua vida, o homem está exposto a uma gama muito diversificada de riscos que podem afetar gravemente a sua situação social, os quais provêm, exemplificativamente, do meio físico (terremotos, inundações, secas), do meio social (guerras, violência urbana, acidentes sem relação com atividades profissionais), do grupo familiar (custos familiares adicionais em face de novos membros ou redução das receitas por força do falecimento do responsável pela mantença da família), de ordem fisiológica (enfermidade, invalidez, velhice) e ainda da vida profissional (acidentes do trabalho, doenças ocupacionais, desemprego involuntário).[462]

Para que o indivíduo não fique exposto a uma ação exagerada desses eventos, considerando a insuficiência da previsão individual e do amparo familiar para o enfrentamento das situações de necessidade social, a proteção social passou a ser organizada de maneira coletiva e aperfeiçoada com o surgimento de entidades que puderam prestar apoio em condições mais abrangentes, até que a coordenação estatal se impôs, pois, como ficou assentado no Preâmbulo da Constituição da Organização Internacional do Trabalho, a paz para ser universal e duradoura deve assentar sobre a justiça social.[463]

A idéia norteadora da ação desse princípio é o resguardo dos trabalhadores e seus dependentes contra os efeitos da materialização dos riscos sociais – fatos dotados de probabilidade de ocorrerem na vida em sociedade, provocando um desajuste na situação de um indivíduo ou grupo familiar, principalmente pelos seus efeitos econômicos – buscando eliminar ou, pelo menos, reduzir as conseqüências que deles podem decorrer. Tal desiderato é viabilizado pela redistribuição dos riscos sociais horizontalmente (entre

---

[462] Em sentido semelhante, DURAND, Paul. *La Política Contemporanea de Seguridad Social*, p. 57 a 58.

[463] Texto aprovado na 29ª reunião da Conferência Internacional do Trabalho em Montreal, 1946.

grupos profissionais distintos) e verticalmente (entre gerações) pelo equacionamento da economia coletiva.

Doutrinariamente, controverte-se sobre qual a terminologia mais adequada: riscos sociais, cargas sociais ou contingências sociais. O risco é entendido como a possibilidade ou proximidade da ocorrência de um dano, isto é, um acontecimento incerto e indesejado. A carga representa uma obrigação que deve ser suportada pelo estado em razão da ocorrência de um fato que cria uma necessidade. Já a contingência seria a possibilidade de que uma coisa aconteça ou não. A ampliação gradativa da noção de risco social está umbilicalmente relacionada com o anelo de instaurar um sistema de defesa social mais abrangente que seria representado pela seguridade social, o qual não se restringiria à erradicação das necessidades sociais materiais encampando, inclusive, as necessidades sociais imateriais. Em geral, os autores que tratam da seguridade social preferem empregar o termo contingência social, uma vez que ele estaria relacionado com acontecimentos que não demandariam condicionamentos prévios para a sua cobertura.[464] De efeito, os diversos eventos provocadores de desequilíbrio econômico, quando vislumbrados pela ótica da seguridade social, não são relevantes, em virtude do caráter finalístico dessa, cujo elemento decisivo é apenas a situação de necessidade social.

Duas são as críticas recorrentemente feitas contra a expressão "riscos sociais": a) em face de a previdência social cobrir eventos desejados como, por exemplo, o nascimento de filhos, não seria adequado falar em riscos;[465] b) a terminologia estaria atrelada ao seguro social privado. Com relação ao primeiro argumento, esse pode ser refutado por uma antiga, mas atual lição de Durand. A palavra *risco* também pode ser empregada para designar acontecimentos venturosos, em razão de sua significação técnica no sistema de seguros sociais, pois a objeção poderia ser adequada apenas na ordem moral,[466] na medida em que a circunstância vislumbrada pelo seguro social nesses fatos foi a sua repercussão na situação econômica do trabalhador.[467] Para a refutação do segundo, basta relembrar, em conformidade com o ressaltado na introdução, estar nossa opção concatenada com a limitação dessa investigação, embora não vislumbremos nenhum problema semântico em utilizar o termo *contingência*, uma vez que essa abrange o conceito de risco.

---

[464] PODETTI, Humberto A. Los riesgos sociales, In: BUEN LOZANO, Nestor e MORGADO VALENZUELA, Emilio (Coordinadores). *Instituciones de derecho Del trabajo y de la seguridad social*, p. 648 a 650.

[465] Os chamados subsídios familiares são prestações pagas a quem suporta os efeitos de um fato que, mesmo almejado, pode acarretar um desequilíbrio econômico, na medida em que aumenta as despesas que uma mesma renda familiar deve suportar.

[466] DURAND, Paul. *La Política Contemporanea de Seguridad Social*, p. 55.

[467] ASSIS, Armando de Oliveira. *Compêndio de Seguro Social*, p. 65.

A palavra *risco* foi extraída do direito dos seguros privados, sendo a qualificação "social" agregada pelo fato de sua proteção passar a ser atribuída à sociedade.[468] Se o trabalho é o elo inclusivo por excelência na sociedade, todos os eventos que retiram do cidadão a possibilidade do seu desempenho, e conseqüentemente a sua capacidade de auferir rendimentos, devem ser introduzidos no grupo de riscos sociais aptos a desencadearem a cobertura do seguro social. O conjunto de riscos cobertos oscila de acordo com o sistema de previdência adotado, podendo ser constituído por um programa específico para cada risco social, ou contemplar o estabelecimento de uma cobertura unificada, sendo que essa é a tendência predominante na maior parte dos países. No Brasil, atualmente, apenas o seguro-desemprego é regido por um programa distinto do regime geral, sendo disciplinado pela Lei 7.998/90, com as modificações da Lei 8.900/94.

As contingências, ou riscos sociais, podem ser classificadas por uma variada gama de critérios: segundo os seus efeitos (eventos que incidem sobre a renda, eventos que aumentam as necessidades ou mistos), conforme as prestações que ensejam (tutelados com prestações econômicas ou com prestações sanitárias e econômicas), segundo os estágios da vida humana (infância e juventude, idade de pleno rendimento e velhice), ou ainda, segundo a origem (patológica, biológica, econômico-social).[469]

4.2.3.2. Base constitucional

Na medida em que o Constituinte comprometeu o Estado a buscar a construção de uma sociedade livre, justa e solidária (inciso I do art.3º da CF/88) – onde seja promovido o bem de todos, sem preconceitos ou discriminações (inciso IV do art. 3º da CF/88) – é possível inferir que, implicitamente, se atribuiu a tarefa do Estado de tutelar a existência dos indivíduos diretamente ou por intermédio de instituições. Nesta declaração de promoção do bem de todos também pode ser extraída a idéia de que o Estado deve resguardar os seus cidadãos de maneira preventiva, isto é, assegurando condições de desenvolvimento da sua personalidade (ex. quando garante o direito à educação) e determinando a adoção de medidas para a preservação de sua integridade física e mental (no inciso XXII do art. 7º, v.g., é assegurada a redução dos riscos inerentes ao trabalho, por meio de normas de saúde, higiene e segurança do trabalho); ou de forma reparatória quando ampara os afetados por necessidades sociais materiais.

No artigo 5º *caput*, o constituinte expressamente previu a segurança como um Direito Fundamental. Essa inclusão pode ser lida como um dever *lato sensu* de proteção do Estado contra todas as situações que, de alguma

---

[468] PODETTI, Humberto A. *Los riesgos sociales*. Ob. Cit., p. 648.
[469] Idem, ibidem, p. 650 a 654.

forma, colocam em risco a situação jurídica dos indivíduos. Em diversos outros dispositivos constitucionais estende o Estado seu manto protetor: sobre a família, o idoso, o trabalhador, o consumidor, buscando resguardar, tanto quanto possível, as relações em sociedade que são geradoras de risco. Escapa do objetivo desse trabalho a análise de tais dispositivos, matéria que poderia ser objeto de um verdadeiro tratado sobre política social. Em seguimento, o art. 6º reza: "Art. 6º São direitos sociais a educação, a saúde, o trabalho, o lazer, a segurança, a previdência social, a proteção à maternidade e à infância, a assistência aos desamparados, na forma desta Constituição." Da simples leitura desse enunciado é possível perceber que a previdência social não é a única forma de tutela à maternidade e à infância e de assistência aos desamparados.

Por sua vez, densificando a proteção contra os riscos sociais, no art. 201, o legislador constituinte já promoveu uma relação de hierarquização e de seleção das situações de necessidade social atendidas pelo regime geral,[470] resultando daí a obrigação jurídica de o Estado proteger os cidadãos contra a ocorrência dos riscos sociais elegidos, primeiramente, pelo emprego de medidas de natureza acautelatória, quando isso for possível. Para os regimes próprios, o artigo 40, apesar de sua extensão, não se preocupa em consagrar preceito semelhante, mas isso não acarreta nenhum prejuízo para os servidores e seus dependentes, já que a matéria pode muito bem ser tratada pela lei ordinária.

A prevenção, evidentemente, não pode englobar todos os riscos sociais, na medida em que, como foi visto, alguns são desejados pelos segurados, apesar do aumento de despesas que poderá acarretar um desequilíbrio econômico. Para outras situações, embora indesejáveis, o seguro social, ao menos no atual estágio, não consegue prevenir, como é o caso do flagelo do desemprego. Por isso, o campo por excelência da ação preventiva será o dos riscos de natureza fisiopatológica.[471] Frustrada a atividade preventiva, caberá ao seguro social permitir a superação do estado de necessidade ou, pelo menos, a mitigação das conseqüências dos fatos que afetam o equilíbrio econômico dos segurados. Essa obrigação compreende a recuperação ou readaptação, quando isso for viável, e o pagamento de prestações substitutivas.

Em suma, por meio das prestações previdenciárias, plasmadas pelo princípio da proteção, colima-se evitar o surgimento de uma situação so-

---

[470] "Art. 201. A previdência social será organizada sob a forma de regime geral, de caráter contributivo e de filiação obrigatória, observados critérios que preservem o equilíbrio financeiro e atuarial, e atenderá, nos termos da lei, a: I – cobertura dos eventos de doença, invalidez, morte e idade avançada; II – proteção à maternidade, especialmente à gestante; III – proteção ao trabalhador em situação de desemprego involuntário; IV – salário-família e auxílio-reclusão para os dependentes dos segurados de baixa renda; V – pensão por morte do segurado, homem ou mulher, ao cônjuge ou companheiro e dependentes, observado o disposto no § 2º."

[471] VENTURI, Augusto. *Los Fundamentos Científicos de la Seguridad Social*, p. 322 a 324.

O Direito Fundamental à Previdência Social

cialmente indesejável (como a ausência prolongada da mãe logo após o parto), a reparação econômica do evento indesejado (incapacidade temporária de trabalho por doença), ou da mitigação de suas conseqüências, pois, caso o Estado não interviesse de maneira obrigatória, ou os trabalhadores pereceriam ou sobreviveriam em uma situação incompatível com a dignidade da pessoa humana. Dentro da ótica do seguro social, as prestações previdenciárias substitutivas que materializam essa proteção – na medida que tem por base a renda que o segurado recebia, sobre a qual incidem as suas contribuições – buscaram, tanto quanto possível, preservar um nível de vida comparável àquele desfrutado pelo segurado antes da materialização do risco social.[472]

Vindo a lume a EC nº 20/98, nossa Lei Fundamental que já estipulava um valor mínimo (§ 2º do art. 201),[473] também passou a fixar um limite máximo (art. 14 da EC nº 20/98)[474] para a renda substitutiva, determinando que aqueles que detêm rendimentos superiores tenham de buscar, se desejarem, uma complementação sobre aquilo que não é coberto pelo seguro social obrigatório.[475] Todavia, a particular situação do inciso XVIII do artigo 7º, o qual dispõe sobre a licença-gestante por cento e vinte dias sem prejuízo do emprego e do salário, em aparente rota de colisão com o preceito contido no artigo 14 da EC 20/98, foi equacionada pelo Tribunal Constitucional no julgamento da ADIn nº 1.946-5/DF. Esse aresto merece ser examinado mais de perto, em virtude de, na formulação da decisão, terem sido cogitados expressamente para a solução da lide, dentre outros dispositivos da Lei Fundamental, o inciso IV do artigo 3º, o artigo 6º e o artigo 201 *caput,* dos quais extraímos o princípio da proteção contra os riscos sociais.

Em síntese, a questão era a seguinte: a licença-gestante desencadeia o benefício previdenciário nominado de "salário-maternidade" – o qual é previsto no artigo 72 da Lei de Benefícios e inciso II do artigo 131 da CLT – cujo valor correspondia ao salário integral da segurada empregada, mesmo

---

[472] Sobre esse aspecto, vide ainda o princípio do equilíbrio financeiro e atuarial.

[473] "§ 2º Nenhum benefício que substitua o salário de contribuição ou o rendimento do trabalho do segurado terá valor mensal inferior ao salário mínimo".

[474] "Art. 14. O limite máximo para o valor dos benefícios do regime geral de previdência social de que trata o art. 201 da Constituição Federal é fixado em R$1.200,00, devendo a partir da publicação desta Emenda, ser reajustado de forma a preservar em caráter permanente, seu valor real, atualizados pelos mesmos índices aplicados aos benefícios do regime geral de previdência social." A União, os Estados e os Municípios ficaram autorizados pela EC nº 20/98 a fixar, desde que instituam regime de previdência complementar para seus servidores titulares de cargo efetivo, o mesmo limite máximo estabelecido para os benefícios do regime geral (§ 14 do art. 40).

[475] Em muitos casos, o sistema concede benefícios substitutivos para quem não teve condições de contribuir com os valores necessários ou pelo tempo exigido. No Brasil, enquanto quem ganha acima do limite teto está dispensado de verter contribuições sobre o excedente, as empresas recolhem as contribuições sobre a totalidade do que é pago a título de salário, justamente em face da necessidade de custear os benefícios de quem não teve condições de contribuir com os valores mínimos e/ou pelo tempo necessário, nos casos de acentuada imprevisibilidade da materialização de riscos sociais.

quando ultrapassava o valor do teto de benefícios da previdência social. Por conseguinte, era necessário aquilatar-se a norma do artigo 7º, inciso XVIII, da CF/88, investigando-se a natureza do encargo, trabalhista ou previdenciário, avaliando eventual repercussão no direito social à previdência "na forma da Constituição" (artigos 6º e 201, III, na sua redação originária), e indagando-se a possibilidade de atribuir, diretamente ao empregador, o valor excedente ao teto. Com apoio no excelente parecer de Marly Cardone, e valorando a evolução temporal do benefício, o STF entendeu que a proteção dispensada à gestante cada vez mais era um encargo previdenciário, não sendo adequado presumir, na falta de disposição expressa, tivesse o legislador a intenção de revogar o inciso XVIII do artigo 7º, o que configuraria um retrocesso histórico. Ademais, se o entendimento fosse no sentido de impor ao empregador a diferença excedente ao teto, estaria propiciando discriminação no mercado de trabalho, contrariando aquilo que a própria Constituição visou a combater, razão pela qual decidiu-se emprestar ao artigo 14 da EC 20/98 interpretação conforme a Constituição, no sentido de que essa norma não abrange o salário-maternidade.[476]

A finalidade protetiva do sistema permeia o seguro social alterando as características básicas do seguro comum. Os seguros tradicionais, assentados sobre a noção de risco, reclamam que esse deve ser futuro e incerto. Vale dizer, os riscos tutelados somente são aqueles que vierem a ocorrer após a materialização da relação jurídica de filiação. Além disso, muitas prestações demandam um tempo mínimo de vinculação ao regime assecuratório, requisito nominado de carência, estabelecido no art. 25 da Lei 8.213/91,[477] como imposição decorrente da densificação do princípio do equilíbrio financeiro e atuarial, o qual será analisado mais adiante. Contudo, por força do princípio da proteção, determinadas situações de necessidade social, excepcionais, permitem que o requisito de contrapartida seja afastado pela regra do artigo 26, a qual contempla uma ponderação legislativa entre os dois princípios citados.[478]

---

[476] Ação Direta de Inconstitucionalidade nº 1.945-6/DF, Medida Cautelar, Rel. Min. Sydney Sanches, Plenário, j. 14.09.2001.

[477] "Art. 25º A concessão das prestações pecuniárias do Regime Geral de Previdência Social depende dos seguintes períodos de carência, ressalvado o disposto no artigo 26: I – auxílio-doença e aposentadoria por invalidez: 12 (doze) contribuições mensais; II – aposentadoria por idade, aposentadoria por tempo de serviço e aposentadoria especial: 180 contribuições mensais. III- Salário-maternidade para as seguradas de que tratam os incisos V e VI do Art. 11 e o Art. 13: dez contribuições mensais, respeitado o parágrafo único do Art. 39 desta lei;Parágrafo único. Em caso de parto antecipado, o período de carência a que se refere o inciso III será reduzido em número de contribuições equivalente ao número de meses em que o parto foi antecipado."

[478] "Art. 26º Independe de carência a concessão das seguintes prestações: I – pensão por morte, auxílio-reclusão, salário-família e auxílio-acidente; II – auxílio-doença e aposentadoria por invalidez nos casos de acidente de qualquer natureza ou causa e de doença profissional ou do trabalho, bem como nos casos de segurado que, após filiar-se ao Regime Geral de Previdência Social, for acometido de alguma das doenças e afecções especificadas em lista elaborada pelos Ministérios da Saúde e do Trabalho e da Previdência Social a cada três anos, de acordo com os critérios de estigma, deformação,

O Direito Fundamental à Previdência Social

Nessa quadra, é importante gizar que a previdência social brasileira demanda não apenas a existência prévia de uma relação jurídica, consubstanciada na filiação do segurado, como a sua manutenção, sob pena de não ser viável invocar o seu amparo, consoante dispõe o artigo 102 da Lei de Benefícios, v.g., nas hipóteses nas quais houve a perda da qualidade de segurado.[479] A manutenção do liame do segurado com o regime é obtida pelo exercício de atividade inserida no regime, o qual acarreta o recolhimento de contribuições, sendo este presumido legalmente para os segurados qualificados como empregado ou avulso. A novidade na matéria fica por conta do advento da Lei nº 10.666, de 8 de maio de 2003, a qual, no § 1º do art. 3º, determinou que a perda da qualidade de segurado não afeta o direito do segurado de aposentar-se por idade, desde que o segurado conte com o tempo de contribuição correspondente ao exigido para efeito de carência na data do requerimento do benefício.[480] Como se percebe, excepcionalmente, admitiu, a dissociação no preenchimento dos requisitos carência e idade.

Outro exemplo da concretização deste princípio é contemplado no artigo 15 da Lei de Benefícios, regra denominada de "período de graça". À medida que prolonga o vínculo com a previdência,[481] estende a proteção previdenciária para além dos períodos nos quais são vertidas contribuições.

---

mutilação, deficiência, ou outro fator que lhe confira especificidade e gravidade que mereçam tratamento particularizado; III – os benefícios concedidos na forma do inciso I do artigo 39, aos segurados especiais referidos no inciso VII do artigo 11 desta Lei; IV – serviço social; V – reabilitação profissional; VI – salário-maternidade para as seguradas empregada, trabalhadora avulsa e empregada doméstica."

[479] A perda da qualidade de segurado importa em caducidade dos direitos inerentes a essa qualidade. § 1º A perda da qualidade de segurado não prejudica o direito à aposentadoria para cuja concessão tenham sido preenchidos todos os requisitos, segundo a legislação em vigor à época em que estes requisitos foram atendidos. § 2º Não será concedida pensão por morte aos dependentes do segurado que falecer após a perda desta qualidade, nos termos do artigo 15 desta Lei, salvo se preenchidos os requisitos para obtenção da aposentadoria na forma do parágrafo anterior.

[480] "§ 1º. Na hipótese de aposentadoria por idade, a perda da qualidade de segurado não será considerada para a concessão desse benefício, desde que o segurado conte com, no mínimo, o tempo de contribuição correspondente ao exigido para efeito de carência na data do requerimento do benefício."

[481] "Art.15. Mantém a qualidade de segurado, independentemente de contribuições: I – sem limite de prazo, quem está em gozo de benefício; II – até 12 (doze) meses após a cessação das contribuições, o segurado que deixar de exercer atividade remunerada abrangida pela Previdência Social ou estiver suspenso ou licenciado sem remuneração; III – até 12 (doze) meses após cessar a segregação, o segurado acometido de doença de segregação compulsória; IV – até 12 (doze) meses após o livramento, o segurado retido ou recluso; V – até 3 (três) meses após o licenciamento, o segurado incorporado às Forças Armadas para prestar serviço militar; VI – até 6 (seis) meses após a cessação das contribuições, o segurado facultativo.§ 1º O prazo do inciso II será prorrogado para até 24 (vinte e quatro) meses se o segurado já tiver pago mais de 120 (cento e vinte) contribuições mensais sem interrupção que acarrete a perda da qualidade de segurado.§ 2ºOs prazos do inciso II ou do § 1º serão acrescidos de 12 (doze) meses para o segurado desempregado, desde que comprovada essa situação pelo registro no órgão próprio do Ministério do Trabalho e da Previdência Social. § 3º Durante os prazos deste artigo, o segurado conserva todos os seus direitos perante a Previdência Social. § 4º A perda da qualidade de segurado ocorrerá no dia seguinte ao do término do prazo fixado no Plano de Custeio da Seguridade Social para recolhimento da contribuição referente ao mês imediatamente posterior ao do final dos prazos fixados neste artigo e seus parágrafos."

4.2.4. Obrigatoriedade

4.2.4.1. Origem e significado

Basicamente, três fatores serviram de estímulo para que os Estados, começando pelos europeus, implementassem a instituição dos seguros obrigatórios: a) insuficiência das técnicas de proteção social adotadas até a instituição do seguro social, como visto no capítulo segundo, as quais resultavam inadequadas perante as exigências da vida moderna; b) necessidade de adoção de medidas em favor da classe trabalhadora para reduzir a sedução das idéias socialistas;[482] c) redução com os gastos na assistência social, custeada pelo Estado, pois os trabalhadores, nos momentos de necessidade social, contariam com um instrumento mais efetivo que, por força de sua participação direta, dependeria menos da boa vontade estatal. Além disso, na sua fase inicial, o mecanismo engendrado impunha o seu custo apenas para os empresários e trabalhadores.

A partir de quando a sociedade passou a exigir do Estado a tomada de medidas concretas, destinadas a garantir os direitos fundamentais de segunda dimensão, mormente a organização de um sistema estatal tendente a reduzir as conseqüências dos riscos sociais, a obrigatoriedade de participação financeira dos trabalhadores foi uma imposição lógica. Independentemente do sistema de financiamento adotado – capitalização ou repartição e suas combinações – os seguros sociais acarretam sacrifícios individuais, mais ou menos intensos, no potencial de consumo de cada trabalhador que será forçado a economizar parte da sua renda para o seu custeio. Esse sacrifício – não sendo exclusivamente individual, pois o sistema incorpora recursos oriundos de outras fontes, pela tributação direta ou indireta – deverá permitir uma melhor redistribuição no tempo das rendas nacionais, resultando no envolvimento de toda a sociedade, permitindo a manutenção de uma vida mais digna para os trabalhadores nos momentos de necessidade social.

Do ponto de vista dos empresários, o mecanismo era vantajoso na medida em que, após a instituição de regras consagradoras da responsabilidade do empregador pelos acidentes de trabalho que vitimassem o operário – e, sobretudo, em face da guinada de interpretação que a indenização pelo infortúnio recebeu, realizada com base nas teorias do contrato, da responsabilidade pelo fato da coisa e do risco profissional – os empresários prudentes e detentores de melhores condições já tinham buscado a transferência dos riscos mediante os contratos entabulados com seguradoras pri-

---

[482] Na lição esclarecedora de VENTURI, embora o seguro social não tenha sido produto do medo, não se pode negar que tal sentimento teve significativa influência impulsionando o Estado a aturar na área social para combater a propaganda política considerada subversiva. (VENTURI, Augusto. *Los Fundamentos Científicos de la Seguridad Social*, p. 100.)

vadas. Ademais, a ampliação do contingente de segurados, por força da obrigatoriedade, representava não apenas uma sensível redução dos custos, como também o nivelamento da concorrência, dentro dos estados, para as empresas que já adotavam formas assecurativas em favor dos empregados e seus dependentes.

Efetivamente, a única maneira de tornar viável o gigantesco seguro social é pela compulsoriedade da filiação e pelo dever de contribuir que dela decorre, operada pela intervenção estatal, a qual permite a transferência dos riscos individuais para toda a coletividade. Esse fato é confirmado pela análise da situação dos países europeus e latinos no início da Segunda Guerra Mundial. Mesmo nos Estados Unidos, talvez o único país cujas condições objetivas e subjetivas permitiriam a generalização do seguro sem coação, em razão de sua elevada renda nacional, com razoável distribuição, e educação cívica, após a crise de 1929-1933, não ofereceu resistências significativas à implantação dos seguros obrigatórios.[483]

A maior parte das pessoas retira o necessário para a sua sobrevivência do seu trabalho. Como esses rendimentos são, em geral, consumidos na sua totalidade para a satisfação de necessidades materiais prementes, pouco sobra para ser poupado, não sendo possível a constituição de reservas para o enfrentamento dos riscos sociais. Outros, embora pudessem separar parte do salário para a constituição de um fundo, preferem consumir imediatamente tudo o que auferem. Caso as pessoas pudessem optar por se filiarem ou não na previdência social, essa não teria se consolidado.[484] Uma das razões que propiciou o êxito da iniciativa com os trabalhadores subordinados, indubitavelmente, foi a possibilidade de repassar o dever do desconto e do recolhimento das contribuições para os empresários – mediante o emprego da técnica da substituição tributária – pois seria materialmente impossível fiscalizar o cumprimento dessa obrigação por parte de cada um dos trabalhadores.

Considerando as diferentes categorias de segurados, para o regime geral, a Lei de Custeio atribui o dever de desconto e de recolhimento das contribuições dos segurados, empregado, doméstico e avulso, às empresas e aos sindicatos ou órgãos gestores de mão-de-obra.[485] Nos regimes pró-

---

[483] VENTURI, Augusto. *Los Fundamentos Cientificos de la Seguridad Social*, p. 129.

[484] Nessa senda, a memorável lição de Armando de Assis: "O seguro já havia alcançado o pináculo da técnica, e a primeira característica do seguro social, a obrigatoriedade, se ajusta como uma luva à 'lei dos grandes números'. Com efeito, um dos pontos fracos do seguro voluntário é o de permanecer aquela lei a mercê de uma ʾventual convergência de vontades isoladas. Quanto menos essa voluntariedade provoca o encarecimento do seguro, que se preocupa em resguardar dos perigos inerentes ao pequeno número, o que é mais um fator restritivo" (ASSIS, Armando de Oliveira. *Compêndio de Seguro Social*, p. 52).

[485] Artigo 30 da Lei de Custeio c/c o artigo 15, ambos da Lei nº 8.212/91, com a redação da Lei nº 9.876/99. No artigo 14 da Lei de Benefícios, assim como no artigo 15 da Lei de Custeio, encontramos um conceito ampliativo de empresa, o qual, no seu parágrafo único, equipara até mesmo pessoas físicas (contribuintes individuais) ou mesmo a entidades que não têm fins lucrativos, pois todos são considerados como empresa com o desiderato de facilitar a arrecadação das contribuições previdenciárias.

prios, o desconto e o recolhimento da contribuição são realizados pelo órgão encarregado do pagamento dos servidores, em conformidade com a legislação específica.

Buscando evitar que os valores descontados dos trabalhadores sejam desviados e deixem de ser repassados à previdência social, a Lei de Custeio, no seu artigo 95, alínea *d*, cristalizava a figura do crime de não-recolhimento das contribuições previdenciárias, figura atualmente integrante do Código Penal, artigo 169-A. Já os contribuintes individuais eram os únicos responsáveis pelo recolhimento de cada uma de suas contribuições. Entretanto, as profundas mudanças sentidas no âmbito do mercado de trabalho obrigaram a previdência social a criar um mecanismo que, tanto quanto possível, não apenas evitasse a grande evasão de receita na categoria dos contribuintes individuais como também permitisse a esses segurados desfrutar efetivamente da cobertura previdenciária. Assim, para as empresas, também restou estipulada uma obrigação de retenção e repasse das contribuições devidas pelos contribuintes individuais, quando prestarem serviços para as pessoas jurídicas, nos termos da já referida Lei nº 10.666, de 8 de maio de 2003.

Não podemos menosprezar, na consolidação do princípio da obrigatoriedade, a interpretação consagrada pelo Supremo Tribunal Federal nos precedentes da Súmula 466. O referido cânone foi assim editado: "Não é inconstitucional a inclusão de sócios e administradores de sociedade e titulares de firma individual como contribuintes obrigatórios da Previdência Social."

Os empregadores eram considerados segurados facultativos até o advento da LOPS, que operou sua inclusão no inciso III do seu art. 5º. A providência não foi recebida de bom grado por muitos empresários, os quais sustentaram a inconstitucionalidade da inclusão de sócios administradores e dos titulares de firma individual na categoria de segurados obrigatórios. A argumentação deduzida era de que a Constituição de 1946, no seu art. 157, XVI, expressava a observância pela legislação do trabalho mediante a cooperação do empregador e do empregado para o estabelecimento da Previdência Social. Em razão disso, quem não fosse empregador ou empregado, em face das definições da CLT, nos seus artigos 2º e 3º, não poderia ser incluído como contribuinte obrigatório da previdência social. Apreciando a questão, o Supremo Tribunal Federal entendeu que o dispositivo constitucional aludido tratava do mínimo que o legislador deveria observar, não sendo uma cláusula de competência que limitaria o legislador ordinário, uma vez que a competência para legislar sobre previdência social constava do artigo 5ª, XV, *b*. A liberdade de contratar, por sua vez, já estava limitada pelo art. 145 da Constituição, que determinava a organização da ordem econômica segundo os princípios de justiça social. Ademais, a extensão do âmbito do seguro social era fenômeno observado no mundo inteiro para atender a um anseio geral por segurança.[486]

Embora o princípio da obrigatoriedade não seja referido expressamente, fato compreensível em face da escassa importância atribuída pela jurisprudência a essa espécie de norma, até pouco tempo, não resta dúvida de que o acolhimento da tese da inconstitucionalidade, mediante uma interpretação literal, estancaria, pelo menos temporariamente, a evolução do seguro social no Brasil. Em face das matizes diferenciadas da previdência dos servidores públicos, todavia, quando se desejou cobrar contribuições dos servidores públicos para permitir a manutenção adequada dos regimes próprios, foi necessária a edição da EC nº 3, de 17 de março de 1993, a qual conferiu a seguinte redação ao § 6º do artigo 40: "As aposentadorias e pensões dos servidores públicos federais serão custeadas com recursos provenientes da União e das contribuições dos servidores, na forma da Lei."

4.2.4.2. Base constitucional

Os artigos 40 e 201 da Constituição Federal dispõem, já com a redação delineada pela EC nº 20/98, que a previdência social será organizada na forma de regimes contributivos. Apesar de apenas o artigo 201 referir sobre a compulsoriedade da filiação, os servidores públicos não podem optar sobre aderirem ou não ao regime próprio. No julgamento da liminar da ADIn nº 1664-0/DF, proposta contra a redação dada pelo artigo 2º da Medida Provisória 1523-11, aos artigos 48, § 2º; 55, inciso IV, do artigo 96 (com supressão do inciso V) e ao 107 da Lei de Benefícios, o Supremo Tribunal acentuou ser o caráter contributivo estabelecido no artigo 201 a nota distintiva dos institutos da previdência e da assistência social. Deferindo a liminar para afastar a vedação instituída pelo novo § 2º do artigo 48 – portador da proibição da concessão de aposentadoria por idade para quem já fosse aposentado por outro regime – o relator asseverou residir no caráter contributivo do benefício a potencialidade de gerar uma expectativa de contrapartida merecedora de tutela, pois, caso contrário, criar-se-ia a figura exótica do contribuinte obrigatório sem direito ao benefício.[487]

O princípio da obrigatoriedade, essência da relação jurídica do seguro social, determinará a vinculação com o regime previdenciário, prescindindo-se da vontade dos trabalhadores.[488] Como consectário da obrigatorieda-

---

[486] Confira-se, por exemplo, o Mandado de Segurança 12.356-SP, Rel. Ministro Victor Nunes, Pleno, unânime, DJ18.06.64, p. 261.

[487] Ação Direta de Inconstitucionalidade nº 1664-0/DF, Rel. Min. Octávio Gallotti, Plenário, j. 13.11.97.

[488] Excepcionalmente, atendendo ao princípio da universalidade e ao preceito contido no § 1º do artigo 201 da CF/88, na sua redação inicial, que autorizava qualquer pessoa a participar dos planos de previdência mediante contribuição, a Lei de Benefícios no artigo 13 contempla a figura do segurado facultativo. Trata-se de uma categoria de segurados que, para desfrutar da proteção previdenciária – desde

de, advém a automaticidade da filiação, isto é, a inclusão do segurado em um regime de previdência, e o conseqüente dever de contribuir, instaurado *ope legis*, por norma de ordem pública, no momento em que a atividade econômica-laboral passa a ser desempenhada. A inclusão poderá ocorrer no regime geral[489] ou em um regime de previdência próprio, mesmo que o segurado não queira ou não precise desta proteção.

Essa obrigatoriedade é constante tanto na adesão quanto na manutenção do vínculo. São normas de ordem pública que restringem a liberdade de opção do indivíduo e também a propriedade privada, afetando o produto dos rendimentos decorrentes do trabalho, os quais, a partir do momento em que são pagos, passam a integrar o patrimônio dos obreiros e qualquer imposição de ônus sobre o seu montante constitui restrição do direito de propriedade. Nada obstante, como é cediço, e na linha do que já foi assentado pelo STF, "... o reconhecimento constitucional do direito de propriedade não é absoluto e nem garante a não incidência de tributos sobre a propriedade".[490] Por isso, a transferência de recursos constitucionalmente autorizada do setor privado para o público, necessários para que o Estado possa atender às suas finalidades, não representa afronta ao direito de propriedade.

O princípio da irredutibilidade dos salários (inciso VI do artigo 7º) não põe os trabalhadores a salvo da incidência de outras normas constitucionais como as que atribuem à União a competência de estabelecer impostos que incidem de modo geral, inclusive sobre os trabalhadores,[491] e nem tampouco fere a irredutibilidade de vencimentos dos servidores públicos (inciso XI do artigo 37). Especificamente sobre a cobrança de contribuições previdenciárias de servidores públicos, há muito tempo o Tribunal Constitucional já havia assentado que, em razão de sua natureza universal e obrigatória, sua função "não é de reduzir o vencimento, mas a de assegurar-lhe, tanto quanto possível, segundo planos atuariais, a sua inteireza, quando da incapacitação ou do decesso, já então em proveito dos beneficiários do segurado".[492] Recentemente, esse entendimento restou reafirmado no jul-

---

que não seja exercida pelo segurado atividade que determine vinculação obrigatória, e nem seja ostentada vinculação com outro regime previdenciário (§ 5º do artigo 201) – pode recolher contribuições na forma da Lei de Custeio.

[489] Os artigos 12 da Lei do Custeio e 11 da Lei dos Benefícios enumeram as várias espécies de segurados obrigatórios, já com as modificações da Lei nº 9.876, de 26 de novembro de 1999, em cinco classes: empregado, empregado doméstico, contribuinte individual, avulso e segurado especial. A importância de bem distingui-los reside na compreensão da diferenciação de sua participação no custeio e na percepção de benefícios. Na redação original, eram sete classes: empregados, empregados domésticos, empresários, trabalhadores autônomos, equiparados a autônomos, avulsos e segurados especiais.

[490] Ação Direta de Inconstitucionalidade nº 939/DF, Pleno, Rel. Ministro Sydney Sanches, RTJ 151, p. 790.

[491] Idem, p. 803.

[492] RE 70.009/RS, STF, Pleno, Relator Ministro Eloy Rocha, julgado em 29.11.1973.

O Direito Fundamental à Previdência Social

gamento da Medida Cautelar postulada na Ação Direta de Inconstitucionalidade nº 2.010-2/DF. Nessa oportunidade, decidiu a Egrégia Corte que – partindo da premissa de que as contribuições sociais são tributos – a garantia da irredutibilidade não seria oponível à instituição ou à majoração de contribuição de seguridade social relativamente a servidores em atividade, vedando apenas a injusta apropriação, cuja insuportabilidade da carga tributária comprometesse o exercício do direito a uma existência digna ou à prática de atividade profissional.[493]

As contribuições dos segurados, em nosso sistema, não apenas financiam os benefícios previdenciários, como também instrumentam o processo de determinação dos benefícios de prestação continuada. É freqüente a adoção de um limite mínimo e um teto máximo nos regimes obrigatórios tanto para a base de cálculo das contribuições como para o benefício a ser pago pela previdência, o qual guardará certa proporção com os aportes vertidos.[494] As regras que tratam da aquisição, manutenção e perda da qualidade de segurado concretizam o núcleo desse princípio.

A obrigatoriedade da inclusão do segurado no sistema de previsão social caracteriza um vínculo que tem gerado celeuma quanto a sua natureza unitária ou constituída por uma pluralidade de relações jurídicas que se coligam em uma relação complexa.[495] De todo modo, o importante é compreender-se que se trata de relação jurídica que refoge do âmbito da autonomia privada, sendo o seu o conteúdo predefinido em lei, e cujo fato gerador, exercício de atividade remunerada vinculada ao regime geral, tem o poder de detonar conseqüências jurídicas independentemente da concordância das partes envolvidas.

Ancorado no até agora exposto, podemos concluir que não se trata de direitos naturais, mas sim de direitos cujo exercício reclama uma vinculação dos sujeitos protegidos ao sistema previdenciário, os quais, como já foi

---

[493] Ação Direta de Inconstitucionalidade nº 2.010-2/DF, Medida Cautelar, Pleno, Rel. Ministro Celso de Mello, DJ de 12.04.2002.

[494] Sobre a forma de cálculo das prestações, vide as considerações tecidas a respeito do princípio do equilíbrio financeiro e atuarial.

[495] Entendemos, na esteira do magistério de PEREIRA LEITE, não haver necessária correlação entre o dever de contribuir e o direito às prestações previdenciárias. A distinção entre as relações jurídicas de previdência social e de custeio pode ser constatada pela diversidade dos sujeitos beneficiários e dos sujeitos contribuintes: são beneficiários os trabalhadores, de um modo geral (integrantes das diversas categorias de segurados), e as pessoas que vivem com seu auxílio econômico (dependentes); os contribuintes podem ser todos os que integram o conceito de empresa do artigo 14 da Lei de Benefícios (União, Estados, Municípios, as empresas, contribuintes individuais) e os segurados. Não se cogita de prestações em favor da União ou das empresas. De outro giro, os dependentes, não estão obrigados a contribuir, porém integram o pólo ativo da relação previdência social. (PEREIRA LEITE, João Antônio Ghilembernardt. *Curso Elementar de Direito Previdenciário*, p. 64 a 68). Outro exemplo de que as relações jurídicas são distintas decorre do fato de que o descumprimento da obrigação de recolhimento por parte da empresa não afeta o direito do empregado e do avulso (artigo 34 da Lei de Benefícios). Em sentido contrário, vide, por exemplo, Orlando Gomes, *Natureza da Relação de Previdência social*. (In: GOMES, Orlando et alli. *Aspectos jurídicos da nova previdência*).

referido alhures, são denominados de beneficiários. As prestações previdenciárias, por serem eminentemente contributivas, tornam-se mais facilmente justiciáveis, isto é, exigíveis, porquanto há uma comutatividade, aporte de recursos dos segurados, não ficando a sua concessão, como ocorre na assistência social, condicionada à mera boa vontade estatal, na qual freqüentemente é invocada a restrição orçamentária para deixar de atender às demandas assistenciais.

4.2.5. Equilíbrio financeiro e atuarial

4.2.5.1. Origem e significado

A previdência social, para atingir suas nobres finalidades, necessita ser organizada sobre bases econômicas sólidas, de forma que as despesas com o pagamento das prestações e a administração do sistema sejam suportadas pelo montante arrecadado. Sendo a previdência social um método da gestão da economia coletiva destinada ao enfrentamento dos riscos sociais, a idéia reitora desse princípio é que as prestações previdenciárias contempladas pelo sistema de previdência possam ser efetivamente honradas, no presente e no futuro, em razão do sistema de financiamento e suas fontes estarem dimensionadas de forma a permitir o cumprimento dos compromissos assumidos ao longo do tempo.

Na nossa opinião, o princípio em exame compõe-se de duas facetas complementares: o equilíbrio do sistema como um todo e o equilíbrio da prestação em face dos aportes vertidos. Em que pese a referência generalizada ao equilíbrio fiscal e atuarial como se fossem termos idênticos, torna-se necessário diferenciá-los para uma compreensão mais adequada. O equilíbrio fiscal, num sistema de repartição simples, ocorre quando o total dos benefícios que estiverem sendo pagos não ultrapasse as receitas das contribuições vertidas em um determinado período; o equilíbrio atuarial está relacionado com a suficiência das contribuições de um indivíduo para viabilizar o pagamento dos seus próprios benefícios. Por isso, os aportes de um segurado em um ano contribuem para o equilíbrio fiscal desse ano, não sendo considerada a suficiência das suas contribuições no passado para o financiamento do benefício atual.[496] A dimensão atuarial está muito longe de ser absoluta ou de ser exigida para todas as prestações previdenciárias: no caso dos benefícios denominados não-programados, como v.g. a aposentadoria por invalidez do regime geral, o estado de necessidade social determinará uma preponderância do princípio da proteção em face do equilíbrio financeiro e atuarial, razão pela qual o legislador resolveu conceder ao

---

[496] BANCO MUNDIAL. *Brasil Questões Críticas da Previdência Social*, Relatório nº 19641-BR, Volume I, p. XV e XVI.

O Direito Fundamental à Previdência Social

segurado uma prestação com 100% do salário-de-benefício (art. 44 da LB), e não uma prestação proporcional.

Similar ao regime geral, o Estatuto dos Servidores Públicos Federais também contempla, no regramento da aposentadoria por invalidez, com um preceito inspirado pelo princípio da proteção: o artigo 191 da Lei 8.112/90, o qual impõe, mesmo quando proporcional, a aposentadoria por invalidez não pode se inferior a 1/3 da remuneração da atividade. É certo que, como vimos no Capítulo 2, a previdência dos servidores públicos, pelo menos até a edição da EC nº 03/93, não tinha uma preocupação atuarial adequada, mas, guiado por uma interpretação seletivamente inclusiva, podemos afirmar que o fortalecimento constitucional do princípio em exame não retira o fundamento de validade do artigo 191.

No mundo inteiro, em face das novas realidades demográficas, econômicas e sociais, os regimes previdenciários públicos há vários anos enfrentaram e enfrentam um constante problema para atender os compromissos assumidos. Fatores tais como a crise econômica global que aflige o Estado Social, a racionalização e a adaptação do sistema em face das mudanças demográficas e sociais, e até mesmo a reestruturação de sistemas econômicos inteiros, que poderiam ser beneficiados pela mudança do sistema de financiamento, têm acelerado o debate sobre os sistemas nacionais de previdência, principalmente no que tange às aposentadorias.[497] Enquanto, no mundo inteiro, a transição demográfica determinava a revisão dos limites etários para a concessão de aposentadorias, no Brasil os servidores públicos e os trabalhadores em geral podiam aposentar-se independentemente da idade.[498] A dispensa de um limite etário mínimo, aliado a subsídios legais e a generosas interpretações administrativas e judiciais, permitiam, ainda, a contagem de tempo de serviço para os segurados antes dos doze anos de idade, em períodos que o segurado estava apenas auxiliando a sua própria família (evidentemente, não estamos-nos referindo aos casos de crianças exploradas inescrupulosamente como, infelizmente, ainda ocorre no Brasil, pois nesses casos dificilmente as pessoas conseguem sobreviver para desfrutar de uma aposentadoria). O resultado era a concessão de aposentadorias nos regimes próprios e também no regime geral, para pessoas com idades baixas, até mesmo antes dos quarenta anos de idade, desnaturando comple-

---

[497] Consoante informa MESA-LAGO, nos países-membros da OCDE (Organização para Cooperação e Desenvolvimento Econômico) as obrigações com o pagamento de benefícios para os quais inexistem recursos totalizam 30 trilhões de dólares. (MESA-LAGO, Carmelo. *Análise Comparativa da reforma estrutural do sistema previdenciário realizado em oito países latino-americanos; descrição, avaliação e lições*. Conjuntura Social, Brasília, v. 8, n.4, p. 7-65).

[498] O sistema brasileiro, graças à concessão de aposentadorias com idades baixas, consegue obter uma média de pagamento do benefício de 20 anos, superior inclusive à média dos países da OCDE, que é de 18 anos. (CHECHIN, José. *A Previdência social Reavaliada II* . In Revista Conjuntura Social, vol. 13, nº 1, jan-mar, 2002).

tamente a finalidade da prestação, já que essas pessoas não pretendiam abandonar o mercado de trabalho.

A questão do equilíbrio do sistema de custeio, como já sinalado, está relacionada intrinsecamente com a forma de organização do financiamento, podendo assumir quatro formas principais: repartição simples, capitalização, misto ou capitalização escritural.[499] As duas últimas referidas representam combinações das duas formas clássicas. Em síntese rudimentar, as linhas básicas destes modelos são traçadas a seguir.

No modelo de repartição simples – o qual constitui o método adotado pela maioria dos atuais sistemas formais na Comunidade Européia assim como nos países da Organização para Cooperação e Desenvolvimento Econômico, OCDE – é gerenciado pelo governo, pelo repasse do valor das contribuições, incidentes sobre a remuneração dos atuais trabalhadores e da contribuição exigida das empresas para o adimplemento dos benefícios dos aposentados no mesmo período. Por seu turno, os atuais contribuintes esperam que os seus benefícios sejam suportados pelas gerações vindouras.

No modelo de capitalização, associado à idéia de poupança individual, trata-se de assegurar, mediante cotização prévia e individualizada de cada segurado, a constituição de reservas para o custeio dos benefícios que serão mantidos em período posterior. Assim, o segurado receberá o montante que contribuiu, acrescido dos rendimentos do capital. Com a reforma estrutural promovida entre 1979 e 1981 o Chile instituiu um sistema de capitalização de contas individuais. A capitalização, teoricamente, seria apta a reunir os capitais disponíveis para viabilizar o desenvolvimento econômico.

Sem nenhuma pretensão de adentrar na complexa análise que cada um desses modelos e suas combinações comportam, sobretudo pela necessidade de formação na área econômica, é importante consignar que estudos realizados pela Associação Internacional de Seguridade Social não conseguiram comprovar as tão propaladas vantagens que o sistema de capitalização poderia acarretar, mediante a acumulação de um maior nível de poupança supostamente apto a ancorar um desenvolvimento econômico mais célere nesses países.[500] Quando são comparados esses regimes – como exemplo, cite-se a equação referida por Thompson composta por três parâmetros: a taxa de juros anual do regime por capitalização; a taxa de aumento

---

[499] MPAS, *Previdência e Estabilidade Social: Curso Formadores em Previdência Social,* p. 30.

[500] "Estudos sugerem que a política previdenciária é apenas um dos fatores que influenciam o nível de poupança. Mudanças nas políticas visando ao aumento de poupança provavelmente precisariam lidar com uma variedade de fatores, incluindo políticas tributárias, fiscais e de mercado de crédito. Essas mudanças podem incluir alterações sobre os sistemas sobre como os sistemas previdenciários são organizados e financiados, especialmente se a previdência pode ser ajustada para promover maior poupança sem sacrificar outros objetivos relacionados à renda na aposentadoria. A evidência estatística não tem qualidade suficiente para justificar a adoção de um sistema previdenciário específico, fadado a ser inferior em outros aspectos, na esperança de aumentar a poupança nacional" (Thompson, Lawrence . *Mais velha e mais sábia: a economia dos sistemas previdenciários,* p. 73).

O Direito Fundamental à Previdência Social

anual do salário médio dos contribuintes e a taxa de crescimento anual líquido do grupo de contribuintes.[501] – não tem sido possível afirmar a superioridade prévia de um sistema sobre outro, em face da profunda diversidade de circunstâncias que influenciam uma macrorrealidade, devendo cada país eleger um sistema compatível com o seu contexto peculiar. Ademais, como demonstra Thompson, qualquer que seja o sistema de financiamento adotado, para o sustento da população inativa, será necessário que a população em idade de trabalhar consuma menos do que seria permitido, transferindo esses recursos para os aposentados.[502]

O sistema misto de previdência foi adotado pelos países que promoveram reformas no seu sistema de previdência. Seguindo recomendação do Banco Mundial, passaram a adotar "pilares múltiplos de proteção". Esses pilares seriam destinados a reequilibrar as funções redistributivas, de poupança e de seguro dos programas de previdência consistindo: a) um pilar obrigatório gerenciado pelo governo, com fins redistributivos, e financiado a partir dos impostos o qual concederia prestações não ligadas às remunerações (*flat-rate*), no modelo universalista, ou proporcionais à remuneração até um teto baixo nos países que apresentam um modelo laboralista (no qual as prestações previdenciárias se vinculam aos proventos oriundos do trabalho); b) um segundo pilar que pode ser facultativo ou obrigatório[503] de poupança, não-redistributivo – que aplica a técnica da previdência em modalidades coletivas, por intermédio de mutualidades, fundações de empresas, fundos de pensões e seguradoras privadas – gerenciado pelo setor privado, baseada na solidariedade do grupo e, em regra, plenamente capitalizado; e c) um pilar voluntário, individual, financiado por capitalização, para aquelas pessoas que desejam mais proteção na aposentadoria.[504] Nas reformas que foram realizadas nos diversos países, o tamanho de cada pilar

---

[501] "As taxas de contribuição necessárias para produzir determinadas rendas são sensíveis às condições tanto econômicas como demográficas, porém de maneiras diferentes. Os regimes de repartição são sensíveis a alterações dos índices de natalidade, porém não a alterações das taxas de juros em vigor e (quando os benefícios são proporcionais aos salários) ao índice de crescimento salarial. O regime de capitalização , ao contrário é sensível a alterações das taxas de crescimento salarial e juros, porém não às dos índices de natalidade. As taxas de contribuição nas diferentes abordagens são igualmente sensíveis a alterações nas taxas de mortalidade após a aposentadoria." (Thompson, Lawrence. *Mais velha e mais sábia: a economia dos sistemas previdenciários*, p. 108).

[502] Segundo Thompson, as sociedades empregam várias combinações de três mecanismos: 1) transferências informais, em grande parte intrafamiliares; 2) contribuições obrigatórias e programas de benefícios (ou tributo e transferência) e 3) troca de ativos (Thompson, Lawrence. *Mais velha e mais sábia: a economia dos sistemas previdenciários*, p. 46.

[503] Para Ilídio das Neves, a idéia de regimes complementares obrigatórios é paradoxal. Em termo de princípios, a complementariedade deveria ser reservada para os regimes facultativos, na medida que não seria possível fundamentar o fato de tornar obrigatório determinado segmento de mercado. Por isso, os benefícios dos regimes complementares estatais seriam adicionais da aposentadoria base (NEVES. Ilídio das. *Direito da Segurança Social: Princípios fundamentais numa análise prospectiva*, p. 897 a 906).

[504] No Brasil, utilizando-se essa terminologia, possuímos um primeiro pilar grande, composto pelo RGPS e RJU e um terceiro pilar menor, inexistindo um segundo pilar.

tem oscilado significativamente em razão das diversas condições iniciais e das diversas economias políticas.[505] Como exemplos de países que passaram a instituir um sistema misto na América do Sul temos a Argentina (1993) e Uruguai (1995).

Na capitalização escritural (ou capitalização virtual), combina-se a forma de financiamento do sistema de repartição simples com a mecânica de cálculo de aposentadorias do sistema de capitalização. A geração ativa continua recolhendo contribuições para o financiamento dos inativos, porém a aposentadoria de cada indivíduo é calculada com base nas suas próprias contribuições, capitalizadas por uma taxa de juros fictícia, havendo uma acumulação apenas contábil. Quando o segurado passa para a inatividade, o capital virtual será convertido em uma anualidade ou mensalidade vitalícia, considerando-se a expectativa de sobrevida da geração dos jubilados. Em sua essência, o método promove uma reforma do pilar público de aposentadoria, embora ela possa ser acompanhada de um segundo pilar.[506] O sistema foi desenvolvido pela Suécia, tendo sido adotado também pela Itália. No Brasil, com o advento da Lei nº 9.876/99, a qual modificou a regra de cálculo da aposentadoria por tempo de contribuição – e opcionalmente para a aposentadoria por idade – introduziu no sistema previdenciário brasileiro princípios que regem o sistema de capitalização escritural. Por oportuno, como já referido no item 2.7 desse trabalho, a alteração só pode ser efetuada em razão da desconstitucionalização do procedimento de cálculo das aposentadorias do regime geral realizada pela EC nº 20/98.

A partir da definição do regime de financiamento, torna-se imprescindível a confecção de um plano de custeio destinado a permitir a planificação econômica do regime,[507] além de um acompanhamento das variáveis econômicas, demográficas e institucionais, para que seja possível projetar a real necessidade de reformas e sua amplitude. Como é notório, qualquer empresa privada que tivesse por objeto a exploração de planos de seguros, não poderia desconhecer quem são os seus clientes, nem tampouco a projeção anual de gastos com concessão de benefícios, sob pena de inviabilizar o seu funcionamento. Lamentavelmente, em que pese a previsão expressa dos preceitos contidos nos artigos 38 da Lei de Benefícios, concernente ao cadastro da Previdência, e 96 da Lei de Custeio, o qual dispõe sobre as projeções atuariais da seguridade social, apenas muito recentemente o Ca-

---

[505] HOLZMANN, Robert et alli. *Ampliação da Cobertura em Sistemas Previdenciários Multi-Pilar: Limitantes e Hipóteses, Evidências Preliminares e Agenda de Pesquisa Futura. In; A Economia da Reforma Previdenciária*, p. 197 a 199.

[506] ESTELLE, James. *Novos Sistemas Previdenciários: Experiências, Evidências e Questões Pendentes: In; A Economia da Reforma Previdenciária*, p. 18 a 21.

[507] Em razão da Lei nº8.212/91 não ter sido precedida de qualquer levantamento técnico, para BALERA não seria um verdadeiro Plano de Custeio. BALERA, Wagner. *A organização e o Custeio da Seguridade Social*. In:, BALERA, Wagner (Coord.). *Curso de Direito previdenciário*, p. 38.

O Direito Fundamental à Previdência Social

dastro da Previdência Social começou a ser implantado,[508] [509] mas com desconfianças a respeito dos dados biométricos e demográficos.[510]

4.2.5.2. Base constitucional

O princípio do equilíbrio financeiro e atuarial, seguindo tradição que deita raízes na EC n°11/65, na formatação conferida pela CF/88, restou estendido para todas as técnicas de proteção social que compõem a seguridade social, passando a figurar, no § 5° do artigo 195, com a seguinte redação: "Nenhum benefício ou serviço da seguridade social poderá ser criado, majorado ou estendido sem a correspondente fonte de custeio total". Em sintonia com a distinção feita no item anterior e considerando o perfil constitucional de atuação da assistência e da saúde – nas quais os assistidos não contribuírem diretamente para fazerem jus à assistência social, bem como a saúde ter sido prevista como um direito de todos – a dimensão relevante do princípio em exame, nessas técnicas de proteção, é a do equilíbrio financeiro. Já no tocante à previdência social, as duas facetas são relevantes, tendo sido a diferença evidenciada com o advento da EC n° 20/98 na redação do artigo 201: "Art. 201. A previdência social será organizada sob a forma de regime geral, de caráter contributivo e de filiação obrigatória, observados critérios que preservem o equilíbrio financeiro e atuarial, e atenderá, nos termos da lei, a:"

As receitas da seguridade social, consoante o estabelecido no §1° do artigo 195, constituem orçamento próprio, devendo ficar interditada a sua aplicação em outras finalidades. Ocorre que o orçamento da seguridade social tem sido uma peça de ficção, pois não tem sido efetivamente montado e acompanhado, não havendo, para qualquer ano, a publicação de sua execução.[511] Em face da importância macroeconômica do orçamento da seguridade social – considerando-se as perdas de receita sofrida pela União com a partilha das receitas tributárias, as quais vêm sendo atenuadas pela instituição de contribuições sociais (cujos recursos são integralmente da União)

---

[508] Embora a idéia já tivesse sido convertida em um anteprojeto já na primeira gestão Reinhold Stephanes (1974/78) no Ministério da Previdência, retardou-se em demasia a sua implementação (Stephanes, Reinhold. *Previdência Social, Uma solução Gerencial e Estrutural.* p. 236).

[509] Apenas com o advento da Lei n° 10.403, de 8 de janeiro de 2002, a qual introduziu o artigo 29-A no Plano de Benefícios, ficou estabelecido o emprego das informações do Cadastro Nacional de Informações Sociais – CNIS – para fins de cálculo do salário-de-benefício.

[510] A esse respeito, veja-se a pertinente crítica de MARTINEZ: "Não possui o País um cadastro do trabalhador. Ignora-se quantos segurados e dependentes existem, ou mesmo o número real de beneficiários percipientes de benefício. Não se sabe o tempo de serviço e o salário-de-contribuição desses obreiros na atividade. É impossível determinar quando se completarão os requisitos para a percepção dos seus direitos. Nossos dados biométricos e demográficos são extraídos de trabalhos alienígenas adaptados à nossa realidade por processos sujeitos à crítica." (MARTINEZ, Wladimir Novaes. *Comentários à Lei Básica da Previdência Social,* Tomo I, 3ªed, p. 727).

[511] OLIVEIRA, Francisco Eduardo Barreto *et alii. Revolução na Previdência,* p. 317.

que, por força de leis ordinárias, "abrem o orçamento da seguridade social", permitindo a utilização desses recurso em outras finalidades – instituiu-se uma garantia relevante com a promulgação da EC n° 20/98, pelo acréscimo do inciso XI ao art. 167, vedando-se expressamente o emprego dos aportes dos trabalhadores e do arrecadado a título de contribuição sobre a folha de salários para a realização de outras despesas diferentes do pagamento dos benefícios previdenciários.

Cogitando-se de norma restritiva da abrangência da proteção previdenciária, naturalmente, o princípio do equilíbrio financeiro e atuarial constantemente tem sido invocado para o não-atendimento de demandas pertencentes à previdência social, tanto dos servidores públicos quanto do regime geral. Importante diretriz consolidada pelo Supremo Tribunal Federal na aplicação desse cânone consistiu em estabelecer que a regra limitativa é dirigida apenas ao legislador ordinário, sendo inaplicável para os benefícios que foram criados diretamente pela Constituição. A primeira decisão proferida nessa linha, pelo Pleno do STF, parece ter sido o RE 159.413/SP, já comentado no capítulo anterior.[512]

No regime dos servidores públicos, o princípio do equilíbrio financeiro e atuarial, a nosso ver, não possuía uma concretização legal adequada. Em sua redação original, a Lei n° 8.112/90, ao instituir o regime jurídico único previsto no art. 39, *caput*, da CF, dispunha que o custeio da aposentadoria dos servidores seria de responsabilidade integral do Tesouro Nacional (art. 231, § 2°)[513] – consoante antiga tradição que remonta a Constituição de 1891. Por sua vez, previa o artigo 249 que, até a edição desta lei, seria mantida a forma e percentuais então estabelecidos, ou seja, por meio de uma alíquota de 6% destinada ao custeio da saúde e do benefício da pensão. Já em janeiro de 1991, porém, a Lei n° 8.162, em seu artigo 9°, elevou as contribuições, passando as alíquotas a serem progressivamente incidentes, conforme a faixa de remuneração, nos percentuais de 9% a 12%. Apesar de o §2° do artigo 231 ter sido vetado pelo Presidente da República, o dispositivo restou restabelecido pelo Congresso Nacional em 18 de abril de 1991, após a edição da Lei 8.162. Apreciando a questão, no julgamento da ADIn 790-4/DF, o Pretório Excelso decidiu que a derrubada do veto do parágrafo citado teria mantido o quadro anterior, não persistindo causa constitucional suficiente para a majoração das contribuições.[514] Ora, se entendermos cor-

---

[512] RE 159.413-6/SP, STF, Pleno, Rel. Min. Moreira Alves, RTJ 153, p. 312 a 326.

[513] "§ 2° O custeio da aposentadoria é de responsabilidade integral do Tesouro Nacional".

[514] "CONTRIBUIÇÃO SOCIAL – MAJORAÇÃO PERCENTUAL – CAUSA SUFICIENTE – DESAPARECIMENTO – CONSEQÜÊNCIA – SERVIDORES PÚBLICOS FEDERAIS. O disposto no artigo 195, § 5°, da Constituição Federal, segundo o qual 'nenhum benefício ou serviço de seguridade social poderá ser criado, majorado ou estendido sem a correspondente fonte de custeio', homenageia o equilíbrio atuarial, revelando princípio indicador da correlação entre, de um lado, contribuições e, de outro, benefícios e serviços. O desaparecimento da causa da majoração do percentual implica o conflito de lei que a impôs com o texto constitucional. Isto ocorre em relação aos servidores públicos federais,

O Direito Fundamental à Previdência Social

reta a premissa de ter sido realizada uma opção diferenciada em matéria de proteção previdenciária para o servidor público – na medida em que, no artigo 40, antes do advento da Emenda Constitucional nº 3, de 17 de março de 1993, não havia referência à contribuição do servidor público[515] – a decisão pode ser sustentada com maior facilidade. Entretanto, ao invocar-se o § 5º do artigo 195 como justificação, considerando-o aplicável ao regime dos servidores públicos, fica evidenciada uma gritante contradição, pois, se o custeio cabia exclusivamente à União, é completamente equivocado falar-se em equilíbrio financeiro e atuarial.

Antes mesmo da aprovação da Emenda Constitucional nº 20/98, sobreveio a Lei nº 9.717, de 27 de novembro de 1998, destinada a fixar regras gerais para a organização e funcionamento dos regimes próprios de previdência social dos servidores públicos, da União, dos Estados e do Distrito Federal e dos Municípios, dos Militares dos Estados e do Distrito Federal. Tendo como principal móvel a preocupação com o equilíbrio financeiro e atuarial nestes regimes, a lei: limitou as contribuições previdenciárias por parte do poder público (não podem exceder o dobro), impôs o limite para as despesas líquidas com inativos e proibiu a concessão de benefícios distintos dos oferecidos pelo regime geral (arts. 1º e 5º)

Apoiado no princípio albergado no § 5º do artigo 195, o Supremo suspendeu a eficácia de Lei do Estado do Mato Grosso do Sul, que incluía como dependentes do Instituto de Previdência Estadual, PREVISUL, os filhos solteiros maiores de 24 anos de idade, que não exercessem atividades remuneradas, estivessem freqüentando curso superior ou técnico de 2º grau e dependessem economicamente dos segurados. Na decisão proferida na liminar da ADIn nº 2.311/MS, o Tribunal Constitucional entendeu que a competência concorrente para legislar sobre previdência social não autorizava os Estados a desatenderem os fundamentos de natureza constitucional do sistema previdenciário, aplicáveis a todos os níveis da administração pública.[516]

Como tem sido amplamente divulgado pela imprensa nacional, em nosso país, o maior problema das contas da previdência no Brasil reside no

---

considerando o quadro revelador de que o veto do presidente da República relativo ao preceito da Lei nº 8.112/90, prevendo o custeio integral da aposentadoria pelo Tesouro Nacional, foi derrubado pelo Congresso, ocorrendo, no interregno, a edição de Lei – a de nº 8.162/91 – impondo percentuais majorados. CONTRIBUIÇÃO SOCIAL – SERVIDORES PÚBLICOS. A norma do artigo 231, § 1º da Lei 8.112/90 não conflita com a Constituição Federal no que dispõe que 'a contribuição do servidor, diferenciada em função da remuneração mensal, bem como dos órgãos e entidades será fixada em lei' (Ação Declaratória de Inconstitucionalidade nº 790-4/DF, Relator Ministro Marco Aurélio, Pleno, DJ 23.04.93).

[515] "§ 6º As aposentadorias e pensões dos servidores públicos federais serão custeadas com recursos provenientes da União e das contribuições dos servidores, na forma da lei."

[516] Ação Declaratória de Inconstitucionalidade nº 2.311-MS, Medida Cautelar, Relator Ministro Néri da Silveira, Informativo 259 do STF.

setor público.[517] Tendo em vista que o sistema previdenciário permitia a concessão de benefícios sem a necessária equivalência contributiva, constantemente o governo sente-se tentado a tributar os inativos. Atualmente, como já destacado no item 3.6.4, isso não é possível, em face da norma inserida no inciso II do artigo 195 da Lei Maior, a qual foi considerada aplicável ao regime dos servidores públicos, por emanação da cláusula contida no § 12 do artigo 40, no julgamento da ADIn nº 2.010-2/DF. Na mesma decisão, o relator, Ministro Celso de Mello, asseverou um outro fundamento relevante: a transgressão, por parte da Lei nº 9.783, do princípio do equilíbrio atuarial, uma vez que, não havendo nenhum benefício para os servidores inativos contribuírem para o regime dos servidores públicos, inexistira causa para a instituição da contribuição.[518] A Emenda Constitucional nº 41/03, no seu artigo 4º, e mediante a reformulação dos artigos 40 e 149 da Constituição, acabou permitindo a tributação dos inativos. Especificamente sobre a compatibilidade da modificação com o arcabouço constitucional, a questão é examinada com detença no item 5.7.

Na regulamentação da reforma da previdência realizada em 1998 – principalmente pela derrota do governo na instituição de um limite etário para o regime geral – o combate do déficit da previdência foi deflagrado mediante a introdução de uma nova fórmula de cálculo da aposentadoria por tempo de contribuição (e opcionalmente na aposentadoria por idade). Tal artifício restou viabilizado pela supressão da mecânica de cálculo das prestações pecuniárias contidas na redação original do artigo 202 da Carta Democrática. Em suma, buscou-se intensificar a correlação entre contribuição e prestação, nos benefícios que o segurado pode programar o momento da aposentadoria, e, assim, efetivar a diretriz do princípio em comento. Contra a capitalização escritural inserida no sistema das aposentadorias pela Lei nº 9.876/99 foram propostas as ADIn MC 2.110-DF e 2.111-DF, nas quais, por maioria, a liminar restou indeferida. Nesse último aresto, o STF consignou, no que tange ao montante do benefício, o atual texto da Constituição remete à matéria *"aos termos da lei"*. Ademais, com a nova redação, não deixaram de ser adotados os critérios destinados a preservar o equilíbrio financeiro e atuarial, como determinado no *caput* do artigo 201.[519]

---

[517] Na reportagem de capa da Revista Exame de 15 de janeiro de 2003, que reproduz dados do Boletim Estatístico do INSS, aponta-se que o déficit da previdência social em 2002 foi de 61,5 bilhões, sendo 12,8 no regime geral e 48,6 no setor público. Para o ano de 2003, a estimativa é que ele atinja a cifra de 72 bilhões, sendo 18 no setor privado e 54 no setor público. (*Revista Exame*. É para ontem. Ano 37, n. 1, 15 de Janeiro de 2003)

[518] Ação Declaratória de Inconstitucionalidade nº 2.010-2/DF, Medida Cautelar, Relator Ministro Celso de Mello, Pleno, DJ 12.04.2002.

[519] Ação Declaratória de Inconstitucionalidade nº 2.111-7/DF, Medida Cautelar, Relator Ministro Sydney Sanches, julgada em 16.03.2000, noticiada no Informativo nº 181 do STF, pendente de publicação.

4.2.6. Irredutibilidade do valor real dos benefícios

4.2.6.1. Origem e significado

Na medida em que a subsistência dos beneficiários quando são acometidos por um risco social, na maior parte dos casos, passa a depender exclusivamente de uma prestação previdenciária substitutiva, v.g., pensão por morte, aposentadoria por invalidez ou aposentadoria por idade, torna-se imperioso que a mudança do cenário econômico nacional, sobretudo os efeitos corrosivos da inflação, não acabem comprometendo, irremediavelmente, a subsistência dos aposentados e pensionistas. O princípio da irredutibilidade dos benefícios ou da manutenção do valor real emerge como um mecanismo imprescindível para assegurar o efetivo funcionamento de um sistema de previdência ao longo do tempo – impondo a revisão periódica dessas prestações pela aplicação de reajustes que devem refletir a variação inflacionária, para que o acesso aos meios necessários para a sobrevivência dos beneficiários não seja sustado – pois, caso contrário, como já havia sustentado Venturi, os benefícios que o sistema acreditava ter concedido, para fazer frente a conseqüências duradouras, mostrar-se-iam ilusórios perante o aumento do custo de vida.[520] De efeito, a função precípua do reajustamento das prestações pecuniárias é a manutenção do poder aquisitivo da prestação previdenciária, promovendo a efetividade do seu caráter substitutivo da remuneração que era auferida, de forma a permitir a continuidade dos meios de sobrevivência, mas sem cogitar de majoração real do valor, o que só seria alcançado com verdadeiro aumento.[521]

A dramática conjuntura nacional na qual a inflação crescia vertiginosamente, principalmente nas décadas de 70 e 80, vitimou impiedosamente os trabalhadores e os beneficiários da previdência social. O resultado foi que a sistemática de reajustamento oficial, destinado a recompor a defasagem do valor real dos benefícios, longe de cumprir a sua função, acarretou um terrível aviltamento no poder de compra dos benefícios previdenciários, os quais acabavam deixando de proporcionar a proteção econômica prometida. Em que pese a legislação contemplar dispositivos que estatuíam o reajustamento periódico, tais critérios eram flagrantemente insuficientes, provocando brutal queda no valor dos benefícios.[522]

As particularidades do cenário econômico brasileiro composto por uma inflação alta e sustentada, que acabava sendo utilizada como um imposto pago pelos mais pobres, e no qual a manipulação tecnocrática de

---

[520] VENTURI, Augusto. *Los Fundamentos Cientificos de la Seguridad Social*, p. 212.
[521] THEISEN, Ana Maria Wickert. Do Reajustamento. *Do Valor Dos Benefícios Previdenciários,* In: FREITAS, Vladimir Passos de. *Direito Previdenciário: Aspectos Materiais, Processuais e Penais*, p. 142.
[522] BALERA, Wagner. *A Seguridade Social na Constituição de 1988*, p. 40.

valores se constituía em um mecanismo privilegiado de negação de direitos,[523] canalizaram pressões capazes de sensibilizar o legislador constituinte. As dificuldades econômicas, por certo, não foram uma exclusividade dos aposentados e pensionistas do regime geral, porém, inegavelmente, os efeitos foram sentidos por essa categoria de maneira intensa. Enquanto os trabalhadores implementavam a sua organização com um vigoroso movimento sindical que acabará desaguando na formação de um partido político, o Partido dos Trabalhadores, e com a criação da mais importante central sindical do País, a CUT,[524] os beneficiários do regime geral, em que pese o seu número expressivo, não se articulavam ainda como uma categoria organizada para veicular adequadamente suas reivindicações. De outro lado, os servidores públicos não tinham essa preocupação em virtude de, pelo menos desde a Constituição de 1946, existir preceito constitucional que assegurava a revisão dos proventos dos inativos sempre que os proventos dos servidores em atividade fossem modificados, o qual era conhecido como regra da paridade.[525] Por isso, enquanto a Superlei consagrou para os servidores públicos e trabalhadores uma garantia de irredutibilidade salarial (CR, arts. 7°, VI e 37, XV),[526] irredutibilidade que vem sendo entendida como preservação do valor nominal, os benefícios previdenciários possuem, ainda, um *plus* (art. 194, parágrafo único, I), ou seja, a cláusula constitucional de preservação do valor real.

A regra da paridade restou fulminada pela EC n° 41, de 19.12.2003, a qual modificou o § 8° do artigo 40, salvo para os servidores já filiados aos regimes próprios que assentirem em retardar a sua aposentadoria para atender aos requisitos da nova regra contemplada no art. 6° da Emenda Constitucional referida.

4.2.6.2. Base constitucional

A preocupação em tornar efetiva a proteção econômica resultante da prestação pecuniária previdenciária recebeu particular atenção do legislador constituinte de 1988, como será demonstrado a seguir. Com efeito, dois eram os problemas básicos que vitimavam os benefícios previdenciários no sistema anterior: inexistência de correção monetária em todos os salários-

---

[523] MELO, M. A. B. C.; AZEVEDO, S. *O Processo Decisório da Reforma Tributária e da Previdência Social*, p. 19.

[524] DELGADO, Ignacio Godinho. *Previdência Social e Mercado no Brasil*, p. 188 e 189.

[525] "Artigo 193. Os proventos da inatividade serão revistos sempre que, por motivo de alteração do poder aquisitivo da moeda, se modificarem os vencimentos dos funcionários em atividade." Depois o preceito foi acolhido, com pequenas alterações redacionais pelos: § 2° do artigo 100 da CF/67; § 1° do artigo 102 da CF/69; e § 4° do artigo 40 da CF/88; com a EC 20/98, o preceito restou alojado no § 8° do artigo 40.

[526] A irredutibilidade é excepcionada no caso de os proventos excederem os proventos dos Ministros do STF e no caso da necessidade de desconsiderar acréscimos pecuniários para que não sejam computados ou acumulados para fins de acréscimos posteriores (incisos XI e XIV do art. 37 da CF/88).

de-contribuição considerados no cálculo da prestação, os quais comprometiam os benefícios previdenciários antes mesmo da sua concessão e a sistemática de reajustes, ensejadora de uma sensível redução do poder de compra após o seu deferimento. Esses problemas repercutiram fortemente em nossa Carta de Princípios, resultando na consagração da irredutibilidade como um dos objetivos da seguridade social no inciso IV do parágrafo único do artigo 194. Em seguimento, no Capítulo II Da Ordem Social, na redação primitiva, a qual trata especificamente da previdência social, numerosos foram os preceitos embebidos de uma inquietação saudável com a manutenção do poder aquisitivo das prestações previdenciárias seja no momento da concessão – mediante a atualização monetária de todos os salários-de-contribuição (§ 3º do art. 201 e *caput* do art. 202) – seja nos reajustamentos posteriores (§ 2º do art. 201).

O reconhecimento da gravidade da perda do valor das prestações previdenciárias dos beneficiários do regime geral não apenas promoveu a consagração do princípio da manutenção do valor real no Título que trata da previdência social, o qual deveria ser realizado por critérios definidos pelo legislador ordinário, como também estabeleceu, no artigo 58 do ADCT, uma norma de transição, destinada a recompor o valor dos benefícios concedidos antes da promulgação da nova Carta.[527] A vinculação com o salário-mínimo como critério de reajustamento era excepcional, tendo em vista a existência de disposição constitucional permanente obstando a eleição do mesmo paradigma pelo legislador ordinário (inciso IV do art. 7º), devendo ser mantida até a implantação dos novos critérios consagrados pelo legislador ordinário, os quais deveriam constar dos Planos de Benefício e de Custeio, consoante previa o Artigo 59 do ADCT. Os prazos estabelecidos não foram cumpridos, sendo ambas as leis aprovadas apenas em 24 de julho de 1991. O flagelo da inflação mostrava toda a sua ferocidade, levando os beneficiários a se insurgirem contra o reajuste deferido aos benefícios previdenciários em setembro de 1991, com base em dois argumentos principais: a) não tinha cessado a vigência do artigo 58 do ADCT antes da edição dos decretos regulamentadores, emitidos em dezembro de 1991; e b) em 16 de setembro de 1991, teriam sido baixadas duas Portarias do Ministério do Trabalho e da Previdência Social, uma majorando os salários-de-contribuição em 147,06%, e a outra determinando a aplicação de 54,60% sobre o valor da renda mensal de março dos benefícios, promovendo uma distinção de critérios injustificável.

---

[527] "Art. 58. Os benefícios de prestação continuada, mantidos pela previdência social na data da promulgação da Constituição, terão seus valores revistos, a fim de que seja restabelecido o poder aquisitivo, expresso em número de salários mínimos, que tinham na data de sua concessão, obedecendo-se a esse critério de atualização até a implantação do plano de custeio e benefícios referidos no artigo seguinte. Parágrafo único. As prestações mensais dos benefícios atualizados de acordo com este artigo serão devidas e pagas a partir do sétimo mês a contar da promulgação da Constituição".

No Recurso Extraordinário nº 147684-2/SP, interposto contra a decisão do Superior Tribunal de Justiça – na qual havia sido reconhecido o direito à aplicação do reajuste de 147,06% para os associados do Sindicato dos Trabalhadores nas Indústrias Metalúrgicas, Mecânicas e de Material Elétrico de São Paulo –, o STF teceu importantes considerações a respeito do valor real dos benefícios. Embora o STF, por maioria, não tenha conhecido do recurso ao fundamento de que ofensa reflexa à Constituição não autorizaria o emprego de Recurso Extraordinário, nos termos do voto do relator, ingressou no mérito do acerto da decisão do STJ, como pode se aferido pela simples leitura da parte final de sua extensa Ementa,[528] tendo a administração acabado por reconhecer o direito ao reajuste referido, bem assim editado os atos necessários ao seu cumprimento.[529] Não obstante o resultado, a decisão tenha sido favorável aos beneficiários, entendemos que a sua fundamentação não está isenta de críticas, pois, no nosso sentir, os dois fundamentos são eminentemente constitucionais. Em primeiro lugar, na linha do percebido pelos ministros Ilmar Galvão, Marco Aurélio, Octá-

---

[528] " Previdência Social: aposentadoria e pensões: reajuste de 147,06% em agosto de 1991: concessão pelo Superior Tribunal de Justiça com dois fundamentos suficientes, um deles, pelo menos, de alçada infraconstitucional: RE não conhecido. I. RE: descabimento: ofensa reflexa à Constituição por violação da norma interposta. O RE não é via adequada à apuração da inconstitucionalidade reflexa: se a Constituição, explícita ou implicitamente, remete o trato de determinada matéria 's lei ordinária, não cabe o recurso extraordinário por contrariedade à Lei Fundamental, se a aferição desta pressupõe a revisão da inteligência e da aplicação dadas à norma sub-constitucional interposta:análise da jurisprudência. II.RE. descabimento: acórdão recorrido com dois fundamentos suficientes (ainda que reciprocamente excludentes), pelo menos um deles, de base infraconstitucional. É da estrutura dos recursos de revisão in jure, como o RE, a requisito do nexo de causalidade entre o erro de direito denunciável e denunciado pelo recorrente e a sucumbência, que lhe demarca o interesse processual de recorrer: desse modo, não cabe o RE, hoje restrito à matéria constitucional, se a decisão recorrida, da competência originária do Superior Tribunal de Justiça – o que afasta a possibilidade do recurso especial- tem mais de um fundamento independente e bastante a alicerçar-lhe a conclusão e algum deles, pelo menos, é de alçada infraconstitucional ou só oblíqua e mediatamente constitucional. III. Previdência Social: ADCT 88, art. 58: termo final de reajuste dos benefícios de prestação continuada pelas variações do salário mínimo. A subordinação do término da eficácia do art. 58 ADCT à regulamentação das Leis 8.212 e 8.213/91, quando não decorra exclusivamente da interpretação das referidas leis ordinárias, não ofende aquela norma constitucional transitória, nem qualquer outro dispositivo da Lei Fundamental: leis simultaneamente editadas que instituem planos integrados de custeio e benefícios da Previdência Social constituem um sistema, cujo momento de implantação não se presume deva ser cindido em atenção a essa ou aquela norma isolada de uma delas, susceptível, em tese, de aplicação imediata. IV. Previdência Social: benefícios de prestação continuada: reajuste de 147,06% em agosto de 1991, que, ainda quando já houvesse cessado a vigência do art. 58 ADCT, adviria igualmente da legislação infraconstitucional de regência, cuja interpretação conforme à Constituição não ofendeu os únicos dispositivos constitucionais invocados pelos recursos extraordinários (CF, arts. 194, parágrafo único, IV; 201, § 2º e 7º, IV). Não pode ter ofendido o artigo 194, parágrafo único, IV da Constituição, decisão que não afirmou a redutibilidade dos benefícios previdenciários; não contrariou o art. 201, § 2º. CF, o acórdão que, de acordo com a reserva de lei nele contida, extraiu da legislação ordinária – corretamente ou não, pouco importa – os critérios do reajuste, que, ademais, afirmou compatível com a regra de preservação do valor real dos benefícios, imposta, no mesmo preceito constitucional, ao legislador ordinário; finalmente, a vedação do art. 7º, IV, da Constituição, impede, sim, que se tome o salário mínimo como parâmetro indexador de quaisquer outras prestações pecuniárias, mas, não, que normas diversas adotem simultaneamente o mesmo percentual para o reajuste delas e do salário mínimo. (RE 147.684-2/SP, STF, Pleno, Rel. Min. Sepúlveda Pertence, maioria, D.J. 02.04.93)

[529] Portaria MPS 302, de 20 de julho de 1992.

O Direito Fundamental à Previdência Social

vio Gallotti e Moreira Alves, a continuação ou não da eficácia do art. 58 ADCT era uma questão constitucional, pois nada pode ser mais constitucional do que se saber até quando vigeu uma norma da Lei Fundamental. O segundo fundamento, consistente na igual majoração do salário-de-contribuição e do salário-de-benefício, não encontrava amparo apenas nos dispositivos da legislação ordinária: parágrafo único do artigo 20, parágrafo único do art. 21, § 5° do artigo 28, e § 1° do art. 29, todos da Lei de Custeio, mas também no princípio do equilíbrio financeiro e atuarial. O próprio STF, mais tarde, no julgamento da ADIn 2.010-2, reconhecerá a circunstância de: "A existência de estreita vinculação causal entre contribuição e benefício põe em evidência a correção da fórmula segundo a qual não pode haver contribuição sem benefício, nem benefício sem contribuição".[530]

Impende destacar, de outro giro, ter restado consignado no voto do relator, Ministro Sepúlveda Pertence, que o § 2° do artigo 201 é regra de concretização da irredutibilidade prevista no inciso IV do artigo 194 e que nela existiriam dois comandos imbrincados: "no dispositivo, não apenas se remete à lei a definição dos critérios de reajustamento dos benefícios previdenciários, mas também se impõe ao legislador que, ao defini-los, lhes assegure a preservação, 'em caráter permanente do valor real'."

Depois, o STF consolidou o posicionamento de que o artigo 58 do ADCT havia sido editado com o objetivo específico de recompor o valor real das prestações que já haviam sido concedidas antes da promulgação da Constituição, não sendo adequada a aplicação de uma regra de transição para situações que se formaram posteriormente ao momento de sua edição. Para os benefícios outorgados após a vigência do novo ordenamento constitucional, a preservação do valor real seria efetivada de acordo com critérios definidos em lei ordinária.[531]

---

[530] Ação Declaratória de Inconstitucionalidade n° 2.010-2/DF, Medida Cautelar, Relator Ministro Celso de Mello, Pleno, DJ 12.04.2002.

[531] "RECURSO EXTRAORDINÁRIO – BENEFÍCIO PREVIDENCIÁRIO DE PRESTAÇÃO CONTINUADA – CONCESSAO DESSE BENEFÍCIO APÓS A PROMULGAÇÃO DA CONSTITUIÇÃO FEDERAL DE 1988 – INAPLICABILIDADE DO CRITÉRIO PREVISTO PELO ADCT/88, ART. 58 – FUNÇÃO JURÍDICA DA NORMA DE DIREITO TRANSITÓRIO – PRESERVACAO DO VALOR REAL DOS BENEFÍCIOS PREVIDENCIÁRIOS (CF, ART. 201, § 2°) – RE CONHECIDO E PROVIDO. – Somente os benefícios de prestação continuada, mantidos pela Previdência Social na data da promulgação da Constituição, são suscetíveis de sofrer a revisão de seus valores de acordo com os critérios estabelecidos no art. 58 do ADCT/88, cuja incidência, temporalmente delimitada, não se projeta sobre situações de caráter previdenciário constituídas após 5 de Outubro de 1988. A aplicação de uma regra de direito transitório a situações que se formaram posteriormente ao momento de sua vigência subverte a própria finalidade que motivou a edição do preceito excepcional, destinado, em sua específica função jurídica, a reger situações já existentes a época de sua promulgação. – O reajustamento dos benefícios de prestação continuada concedidos pela Previdência Social após a promulgação da Constituição rege-se pelos critérios definidos em lei (CF, art. 201, § 2°). O preceito inscrito no art. 201, § 2°, da Carta Política – constituindo típica norma de integração – reclama, para efeito de sua integral aplicabilidade, a necessária intervenção concretizadora do legislador (interpositio legislatoris). Existência da Lei n. 8.213/91, que dispõe sobre o reajustamento dos valores dos benefícios previdenciários (arts. 41 e 144)." (RE 168801/SP, STF, 1ª T., un., Relator Ministro Celso de Mello, DJ 18.08.95, p. 2457).

Com a edição da Lei 8.213/91, o legislador ordinário fixou um critério temporal e outro material para a preservação do valor real. O critério temporal seria a periodicidade da alteração do salário-mínimo, enquanto o material levaria em conta a variação integral do INPC (em conformidade com a redação original do artigo 41, II, da Lei 8.213/91).[532] Com a vigência da nova sistemática, mais uma vez, ainda que paradoxal, o STF, não conhecendo do recurso, entendeu que o inciso II do artigo 41 era constitucional, não havendo razão para a continuidade do critério previsto na Súmula 260 do extinto Tribunal Federal de Recursos,[533] a qual rezava: "No primeiro reajuste dos benefícios previdenciários, deve-se aplicar o índice integral do aumento verificado, independentemente do mês da concessão, considerando, nos reajustes subseqüentes, o salário mínimo então atualizado."A finalidade da edição da Súmula precitada é esclarecida por Theisen:

> "Visou, assim, a Súmula 260 do TFR a corrigir uma distorção que, em verdade, se perpetrava na forma de cálculo da renda mensal inicial, pois a defasagem decorria da ausência de correção monetária nos últimos salários-de-contribuição, acentuando-se nas épocas de maior inflação. Se fossem os benefícios calculados sobre um salário-de-benefício atualizado, a corrosão inflacionária dos meses imediatamente anteriores à sua fruição, seria repassada à renda mensal inicial. Inexistia, porém, base legal para alteração nesta forma de cálculo e daí a solução encontrada pela jurisprudência que, através da Súmula 260, recuperou parte do prejuízo. Antes da edição da Súmula, vozes contrárias à tese da integralidade se fizeram sentir na doutrina. Todavia, com a posição do Tribunal Federal de Recursos e seu unânime e iterativo acatamento pelo Judiciário, a questão tornou-se superada".[534]

Os critérios definidos pelo legislador têm sido constantemente alterados pelos preceitos de sucessivos diplomas legais (§ 2º do artigo 9º da Lei nº 8.542/92; § 6º do artigo 20 e §§ 3º e 4º do artigo 29, ambos da Lei nº

---

[532] XAVIER, Alberto. *Reajustamento de Benefícios Previdenciários*, RDP 02/93, p. 91.

[533] "Previdenciário: reajuste inicial de benefício concedido nos termos do art. 202, caput da Constituição Federal: constitucionalidade do disposto no art. 41, II da L. 8.213/91. Ao determinar que 'os valores dos benefícios em manutenção serão reajustados de acordo com as suas respectivas datas, com base na variação integral do INPC', o art. 41, II da L. 8.213/91(posteriormente revogado pela L. 8542/92, não infringiu o disposto nos arts. 194, IV e 201, § 2º, CF, que asseguram respectivamente, a irredutibilidade dos valor dos benefícios e a preservação do seu valor real: se na fixação da renda mensal inicial já se leva em consideração o valor atualizado da média dos trinta e seis últimos salários-de-contribuição (CF, art. 202, *caput*), não há justificativa para que se continue a aplicar o critério previsto na Súmula 260 do extinto Tribunal Federal de Recursos ('No primeiro reajuste dos benefícios previdenciários, deve-se aplicar o índice integral do aumento verificado, independentemente do mês da concessão, considerando, nos reajustes subseqüentes, o salário mínimo então atualizado')." (RE 231.395-1/RS, STF, 1ª T., un., Relator Min. Sepúlveda Pertence, D.J. 18.09.98).

[534] THEISEN, Ana Maria Wickert. *Do Reajustamento do Valor dos Benefícios Previdenciários*,In: FREITAS, Vladimir Passos de. *Direito Previdenciário: Aspectos Materiais, Processuais e Penais*, p. 155 a 156.

O Direito Fundamental à Previdência Social

8.880/94, artigo 10 da Lei 9.711/98), os quais substituíram o INPC, respectivamente, pelos seguintes indexadores: IRSM, URV, IPC-r e IGP-DI. A grande questão que se levanta aqui é: até onde vai a delegação conferida ao legislador ordinário? Doutrinariamente, existe entendimento de que, se o índice escolhido pelo legislador para a manutenção do valor real deixar de cumprir substancialmente o mandamento constitucional, poderia o juiz não apenas afastar o ato legislativo como escolher outro fator de correção substituto, desde que aferido de forma reconhecidamente técnica.[535] Esse entendimento, todavia, é rechaçado pela Jurisprudência consolidada do STF que inadmite que o Poder Judiciário possa atuar como legislador positivo. Além disso, consoante o entendimento esboçado pela Egrégia Corte em mais um dos Recursos Extraordinários "não conhecidos", a manutenção do valor real seria estabelecida pelo legislador ordinário, não havendo direito adquirido à manutenção de determinado índice, os quais podem ser substituídos. A legislação teria adotado indexadores destinados a recompor as perdas da inflação, não havendo margem para a caracterização de inconstitucionalidade pelo simples fato de haver variação entre índices, decorrente do seu critério de aferição. Por conseguinte, não poderia ser considerada inconstitucional a lei que consagra um determinado índice, menos favorável do que outro, a não ser que seja demonstrada a manifesta inadequação do índice estabelecido pela legislação.[536]

É certo que a EC nº 20/98 efetuou uma desconstitucionalização da forma de cálculo das prestações, como já referido no item 4.2.5; todavia, o princípio em comento não foi afetado. Atualmente, a correção de todos os salários-de-contribuição, desde o momento da concessão − circunstância decisiva para que, a prestação previdenciária seja deferida de maneira adequada, tendo em vista a fórmula de cálculo adotada − é prevista pelo § 3º do art. 201; enquanto o reajustamento periódico dos benefícios, para que seja preservado o valor real, consoante critérios definidos em lei, é contemplado pelo § 4º do mesmo artigo. Com o fim da paridade, operada pela EC nº 41, regras simétricas foram inseridas para os regimes próprios nos §§ 3º e 8º do artigo 40 da CF/88. Para os servidores públicos, a alteração não poderia ser pior, em face da concretização legislativa e jurisprudencial do referido princípio. Inicialmente, trago à baila um rápido exame daquilo que foi decidido sobre a questão do processo de conversão determinada pela Lei nº 8.880/94, o que faço servindo-me da elucidativa descrição de Theisen sobre os prejuízos sofridos pelos aposentados:

> "A norma legal, contudo, desrespeitou os próprios critérios estabelecidos pelo legislador, que optara pela aplicação do FAS, eis que orde-

---

[535] TAVARES, Marcelo Leonardo. *A manutenção do Valor Real dos Benefícios Previdenciários*, RPS 249, p. 573 a 580.

[536] RE 219.880-0/RN, STF, 1ª T., un., Relator Min. Moreira Alves, D.J. 06.08.99.

nou que a conversão para URV se desse pela média dos benefícios pagos em cruzeiros reais, desconsiderando parte da inflação ocorrida e reconhecida pela escolha daqueles índices. Assim, pecou contra o art. 201, 2 da Constituição Federal, porque não preservou o valor real dos benefícios. Ocorre que na sistemática então vigorante, dos reajustes quadrimestrais, os aumentos mensais eram repassados com expurgos de 10% do IRSM do mês anterior (Leis 8.542/92 e 8.700/93), fazendo com o que o valor nominal do mês não representasse o valor real do benefício naquela competência. Considerada pura e simplesmente, a mecânica da quadrimestralidade não trazia prejuízos, porque ao final do quadrimestre os índices integrais eram repassados, sem qualquer perda inflacionária. Quando da conversão para URV, porém, não é válido o mesmo raciocínio, pois desde que obtida a média, o benefício passou a ostentar seu valor para as futuras rendas mensais e futuros reajustes, perpetuando o prejuízo. Por isto, a conversão jamais poderia operar-se por valores nominais, como foram aqueles tomados em novembro e dezembro de 1993 e fevereiro de 1994. Ou deveriam ser corrigidos os valores mensais unicamente para os efeitos da conversão, ou esta ser operada pelos valores integrais do mês de janeiro de 1994, quando computados os expurgos dos meses anteriores, ou ainda, optando-se pela conversão em março, esta poderia ser feita somente pelos valores integrais (mais os expurgados de novembro e dezembro/93) de janeiro de 1994 somados ao valor do benefício com o IRSM integral de fevereiro/94".[537]

De fato, o critério da preservação do valor real acabou demasiado enfraquecido pela intelecção que lhe foi emprestada pela Egrégia Corte, como pode ser demonstrado pelo teor da Ementa do julgamento proferido no Recurso Extraordinário n° 313.382:

"Recurso extraordinário. Constitucional. Precidenciário. Leis n°s 8.542/92 e 8.700/93. Conversão do benefício para URV. Constitucionalidade da palavra 'nominal' contida no inciso I do artigo 20 da Lei 8.880/94. Alegação procedente. 1. O legislador ordinário, considerando que em janeiro de 1994 os benefícios previdenciários teriam os seus valores reajustados, e que no mês subseqüente se daria a antecipação correspondente à parcela que excedesse a 10% (dez por cento) da variação da inflação do mês anterior, houve por bem determinar que na época da conversão da moeda para Unidade Real de Valor fosse observada a média aritmética das rendas nominais referentes às compe-

---

[537] THEISEN, Ana Maria Wickert. *Do Reajustamento do Valor dos Benefícios Previdenciários*, In: FREITAS, Vladimir Passos de. *Direito Previdenciário: Aspectos Materiais, Processuais e Penais*, p. 187.

tências de novembro e dezembro de 1993 e janeiro e fevereiro de 1994, período que antecedeu a implantação do Plano Real, dado que a URV traduzia a inflação diária. 2. Conversão do benefício para URV. Observância das Leis 8.542/92, 8.700/93 e 8.880/94. Inconstitucionalidade da palavra nominal contida no inciso I do artigo 20 da Lei 8880/94, por ofensa à garantia constitucional do direito adquirido (CF, artigo 5º, XXXVI). Improcedência. O referido vocábulo apenas traduz a vontade do legislador de que no cálculo da média aritmética do valor a ser convertido para a nova moeda fossem considerados os reajustes e antecipações efetivamente concedidos nos meses de novembro e dezembro de 1993 e janeiro e fevereiro de 1994. Recurso extraordinário conhecido e provido".[538]

Recentemente, o artigo 41 da Lei 8.213 restou alterado pela Medida Provisória nº 2.022-17, possibilitando-se que o percentual de reajustamento, que já vinha sendo aplicado aleatoriamente a partir de 1997, passasse a ser fixado por meio de ato do Poder Executivo, dispensando-se o instrumento legislativo,[539] providência levada a termo pela primeira vez em junho de 2001, pela via do Decreto nº 3.826/01, o qual fixou o percentual de reajuste de 7,66%. Tal alteração revela-se eivada de inconstitucionalidade, pois não é aceitável que os critérios materiais e temporais de reajustamento não fiquem claramente definidos em lei, como se infere da norma atualmente contida no § 4º do artigo 201, e possam ser fixados *a posteriori*, inclusive empregando-se o menor índice encontrado pelo Poder Executivo.

---

[538] RE 313.832-9/SC, STF, Pleno, unânime, rel. Min. Maurício Correa, DJ. 08.11.2002.

[539] "Art. 41. Os valores dos benefícios em manutenção serão reajustados, a partir de 1º de junho de 2001, pro rata, de acordo com suas respectivas datas de início ou do seu último reajustamento, com base em percentual definido em regulamento, observados os seguintes critérios: I – preservação do valor real do benefício; ... ; III – atualização anual; IV – variação de preços de produtos necessários e relevantes para a aferição da manutenção do valor de compra dos benefícios."

5. O novo desenho da Previdência do servidor público

Decorridos 15 anos da promulgação da Constituição Federal de 1988, os regimes próprios de previdência dos servidores públicos[540] da União, dos Estados, do Distrito Federal e dos Municípios foram redimensionados de forma substancial. A mudança tem início com a discussão do sistema previdenciário brasileiro, intensificada a partir de 1991, cujo primeiro efeito importante será a EC n° 03/93, na qual os benefícios dos servidores públicos passaram a ser revestidos de um caráter contributivo. No curso do processo, a EC n° 20, de 15 de dezembro de 1988, lança o gérmen da uniformidade – vale dizer, o nivelamento por baixo da proteção previdenciária pública – nos §§ 14 a 16 do artigo 40, mas será a Emenda Constitucional n° 41, de 19 de dezembro de 2003, a responsável pelo golpe de misericórdia na configuração dos regimes próprios, implementando uma reforma estrutural, cujo objetivo era o mesmo da proposta de reformulação da PEC n° 20/98: a unificação dos regimes previdenciários públicos para possibilitar a introdução do sistema dos três pilares. Neste Capítulo, repercutiremos as linhas principais do novo sistema, à luz dos princípios constitucionais específicos que moldam o direito à previdência social em nossa Carta Democrática.

5.1. REGIMES PÚBLICOS E PRIVADOS DE PREVIDÊNCIA

As políticas de previdência social no Brasil são concebidas pelo Ministério da Previdência e são executadas pelos regimes públicos de previdência e pelos regimes privados. Os regimes públicos de previdência são compostos pelo Regime Geral de Previdência Social – RGPS – e pelos Regimes Próprios de Previdência Social – RPPSs – das entidades federativas,[541] todos operando atualmente de acordo com um sistema de repartição

---

[540] A expressão "regimes próprios de previdência" é empregada pela CF/88 no § 5° do artigo 201 para diferenciá-los do regime geral.

[541] No exercício da faculdade de legislar sobre regimes próprios, as entidades federativas devem observar as limitações da Lei n° 9.717/98.

simples.[542] Para o custeio de tais regimes, a Carta de 1988 autorizou os Estados, o Distrito Federal e os Municípios, mediante lei, a instituírem contribuição previdenciária no parágrafo único do artigo 149. Na hipótese de o ente estatal não possuir regime previdenciário próprio, todos os servidores serão, obrigatoriamente, segurados do regime geral.

Os agentes públicos não ingressam na administração pública conectados por uma única relação jurídica. Em razão da diversidade de vínculos, os quais traduzem regimes jurídicos peculiares, sua situação laboral e previdenciária poderá assumir contornos bastante diferenciados. Atualmente, apenas os servidores ocupantes de cargos públicos efetivos submetem-se a um regime especificamente concebido para reger esta categoria: o estatutário ou institucional, enquanto os empregados públicos, os ocupantes de cargos e funções temporárias[543] e os ocupantes exclusivamente de cargos em comissão estão sujeitos ao regime jurídico previsto na Consolidação das Leis do Trabalho.[544] Nessa quadra, focando aquilo que nos interessa mais de perto para o momento, esse vínculo poderá desaguar em uma relação jurídica previdenciária com o INSS ou com os regimes próprios de previdência.[545]

Particularmente, sempre entendi que as carreiras de Estado, isto é, aquelas que estão relacionadas com as funções estatais típicas – intransferíveis e permanentes, tais como a manutenção da ordem interna, defesa do território, representação externa, funcionamento e distribuição da justiça e arrecadação de tributos – justamente pela dedicação exclusiva, incompatibilidades e vedações inerentes ao desempenho de tais atividades, as quais não existem na iniciativa privada,[546] e que são primordiais ao funcionamen-

---

[542] MPAS, *Previdência e Estabilidade Social: Curso Formadores em Previdência Social,* p. 32, Coleção Previdência Social, volume 7. Sobre os regimes de financiamento da previdência social serão tecidas considerações específicas no item 4.2.5.

[543] A contratação temporária permitida excepcionalmente pelo inciso IX do artigo 37 da CF/88 está disciplinada pela Lei nº 8.745/93, com as alterações processadas pela Lei nº 9.849/99.

[544] Como é cediço, no regime estatutário, o Estado pode alterar, pela via legislativa, o regime jurídico dos servidores, inexistindo garantia de que a disciplina jurídica original seja mantida sempre. Por sua vez, as relações instituídas com base na CLT, em face do seu caráter contratual, não podem ser alteradas unilateralmente, passando a integrar de imediato o patrimônio jurídico das partes. O regime dos servidores públicos federais, disciplinado pela Lei 8.112/90, é muito criticado por contemplar significativas vantagens. Entretanto, existem importantes conquistas trabalhistas que não são estendidas aos servidores públicos, tais como FGTS, não-recebimento de participação nos lucros e horas extras remuneradas, e, principalmente, as vedações que continuam a existir para os servidores públicos, mesmo após a aposentadoria.

[545] A respeito dos equívocos populistas da Constituição de 1988, em especial os decorrentes dos preceitos insculpidos nos artigos 39 *caput* e 19 ADCT, já nos manifestamos no item 2.8.

[546] Nesse sentido, a Lei 6.185, de 11 de dezembro de 1974, já dispunha no seu artigo 2º: "Art. 2º Para as atividades inerentes ao Estado como Poder Público, sem correspondência no Setor Privado, compreendidas nas áreas de Segurança Pública, Diplomacia, Tributação, Arrecadação e Fiscalização de Tributos Federais e Contribuições previdenciárias, e no Ministério Público, só se nomearão servidores cujos deveres, direitos e vantagens sejam os definidos em estatuto próprio, na forma do art. 109 da Constituição Federal."

to adequado das instituições do Estado Democrático de Direito, devem ser revestidas de prerrogativas aptas a assegurar o seu exercício de maneira eficiente, parcimoniosa e independente.[547]

Paradoxalmente, na reforma previdenciária conduzida por um partido de esquerda, a única carreira de Estado que recebeu tratamento diferenciado foi a dos militares. Nesse particular, verifica-se que o novo § 20 do artigo 40 – ao permitir a existência de um único regime para os servidores ocupantes de cargos efetivos em cada ente estatal – estipula ressalva para o disposto no inciso X do § 3º do artigo 142. Vale dizer, consagrou a tese, constante do Relatório do Deputado José Pimentel, segundo a qual os militares não estariam vinculados a um autêntico regime previdenciário, cabendo ao Estado garantir-lhes os meios de sobrevivência digna após passarem para a inatividade.[548]

Ao lado dos regimes públicos, está autorizado o funcionamento da previdência privada, em caráter complementar e autônomo em relação ao regime geral (artigo 202 da CF/88). São integrantes do setor privado as entidades fechadas e as entidades abertas de previdência, assim classificadas por força da relação entabulada com os participantes de seus planos, os quais funcionam mediante o sistema de capitalização. As entidades fechadas organizam-se com a finalidade de cobrir um grupo específico de trabalhadores, em geral, de uma mesma empresa, ou grupo de empresas, aos servidores públicos da União, Estados e Municípios, ou aos associados ou membros das pessoas jurídicas de caráter profissional classista ou setorial, nos termos do artigo 31 da Lei Complementar 109/2001.[549] São entidades sem fins lucrativos, organizadas como sociedades civis ou fundações, financiadas por contribuições tanto da empresa quanto do próprio segurado. Por seu turno, as entidades abertas são instituições com fins lucrativos,

---

[547] É essencial que os exercentes das funções públicas mais relevantes estejam protegidos contra as injunções político-partidárias e as fortes pressões econômicas, contrárias ao interesse público, que poderiam, por exemplo, impedir a realização de uma atividade de fiscalização tributária nas empresas de um influente parlamentar, ou impedir a conclusão de uma investigação criminal contra o filho do dono de um poderoso grupo de comunicação. Por isso, duas garantias são essenciais para o bem de toda a sociedade: a estabilidade e a aposentadoria com proventos equivalentes aos rendimentos líquidos da ativa. De todo modo, a definição daquilo que é o mais adequado para a nossa sociedade, bem como quais as carreiras que devem ser consideradas como típicas de Estado, importa valorações complexas, a reclamar amplo debate com toda a sociedade, e não serem impostas por: "imperiosas razões de Estado", "como a única forma de salvar a economia do país" (argumento preferido pelos representantes dos fundos de pensão), ou como o caminho divino vislumbrado por quem se acha o escolhido de Deus.

[548] Relatório do Deputado José Pimentel, Relator da PEC nº 40, na Câmara dos Deputados, Capítulo III – Regime Próprio dos Militares. Sobre a situação específica dos militares, vide item 5.4.5.

[549] "Art. 31. As entidades fechadas são aquelas acessíveis, na forma regulamentada pelo órgão regulador e fiscalizador, exclusivamente: I – aos empregados de uma empresa ou grupo de empresas e aos servidores da União, dos Estados, do Distrito Federal e dos Municípios, entes denominados patrocinadores; e II – aos associados ou membros de pessoas jurídicas de caráter profissional, classista ou setorial, denominadas instituidores."

O Direito Fundamental à Previdência Social

organizadas como sociedades anônimas,[550] as quais dispõem de variados planos de previdência postos à disposição dos trabalhadores que desejarem (e puderem, tendo em vista o esforço contributivo adicional) complementar o benefício básico oferecido pela previdência pública. Os regimes públicos e privados de previdência devem coexistir de maneira articulada de forma a concretizar uma proteção social mais ampla possível. Não existe, *a priori*, qualquer limite prefixado para os regimes públicos e para os sistemas privados. Dependendo das peculiaridades de cada nação, esses regimes ou pilares de previdência podem ser mais ou menos abrangentes.[551]

5.2. SERVIDORES OCUPANTES DE CARGOS EM COMISSÃO

Os cargos públicos são o conjunto de atribuições e responsabilidades previstas na estrutura organizacional e que devem ser acometidas a um servidor, podendo ser providos em caráter efetivo ou em comissão.[552] Como vimos no capítulo 2, o serviço público, ao longo da história, emergiu contaminado pelo vírus do clientelismo, sendo os cargos públicos distribuídos como retribuição à lealdade dos simpatizantes do grupo hegemônico instalado no Poder. Por isso nunca houve um real interesse em estabelecer critérios definidos para os cargos em comissão, ainda mais em face da exigência constitucional de que o acesso aos cargos públicos deve ser realizado mediante a aprovação em concurso público (inciso II do artigo 37 da CF/88). De efeito, apenas no âmbito da União – consoante dados coletados do Boletim Estatístico de Pessoal de outubro de 2003, elaborado pela Secretaria de Recursos Humanos do Ministério do Planejamento – o Poder Executivo dispunha de 67.688 Cargos e funções de confiança para repartir entre os aliados. Dando provas evidentes de uma falta de política adequada para a consolidação de uma burocracia racional, o Presidente Lula editou a MP 163, de 23 de janeiro de 2004, na qual são criados mais 1.332 cargos em comissão e 1.465 funções gratificadas.[553]

No § 2º do artigo 40, a Constituição federal assentava que: "§ 2º – A lei disporá sobre a aposentadoria em cargos ou empregos temporários."A Lei 8.112/90, ao mesmo tempo em que concretizava a instituição de um regime jurídico único para os Servidores Públicos Federais, no seu Título VI, detalhou a seguridade social do servidor.

---

[550] "Art. 36. As entidades abertas são constituídas unicamente sob a forma de sociedades anônimas e têm por objetivo instituir e operar planos de benefícios de caráter previdenciário concedidos em forma de renda continuada ou pagamento único, acessíveis a quaisquer pessoas físicas."

[551] A respeito da teoria dos pilares de previdência, vide item 4.2.5.1.

[552] Art. 3º da Lei nº 8.112/90.

[553] A Exposição de motivos desta Medida provisória, nos seus itens 5 a 7, apresenta uma retórica vazia e falaciosa que tenta justificar as práticas imorais que até pouco tempo atrás eram severamente criticadas pelo Partido dos Trabalhadores.

O Tribunal de Contas da União agasalhou o entendimento de que, em face da redação original do artigo 183 da Lei n° 8.112/90, por não ter sido feita distinção entre os ocupantes de cargos efetivos e cargos em comissão, os servidores comissionados tinham sido abrangidos no regime previdenciário próprio dos servidores públicos, posição acolhida pelo Supremo Tribunal Federal. Entretanto, não parecia razoável que uma vinculação precária com a Administração, ainda mais se tratando de um regime não-contributivo, pudesse resultar numa aposentadoria definitiva a ser custeada exclusivamente pelo Estado. Ademais, nunca houve tratamento idêntico entre os detentores de cargos efetivos e os ocupantes de funções comissionadas. Como percebeu acertadamente Rigolin, "regime jurídico único não significa regime securitário único".[554]

Infelizmente, na esteira da compreensão da Egrégia Corte, tornou-se necessário a edição da Lei n° 8.647, de 13.4.93, acrescentando a alínea "g" ao artigo 11 da Lei n° 8.213/91 e inserindo o então parágrafo único ao artigo 183 da Lei n° 8.112/90, vinculando expressamente os servidores em cargos em comissão ao regime geral. Retirava-se, portanto, a possibilidade de estes servidores obterem a aposentadoria estatutária, pelo menos em nível federal. Como os Estados e Municípios não reconheciam a obrigatoriedade da alínea "g" ao artigo 11 da Lei n° 8.213/91 – em que pese o dispositivo seja uma autêntica norma geral de direito previdenciário, a qual suspenderia a eficácia das disposições com ela dissonantes (§4° do art. 24 da CR) – a EC n° 20/98, substituindo a regra contida no §2° por preceito a ser examinado mais adiante, passou expressamente a dispor nos §§ 3° e 13 do artigo 40:

> "§ 3° Os proventos de aposentadoria, por ocasião da sua concessão, serão calculados com base na remuneração do servidor no cargo efetivo em que se der a aposentadoria e, na forma da lei, corresponderão à totalidade da remuneração."

> "§ 13. Ao servidor ocupante, exclusivamente, de cargo em comissão declarado em lei de livre nomeação e exoneração bem como de outro cargo temporário ou de emprego público, aplica-se o regime geral de previdência social."

Contra o § 13 do art. 40, na redação delineada pela EC n° 20/98, foi proposta a ADIn n° 2.024-2-DF, tendo sido distribuída ao Ministro Sepúlveda Pertence, ajuizada pelo Governador do Estado do Mato Grosso do Sul, ao fundamento de que o dispositivo ofendia os princípios da federação, da isonomia, e da imunidade recíproca. Entretanto, a liminar restou indeferida. Na dicção do Pretório Excelso: "A matéria da disposição discutida é previdenciária e, por sua natureza, comporta norma geral de âmbito nacional de

---

[554] RIGOLIN, Ivan Barbosa. *Comentários ao Regime Único dos Servidores Públicos Civis*, p. 296.

validade, que à União se facultava editar, sem prejuízo da legislação estadual suplementar ou plena, na falta de lei federal (CF88, arts. 24, XII, e 40, § 2°): se já o podia ter feito a lei federal, com base nos preceitos recordados do texto constitucional originário, obviamente não afeta, ou, menos ainda, tende a abolir a autonomia dos Estados-membros que assim agora tenha prescrito diretamente a norma constitucional sobrevinda".[555]

Destaque-se, também, que o STF, no julgamento do MS 23.996-DF, cuja relatora foi a Ministra Ellen Gracie, reconheceu que, com o advento da Lei 8.647/93, a aposentadoria de servidor ocupante de cargo em comissão sem vínculo efetivo com a União passou a ser regida pelo Regime Geral, não mais se admitindo a aposentadoria estatutária. (Informativo 261 do STF). Em conformidade com o entendimento da Corte Suprema, a nomeação para cargo comissionado no serviço público federal, após a Lei 8.647/93, não gera direito ao cálculo de proventos no regime estatutário, pois o servidor será segurado do regime geral.[556]

Impende destacar a redefinição operada em virtude da superveniência da Lei n° 10.667, de 14.05.2003, no § 1° do artigo 183 da Lei n° 8.112/90. Este dispositivo passou expressamente a esclarecer a situação do ocupante exclusivamente de cargo comissionado em face do regime próprio. Não sendo, simultaneamente, ocupante de cargo ou emprego efetivo na administração pública direta, autárquica ou fundacional, terá direito apenas à assistência à saúde ofertada pelo regime próprio.

Com a promulgação da EC n° 41/03, consagra-se a implementação de uma política de degradação do serviço público profissional. Basicamente, a única vantagem significativa para o servidor público admitido mediante os critérios isonômicos e de mérito que restou foi o benefício da estabilidade.

5.3. UNIFICAÇÃO DO TETO DO REGIME GERAL E DOS REGIMES PRÓPRIOS

Na reforma constitucional realizada em 1998, já se pretendia estabelecer a convergência dos regimes previdenciários, mas o debate travado no Congresso Nacional acabou rejeitando, naquele momento, essa modificação. Todavia, criou-se a possibilidade de impor aos regimes próprios das entidades federativas o mesmo teto do regime geral,[557] nos §§ 14 a 16 do artigo 40, desde que fossem criados os regimes complementares de previdência para os servidores ocupantes de cargos efetivos. O passo seguinte

555 ADIN n° 2.024-2/DF, STF, Pleno, Rel. Min. Sepúlveda Pertence, DJ 01.12.2000.
556 MS n° 24.024-5/DF, STF, Pleno, Rel. Min. Ilmar Galvão, DJU 24.10.2003.
557 Pelo artigo 14 da EC n° 20/98, o teto tinha sido fixado em R$ 1.200,00, o qual deveria ser reajustado periodicamente, com o objetivo de manter o seu valor real.

foi dado no campo da legislação ordinária. Mediante a edição da Lei nº 9.962, de 22 de fevereiro de 2000, a Lei do Emprego Público, viabilizou-se a contratação de agentes públicos pelo regime da CLT – medida coerente com as diretrizes da Emenda Constitucional nº 19/98, transformadora dos artigo 37 e 39 da CF/88 – porquanto os empregados públicos não estão vinculados ao regime próprio de previdência da União.

Depois da vitória nas eleições de 2002, o Partido dos Trabalhadores, apoiado no discurso fácil do "fim dos privilégios", transmutando completamente sua orientação ideológica anterior – reverenciando fervorosamente o até então satanizado deus mercado – conseguiu emplacar uma reforma da previdência na qual a uniformização futura dos regimes acabou retomada com sucesso, mediante a aprovação da proposta ventilada pela PEC nº 40, fixando um novo teto para o Regime Geral e para os Regimes Próprios, estipulado agora em R$ 2.400,00 (artigo 5º da EC nº 41[558] c/c o novo § 3º do artigo 40).

Na proposta original da PEC nº 40, revogava-se o artigo 10 da EC nº 20/98[559] e o § 16 do artigo 40 da CF/88, bem assim conferia-se nova dicção aos §§ 14 e 15 do artigo 40, colimando permitir a instituição dos regimes complementares da União, dos Estados, do Distrito Federal e dos Municípios pela via de lei ordinária, atenuando a exigência inserida pela EC nº 20 no § 15 do artigo 40 da Constituição, o qual clamava por Lei Complementar.[560] Em justificativa, esgrimia-se que os princípios norteadores de tais regimes já estavam descritos pelas Leis Complementares nºs 108 e 109. A proposta governista, nesse tópico, triunfou plasmada na Emenda Aglutinativa Global 04. Enquanto os §§ 14 e 16 restaram mantidos, pela nova redação do § 15, a previdência complementar deverá ser oferecida por intermédio de *entidades fechadas de natureza pública*, causando sensível desconforto em alguns dos setores mais favoráveis à realização da reforma.

---

[558] "Art. 5º O limite máximo para o valor dos benefícios do regime geral de previdência social de que trata o art. 201 da Constituição Federal é fixado em R$ 2.400, 00 (dois mil e quatrocentos reais), devendo, a partir da data de publicação desta Emenda, ser reajustado de forma a preservar, em caráter permanente, seu valor real, atualizado pelos mesmos índices aplicados aos benefícios do regime geral de previdência social."

[559] "Art. 10. O regime de previdência complementar de que trata o art. 40, §§ 14, 15 e 16, da Constituição Federal, somente poderá ser instituído após a publicação da lei complementar prevista no § 15 do mesmo artigo."

[560] A EC nº 20/98, no que tange à previdência privada, reclamava a edição de três leis complementares, cujos projetos foram elaborados e remetidos à apreciação do Poder Legislativo: a) o primeiro, restou convertido na Lei Complementar nº 109, de 29 de maio de 2001, dispondo sobre o Regime de Previdência Complementar, aberta e fechada; b) o segundo, disciplinando a relação entre a União, os Estados, o Distrito Federal e os Municípios, suas autarquias, fundações, sociedades de economia mista, empresas públicas e outras entidades públicas e suas respectivas entidades fechadas de previdência complementar também acabou convertido em Lei (Lei Complementar nº 108, em 29 de maio de 2001); e c) o terceiro, destinado a viabilizar a instituição dos regimes de previdência complementar dos servidores públicos ainda encontrava-se em discussão no Congresso Nacional, mas ficou prejudicado com a aprovação da EC nº 41/2003.

Contudo, elas poderão oferecer apenas planos na modalidade de contribuição definida (isto é, aqueles que o segurado não sabe quanto receberá e nem se receberá, porquanto o benefício depende do rendimento das aplicações dos recursos do fundo).[561] Na formatação atual do quadro constitucional, permite-se a obrigatoriedade de tais regimes complementares, cuja instituição agora poderá ser feita por lei ordinária, apenas para os novos servidores admitidos após o ato de instituição do correspondente regime de previdência complementar (§ 16 do art. 40).

5.4. ESPÉCIES DE APOSENTADORIAS CONTEMPLADAS NO REGIME PRÓPRIO DA UNIÃO

A Emenda Constitucional nº 41, de 19 de dezembro de 2003, é importante sinalar, manteve os requisitos de elegibilidade para essas aposentadorias – exclusivas dos servidores ocupantes de cargos efetivos, incluídos os servidores das fundações e autarquias, da União, dos Estados, do Distrito Federal e dos Municípios, nos termos do § 13 do art. 40[562] – previstas nos incisos I a III do § 1º do art. 40. Eis a atual redação do artigo 40 e seu § 1º:

"Art. 40. Aos servidores titulares de cargos efetivos da União, dos Estados, do Distrito Federal e dos Municípios, incluídas suas autarquias e fundações, é assegurado regime de previdência de caráter contributivo e solidário, mediante contribuição do respectivo ente público, dos servidores ativos e inativos e dos pensionistas, observados critérios que preservem o equilíbrio financeiro e atuarial e o disposto neste artigo.

§ 1º Os servidores abrangidos pelo regime de previdência de que trata este artigo serão aposentados, calculados os seus proventos a partir dos valores fixados na forma dos §§ 3º e 17: (Redação dada pela Emenda Constitucional nº 41, 19.12.2003)

I – por invalidez permanente, sendo os proventos proporcionais ao tempo de contribuição, exceto se decorrente de acidente em serviço, moléstia profissional ou doença grave, contagiosa ou incurável, na forma da lei;

II – compulsoriamente, aos setenta anos de idade, com proventos proporcionais ao tempo de contribuição;

---

[561] "§ 15. O regime de previdência complementar de que trata o § 14 será instituído por lei de iniciativa do respectivo Poder Executivo, observado o disposto no art. 202 e seus parágrafos, no que couber, por intermédio de entidades fechadas de previdência complementar, de natureza pública, que oferecerão aos respectivos participantes planos de benefícios somente na modalidade de contribuição definida."

[562] "§13. Ao servidor ocupante, exclusivamente, de cargo em comissão declarado em lei de livre nomeação e exoneração bem como de outro cargo temporário ou de emprego público, aplica-se o regime geral de previdência social."

III – voluntariamente, desde que cumprido tempo mínimo de dez anos de efetivo exercício no serviço público e cinco anos no cargo efetivo em que se dará a aposentadoria, observadas as seguintes condições: a) sessenta anos de idade e trinta e cinco de contribuição, se homem, e cinqüenta e cinco anos de idade e trinta de contribuição, se mulher; b) sessenta e cinco anos de idade, se homem, e sessenta anos de idade, se mulher, com proventos proporcionais ao tempo de contribuição."

Como se depreende dos incisos do § 1º do artigo transcrito, as aposentadorias eram e podem continuar sendo classificadas da seguinte maneira: aposentadoria por invalidez, aposentadoria compulsória e aposentadoria voluntária. O artigo 186 e seu § 1º da Lei 8.112/90 eram, na verdade, uma cópia fiel da redação original do artigo 40 da Constituição. Feitas tais considerações, passamos a comentar os tipos de aposentadorias permitidas pela Lei Fundamental para os servidores públicos federais:

5.4.1. Aposentadoria por invalidez

Conhecida também como aposentadoria compulsória por incapacidade real, a aposentadoria por invalidez é o benefício devido ao agente público cuja capacidade laboral restou comprometida. Apesar das lapidações redacionais efetivadas pelas ECs nºs 20/98 e 41/03, no inciso I do § 1º, a prestação em comento não foi afetada. Se a incapacidade atingir o servidor permanentemente, mas houver possibilidade de que ele continue a prestar serviços para a administração, então ele deverá ser aproveitado em outro cargo, diferente daquele onde ele foi investido originariamente, com atribuições compatíveis e similares às do cargo original.

Não deixa de ser paradoxal que, diferentemente do Regime Geral da Lei nº 8.213/91 – cujo artigo 44, a partir da Lei 9.032/95, passou a conceder o pagamento da integralidade da prestação, independentemente da causa motivadora da invalidez ou do tempo de vinculação ao regime – a prestação por invalidez contempla proventos integrais apenas se a incapacidade total originar-se de: a) acidente em serviço, b) moléstia profissional grave ou c) doença grave, contagiosas ou incurável, especificadas em lei.[563]

5.4.1.1. Situações que asseguram a integralidade da aposentadoria por invalidez

A Constituição de 1934 já acolhia a concessão da integralidade dos proventos para o servidor acometido pelas conseqüências graves de aciden-

---

[563] Nesse sentido o artigo 190 da Lei nº 8.112/90: "O servidor aposentado com provento proporcional ao tempo de serviço, se acometido de qualquer das moléstias especificadas no art. 186, § 1º, passará a perceber provento integral."

O Direito Fundamental à Previdência Social

te ocorrido no serviço (primeira parte do § 6º do artigo 170).[564] Depois, a Constituição de 1946 estendeu o direito à aposentadoria integral no caso de a invalidez decorrer de moléstia profissional ou por "doença grave contagiosa ou incurável nos termos da Lei" (§ 3º do art. 191). Na mesma linha dispunha o Estatuto dos Funcionários de 1952 (art. 178, nº II). Com relação ao que deve ser entendido como acidente em serviço, a Lei nº 8.112/90 consagra o artigo 212.[565]

Doença profissional, consoante a antiga conceituação enraizada no § 4º do artigo 178 do Estatuto dos Funcionários, é a resultante das condições do serviço ou de fatos nele ocorridos, devendo ser caracterizada por laudo médico. Como a matéria não recebeu uma disciplina mais específica, no atual Estatuto, em face da subsidiariedade consagrada no §12 do artigo 40 de nossa Carta Política, parece adequado verificar o tratamento conferido à matéria no regime geral, com o objetivo de delinear de maneira mais adequada os contornos protetivos da prestação. No artigo 20 da Lei nº 8.213/91, o legislador distingue doença profissional de doença de trabalho, mas empresta a ambas os mesmos efeitos do acidente do trabalho para efeitos de alcançar a proteção previdenciária.[566] Sabiamente, no § 2ºdesse dispositivo, ficou registrada a possibilidade de que, mesmo não estando a doença prevista na relação específica, a moléstia poderá ser qualificada como doença profissional, quando das constatações médicas resultar demonstrado que ela se relaciona diretamente com as condições especiais nas quais o trabalho foi prestado.

As moléstias consideradas como doenças graves, assecurativas do benefício integral, no Estatuto de 1939, eram regidas pelo seu artigo 201, o qual permitia a aposentadoria integral no caso de o funcionário ser acometido de: tuberculose ativa, alienação mental, neoplasia maligna, cegueira,

---

[564] "o funcionário que se invalidar em conseqüência de acidente ocorrido no serviço será aposentado com vencimentos integrais, qualquer que seja o seu tempo de serviço; serão também aposentados os atacados de doença contagiosa ou incurável que os inabilite para o serviço do cargo;"

[565] "Art. 212. Configura acidente em serviço o dano físico ou mental sofrido pelo servidor, que se relacione, mediata ou imediatamente, com as atribuições do cargo exercido. Parágrafo único. Equipara-se ao acidente em serviço o dano: I – decorrente de agressão sofrida e não provocada pelo servidor no exercício do cargo; II – sofrido no percurso da residência para o trabalho e vice-versa;

[566] "Art. 20. Consideram-se acidente do trabalho, nos termos do artigo anterior, as seguintes entidades mórbidas: I – doença profissional, assim entendida a produzida ou desencadeada pelo exercício do trabalho peculiar à determinada atividade e constante da respectiva relação elaborada pelo Ministério do Trabalho e da Previdência Social; II – doença do trabalho, assim entendida a adquirida ou desencadeada em função ʲe condições especiais em que o trabalho é realizado e com ele se relacione diretamente, constante da relação mencionada no inciso I. § 1º Não são consideradas como doença do trabalho: a) a doença degenerativa; b) a inerente a grupo etário; c) a que não produza incapacidade laborativa; d) a doença endêmica adquirida por segurado habitante de região em que ela se desenvolva, salvo comprovação de que é resultante de exposição ou contato direto determinado pela natureza do trabalho. § 2º Em caso excepcional, constatando-se que a doença não incluída na relação prevista nos incisos I e II deste artigo resultou das condições especiais em que o trabalho é executado e com ele se relaciona diretamente, a Previdência Social deve considerá-la acidente do trabalho."

lepra, ou paralisia que o impedisse de locomover-se. Mais tarde, a matéria passou a figurar no Estatuto de 1952, no inciso II do artigo 178. Hodiernamente, o indesejado elenco é especificado no § 1º do artigo 186 da Lei 8.112/90. Entendemos que o esse rol não pode ser considerado taxativo, como pode ser verificado pela ampliação constante que o elenco de moléstias graves vem sofrendo ao longo do tempo. O mesmo fenômeno é retratado na legislação disciplinadora do regime geral, quanto às doenças que dispensam o cumprimento da carência, pelas suas características próprias, estigma, grau de nocividade, estabelecidas na norma de transição do artigo 151 da Lei nº 8.213 e na Lista elaborada pelos Ministérios da Saúde do trabalho e da Previdência Social prevista no inciso II do artigo 26 do mesmo diploma legal.[567] Nessa trilha, há precedente do TRF da 4ª Região.[568] Contrariamente, encontramos decisão do Superior Tribunal de Justiça conferindo um caráter restritivo a esse dispositivo.[569]

A relação pode ser ampliada por outras leis, levando-se em conta as indicações da medicina especializada. Nos demais casos, o benefício será calculado com proventos proporcionais ao tempo de serviço. Essa proporcionalidade determina que para o homem cada ano de contribuição corresponda a um trinta e cinco avos (1/35), enquanto para a mulher cada ano de contribuição corresponde a um trinta avos (1/30). Nos termos do artigo 191 da Lei 8.112/90,[570] dispositivo válido para todos os tipos de aposentadorias – pelo menos enquanto não sobrevier regulamentação diversa dos preceitos da EC nº 41/03 – nos casos em que os proventos são proporcionais ao tempo de serviço, o benefício não poderá ser inferior a 1/3 da remuneração da atividade.

No § 2º do artigo 188 da Lei 8.112/90 está encapsulada uma imposição de que a aposentadoria por invalidez seja precedida de licença para tratamento de saúde, por período não excedente a 24 meses.[571] Esgotado esse

---

[567] "Entretanto, em nosso entendimento, este dispositivo deve comportar, no mínimo, um elastério analógico. Não se cogita de matéria cuja rigidez exija um elenco imutável. Aliás, esta circunstância foi reconhecida implicitamente pelo legislador, quando determinou a revisão da lista a cada três anos. Dessa forma, parece-nos de todo injustificável, por exemplo, que o surgimento de uma nova patologia, cujos efeitos danosos ao organismo humano fossem semelhantes aos causados pela AIDS, em razão de não ter havido, ainda, inclusão da doença nessa lista, ficasse o segurado relegado ao desamparo social." (ROCHA, Daniel Machado e BALTAZAR JUNIOR, José Paulo. *Comentários à Lei de Benefícios da Previdência Social*, 3 ed., p. 107)

[568] AC 96.0412287/SC, TRF 4ªR, Rel. Desa. Fed. Silvia Goraieb, 4ª T., DJ 22.07.1998, p. 516.

[569] MS nº 8334, Corte Especial, Rel. Ministro José Arnaldo Fonseca, DJ 19.05.2003, p. 107.

[570] "Art. 191. Quando proporcional ao tempo de serviço, o provento não será inferior a 1/3(um terço) da remuneração da atividade."

[571] "Art. 188. A aposentadoria voluntária ou por invalidez vigorará a partir da data da publicação do respectivo ato. § 1º A aposentadoria por invalidez será precedida de licença para tratamento de saúde, por período não excedente a 24 (vinte e quatro) meses. § 2º Expirado o período de licença e não estando em condições de reassumir o cargo ou de ser readaptado, o servidor será aposentado. § 3º O lapso de tempo compreendido entre o término da licença e a publicação do ato da aposentadoria será considerado como de prorrogação da licença."

prazo, se o agente público não puder reassumir o cargo ou ser readaptado, nos termos do artigo 24 a aposentadoria é concedida. Nesse ponto tem razão Rigolin ao afirmar que se trata de um excesso de zelo, pois há casos em que de imediato se constata a irreversibilidade da situação. A invalidez deverá ser constatada por perícia médica oficial.[572]

5.4.2. Aposentadoria compulsória

A aposentadoria compulsória por idade parte de uma presunção de incapacidade para a continuidade do desempenho das tarefas inerentes ao serviço público. Implementada a idade prevista no inciso II do § 1º do artigo 40, na data do septuagésimo aniversário do servidor, a Lei Fundamental presume a inadequação e o desgaste da vitalidade do ocupante de cargo público, sem atentar para a sua real situação psicossomática, representando verdadeira restrição na ocupação dos cargos públicos. Como se sabe hoje, nas atividades intelectuais, aos setenta anos, muitas pessoas ainda estão plenamente aptas para o desempenho das suas funções, sendo adequado cogitar-se a ampliação deste limite etário. O limite de idade no serviço público, consoante a clássica lição de Abreu, é fixado de maneira variável, tendo em conta principalmente os seguintes fatores: a) situação econômica e demográfica nacional; b) interesse do serviço público; c) interesse do funcionalismo em conjunto.[573]

Por se tratar de matéria constitucionalmente definida, não pode a lei ordinária modificar os contornos do instituto ou criar novas hipóteses de aposentadoria obrigatória. No particular, a decisão forjada no julgamento da ADIn nº 183 é elucidativa. No acórdão, o STF reconheceu a inconstitucionalidade das disposições da Constituição do Estado do Mato Grosso que impunham a aposentadoria compulsória dos desembargadores, com trinta anos de serviço, que tivessem completado dez anos de exercício no Tribunal, ao argumento de que a Constituição, na sua redação original, estabeleceria no inciso VI do artigo 93, taxativamente, as hipóteses de aposentadoria facultativa e compulsória dos magistrados, não podendo os Estados-membros ampliar nem restringir sem ferir os arts. 2º e 60, § 4º, III, da CF/88.[574]

O limite etário para o exercício da função pública emergiu com o artigo 170, nº 3, da Constituição de 1934, o qual rezava: "salvo os casos previstos na Constituição, serão aposentados compulsoriamente os funcionários que atingirem 68 anos de idade." Na Constituição autoritária de

---

[572] "§ 3º Na hipótese do inciso I o servidor será submetido à junta médica oficial, que atestará a invalidez quando caracterizada a incapacidade para o desempenho das atribuições do cargo ou a impossibilidade de se aplicar o disposto no art. 2 (§ 3º acrescido pela Lei nº 9.527, de 10/12/1997)."

[573] ABREU DE OLIVEIRA, J. E. *Aposentadoria no serviço público*, p. 90.

[574] ADIN nº 183-3/MT, rel. Ministro Sepúlveda Pertence, Pleno, DJ 31.10.1997.

1937, o dispositivo foi repetido na alínea *d* do artigo 156, bem como quedou incorporado ao art. 198 do Estatuto de 1939.[575] Na Carta de 1946, a idade foi elevada para 70 anos no nº II do artigo 191, razão pela qual, o nº I do artigo 176 do Estatuto de 1952 adequou-se ao novo limite constitucional. A Constituição de 1946 no § 4º do nº II, permitia à lei efetuar a redução dos limites de idade, levando-se em conta a natureza especial do serviço, como por exemplo, nas atividades dos policiais e dos diplomatas. Na mesma linha sobreveio o § 2º do artigo 100 da Constituição de 1967 e o inciso II do artigo 40 de nossa atual Lei Fundamental, mantido pelas EC nº 20/98 e 41/03.

5.4.2.1. Proventos da aposentadoria compulsória

Na aposentadoria compulsória, os proventos serão, em regra, proporcionais ao tempo de serviço prestado. Só haveria direito à integralidade se o funcionário homem contasse com pelo menos 35 anos de serviço e a mulher com 30. A integralidade, todavia, poderia ser alcançada com tempo menor quando decorresse de lei especial. Na Constituição de 1967, por exemplo, para as mulheres e os magistrados concedia-se aposentadoria compulsória com proventos integrais independentemente do tempo de serviço prestado (alínea *a* do inciso I do art. 101 e § 1º do art. 108). Se o servidor permanecer trabalhando, após o implemento da idade, como a sua permanência é irregular, disso não poderá decorrer nenhum benefício. Em virtude da inovação promovida no § 3º do artigo 40, o valor básico para o cálculo proporcional não será mais o último vencimento, mas a média das remunerações utilizadas como base para as contribuições do servidor, em conformidade com a lei reclamada para a regulamentação do cálculo dos proventos dos servidores. Nesse benefício, como apontado no item 5.4.1.1, também é aplicável o favor legal do artigo 191.

5.4.3. Aposentadorias voluntárias

A aposentadoria voluntária no serviço público, erigida como direito subjetivo do servidor, remonta à Constituição de 1946 (§ 1º do artigo 191),[576] pois

---

[575] Na Carta de 1937, criou-se mais uma espécie de aposentadoria compulsória no seu artigo 177, cuja infelicidade e arbitrariedade do preceito foi assim redigido: "Art. 177 – Dentro do prazo de sessenta dias a contar da data dessa Constituição, podem ser aposentados ou reformados de acôrdo com a legislação em vigor os funcionários civis e militares cujo afastamento se impuser, a juízo exclusivo do Govêrno ou no interêsse do serviço público ou por conveniência do regime."

[576] "Art 191 – O funcionário será aposentado: I – por invalidez; II – compulsoriamente, aos 70 anos de idade. § 1º – Será aposentado, se o rèquerer, o funcionário que contar 35 anos de serviço. § 2º – Os vencimentos da aposentadoria serão integrais, se o funcionário contar 30 anos de serviço; e proporcionais, se contar tempo menor. § 3º – Serão integrais os vencimentos da aposentadoria, quando o funcionário, se invalidar por acidente ocorrido no serviço, por moléstia profissional ou por doença grave contagiosa ou incurável especificada em lei. § 4º – Atendendo à natureza especial do serviço, poderá a lei reduzir os limites referidos em o nº II e no § 2º deste artigo."

as Constituições de 1824, 1891, 1934 e 1937 não previam essa forma de aposentadoria. Embora o Estatuto dos Funcionários de 1939 já contemplasse essa modalidade de jubilação no artigo 197, a concessão da prestação ficava ao alvedrio da administração, porquanto era necessário que os servidores fossem julgados merecedores do prêmio, em face dos bons e leais serviços prestados.

Em conformidade com a redação original da Constituição de 1988, existiam as seguintes possibilidades de obtenção de aposentadorias voluntárias: a) aos trinta e cinco anos de serviço, se homem, e aos trinta, se mulher, com proventos integrais; b) aos trinta anos de serviço, se homem, e aos vinte e cinco, se mulher, com proventos proporcionais a esse tempo; c) aos sessenta e cinco anos de idade, se homem, e aos sessenta, se mulher, com proventos proporcionais ao tempo de serviço; d) aos trinta anos de efetivo exercício em funções de magistério, se professor, e vinte e cinco, se professora, com proventos integrais.

A derrocada da aposentadoria por tempo de serviço para o servidor público é obra da Emenda Constitucional n° 20/98, instituindo em substituição uma aposentadoria que reclama, simultaneamente, tempo de contribuição e idade. Especificamente, quanto a esse ponto, a medida atendeu aos imperativos de redução dos gastos excessivos, considerando-se a dramática situação das contas públicas, e a necessidade de conter a saída de recursos humanos qualificados, pois seria justo exigir do servidor público estável – até esse momento protegido pelas garantias da integralidade e da paridade – um tempo maior de trabalho em favor do Estado. Além disso, as regras de transição estabelecidas pela EC n°20/98 eram minimamente razoáveis. A respeito da mudança qualitativa operada pela EC n° 20 que passou a acentuar o caráter contributivo da prestação, bem assim sobre as questões relativas ao tempo de serviço vide nossos comentários ao item 5.5.

Na redefinição da sistemática das aposentadorias voluntárias, o benefício é ofertado com proventos integrais, quando o servidor contar sessenta anos de idade e trinta e cinco de contribuição, se homem, e cinqüenta e cinco anos de idade e trinta de contribuição, se mulher. O servidor ainda faz jus a um benefício por idade, aos sessenta e cinco anos de idade, se homem, e sessenta anos de idade, se mulher, entretanto, os proventos serão proporcionais ao tempo de contribuição. Em ambos os casos, tornou-se necessário o cumprimento de tempo mínimo de dez anos de efetivo exercício no serviço público (não importa o regime jurídico: autárquico ou celetista, nos termos do artigo 100 da Lei n° 8.112/90)[577] e cinco anos no cargo efetivo em que se dará a aposentadoria (inciso III do artigo 40 da CF/88, com a redação dada pela EC n° 20/98).

---

[577] "Art. 100. É contado para todos os efeitos o tempo de serviço público federal, inclusive o prestado às Forças Armadas."

A aposentadoria especial dos professores ficou restrita aos professores que exercem atividades exclusivas de magistério na educação infantil e nos ensinos fundamental e médio (§ 5º do art 40).[578] No que tange aos professores submetidos ao regime geral, há regra simétrica no § 8º do artigo 201.

Com o objetivo de simplificar a compreensão das mudanças nas aposentadorias voluntárias, permitidas após a vigência da EC nº 41, publicada em 31.12.2003, segue o seguinte quadro sinótico:

Aposentadoria voluntária (alínea *a*, III, §1º do art. 40)	Aposentadoria voluntária (alínea *b*, III, §1º do art. 40).	Aposentadoria voluntária do professor (§ 5º do art. 40)
Homem 60 anos de idade e 35 de contribuição	Homem 65 anos de idade	Homem 55 anos de idade e 30 de contribuição
Mulher 55 anos de idade e 30 de contribuição	Mulher 60 anos de idade	Mulher 50 anos de idade e 25 de contribuição
10 anos de efetivo exercício no serviço público	10 anos de efetivo exercício no serviço público	10 anos de efetivo exercício no serviço público
5 anos no cargo efetivo em que se dará a aposentadoria	5 anos no cargo efetivo em que se dará a aposentadoria	5 anos no cargo efetivo em que se dará a aposentadoria
Proventos calculados na forma dos §§ 3º e 17 do artigo 40	Proventos proporcionais, calculados na forma dos §§ 3º e 17 do artigo 40	Proventos calculados na forma dos §§ 3º e 17 do artigo 40

5.4.4. Aposentadoria dos magistrados, dos membros do Ministério Público, dos Tribunais de Contas e dos Parlamentares

A Constituição Federal havia edificado uma forma especial de aposentadoria voluntária, favorecendo algumas categorias tais como: a Magistratura, o Ministério Público e os Ministros dos Tribunais de Contas (arts. 93, VI; 129, § 4º e 73, § 3º), excepcionando-as da regra geral. Pela previsão original, os Magistrados, membros do Ministério Público e dos Tribunais de Contas (homens e mulheres) poderiam aposentar-se, com proventos integrais: a) compulsoriamente, no caso de invalidez ou aos 70 anos de idade; ou, facultativamente, aos 30 anos de serviço, após cinco anos de exercício efetivo na judicatura.

Em tais regimes previdenciários, à míngua de previsão, não havia como extrair um benefício proporcional e nem conferir tratamento distinto para homens e mulheres. Por isso, a aposentadoria proporcional contemplada na alínea *c* do inciso II do artigo 40 não era aplicável para as categorias do Ministério Público e da Magistratura. De efeito, quando o constituinte quis estabelecer uma diferenciação, o fez em regra própria, como ocorreu

---

[578] "§ 5º Os requisitos de idade e de tempo de contribuição serão reduzidos em cinco anos, em relação ao disposto no § 1º, III, a, para o professor que comprove exclusivamente tempo de efetivo exercício das funções de magistério na educação infantil e no ensino fundamental e médio."

O Direito Fundamental à Previdência Social

com a aposentadoria dos professores (30 anos para os homens e 25 anos para as mulheres). Essa exegese foi externada no julgamento da Ação Direta de Inconstitucionalidade n° 994-0, na qual ficou reconhecida a inconstitucionalidade do § 3° do artigo 231 da Lei Complementar n° 75, de 20 de maio de 1993, o Estatuto do Ministério Público da União.[579] Em face do perfil contencionista da Emenda Constitucional n° 20/98, os artigos 93, VI, e 73, § 3°, foram redesenhados impondo-se a aplicação das mesmas regras previdenciárias estabelecidas para a generalidade dos servidores públicos.

Os parlamentares federais eram segurados obrigatórios, nos termos da Lei n° 7.087/82, do Instituto de Previdência dos Congressistas. O benefício era devido após 8 anos de contribuição, desde que o parlamentar implementasse 50 anos de idade, após 8 anos de contribuição, correspondendo a uma parcela fixa de 26% dos subsídios. A essa parcela, seriam adicionados os seguintes percentuais: a) 3,25% do 9° ao 16° ano, b) 3,4% do 17 ao 28, c) 3,6% do 29° ao 30°. Só aos 30 anos de contribuição o parlamentar teria direito ao benefício com proventos iguais ao do respectivo mandato. A Lei n° 9.506, de 30 de outubro de 1997, promoveu a extinção do IPC. No seu lugar criou um plano previdenciário facultativo para os congressistas.[580] Como o plano é opcional, os parlamentares que não desejarem manifestar sua adesão serão segurados obrigatórios do regime geral, nos termos do

---

[579] "1. Ação Direta de Inconstitucionalidade. 2. Lei Complementar n° 75, de 20 de maio de 1993, que dispões sobre a organização e, as atribuições e o Estatuto do Ministério Público da União, art. 231, § 3°. Aposentadoria ao membro do MP do sexo feminino, com proventos proporcionais, aos vinte e cinco anos de serviço. 3. Alegação de ofensa ao art. 129, § 4°, combinado com o art. 93, VI, ambos da Constituição Federal. De referência à magistratura e ao Ministério Público, há regime de aposentadoria voluntária de explícito, previsto na Constituição (93, VI, e . 129, § 4°). Não se contempla, aí, aposentadoria facultativa, com proventos proporcionais. 4. A aposentadoria voluntária, aos trinta anos de serviço, para a Magistratura e o Ministério Público, pressupõe, ainda, exercícico efetivo, na judicatura ou no MP, no mínimo por cinco anos. Não aplicabilidade do art. 40, III, *c*, da Constituição, à Magistratura e ao Ministério Público. 5. Não há como afastar a eia de inconstitucionalidade do § 3° do art. 231,da Lei Complementar n° 75, de 2.0.05.1993, que pretendeu operarno campo normativo o que só ao constituinte está reservado. 6. Ação direta de inconstitucionalidade julgada procedente para declarar a inconstitucionalidade do parágrafo 3° do art. 231,da Lei Complementar n° 75, de 20.05.1993." (ADIn 994-0/DF, STF, Rel. Ministro Néri da Silveira DJ 19.09.2003).

[580] O benefício de aposentadoria para os congressistas agora é oferecido nas seguintes condições: "Art. 2° O Senador, Deputado Federal ou suplente que assim o requerer, no prazo de trinta dias do início do exercício do mandato, participará do Plano de Seguridade Social dos Congressistas, fazendo jus à aposentadoria: I – com proventos correspondentes à totalidade do valor obtido na forma do § 1°: a) por invalidez permanente, quando esta ocorrer durante o exercício do mandato e decorrer de acidente, moléstia profissional ou doença grave, contagiosa ou incurável, especificadas em lei; b) aos trinta e cinco anos de exercício de mandato e sessenta anos de idade; II – com proventos proporcionais, observado o disposto no § 2°, ao valor obtido na forma do § 1°: a) por invalidez permanente, nos casos não previstos na alínea a do inciso anterior, não podendo os proventos ser inferiores a vinte e seis por cento da remuneração fixada para os membros do Congresso Nacional; b) aos trinta e cinco anos de contribuição e sessenta anos de idade. § 1° O valor dos proventos das aposentadorias previstas nos incisos I e II do *caput* será calculado tomando por base percentual da remuneração fixada para os membros do Congresso Nacional, idêntico ao adotado para cálculo dos benefícios dos servidores públicos civis federais de mesma remuneração. § 2° O valor da aposentadoria prevista no inciso II do caput corresponderá a um trinta e cinco avos, por ano de exercício de mandato, do valor obtido na forma do § 1°."

artigo 12, inciso I, alínea *h*, da Lei n° 8.212/91. No julgamento do RE 351.717/PR, entretanto, o STF reconheceu a inconstitucionalidade da alínea *h* do inciso I do art. 12 da Lei 8.212/91, introduzida pela Lei 9.506/97, § 1° do art. 13.[581]

5.4.5. Aposentadorias dos militares

Assim como os servidores públicos civis, os benefícios previdenciários conferidos aos militares constavam de previsão estatutária diferenciada dos trabalhadores em geral. Quando da tramitação da EC n° 20/98, obtiveram uma Emenda Constitucional específica, modificadora dos artigos 42 e 142 da Constituição Federal, cujo principal efeito foi blindar os militares contra alterações significativas no seu regime de previdência. Dessa maneira, sua situação previdenciária, em observância ao novo § 3°, inciso X, do artigo 142,[582] permaneceria, salvo algumas pequenas alterações que poderiam ser realizadas na legislação ordinária, basicamente como dantes.[583] Consoante as regras contidas no seu Estatuto, os militares podem permanecer um tempo máximo em cada posto da carreira, até serem transferidos para a reserva, sendo que os proventos observavam o posto seguinte da carreira. Para os militares, tal como determinado para os servidores civis, a promoção para grau hierárquico superior, na passagem para a inatividade, ficou obstada, bem como de contagem em dobro do tempo de serviço relativo a licenças e férias não gozadas para efeito de cômputo de tempo para a aposentadoria. A EC n° 20/98 vedou, ainda, a cumulação de proventos e remuneração, como será examinado no item seguinte, e a observância do teto do inciso XI do artigo 37.

Na discussão da PEC n° 40, os congressistas acolheram a proposta governamental de preservar os militares, considerando que esta categoria de servidores públicos seria distinta de todas as demais e que, em decorrência, seus benefícios não teriam por fundamento as contribuições efetivamente vertidas. A única modificação efetuada no artigo 142, pela EC n° 41/03, foi a

---

[581] RE 351.717-PR, Rel. Min. Carlos Velloso, noticiado no Informativo 326 do STF.

[582] "X – a lei disporá sobre o ingresso nas Forças Armadas, os limites de idade, a estabilidade e outras condições de transferência do militar para a inatividade, os direitos, os deveres, a remuneração, as prerrogativas e outras situações especiais dos militares, consideradas as peculiaridades de suas atividades, inclusive aquelas cumpridas por força de compromissos internacionais e de guerra."

[583] Os militares, a partir de dezembro de 2000, contribuem sobre as parcelas que compõem seus proventos com alíquotas de 7,5%, para a pensão e de 3,5%, para a assistência médica. Inexplicavelmente, ficou mantido o direito de deixar a pensão para as filhas "solteiras" maiores de 21 anos, essa contribuição foi elevada para 12,5%, sendo, portanto, de 1,5% a alíquota exigida especificamente para garantir-lhes tal direito (Medida Provisória n° 2.131, de dezembro de 2000. Reeditada como Medida Provisória n° 2.215-10, de 31 de agosto de 2001).

revogação do inciso IX do § 3º do artigo 142,[584] para preservar os militares das extinção da regra da paridade, bem como das modificações operadas no benefício da pensão por morte.

5.4.6. Vedação de acumulação de aposentadorias

Nossa Constituição Federal, no inciso XVI do artigo 37, já com as modificações operadas pelas Emendas nos 19 e 34,[585] obstrui a acumulação remunerada de cargos públicos, ressalvadas as hipóteses expressamente declinadas, desde que: os horários sejam compatíveis, e o teto remuneratório previsto no inciso XI do mesmo artigo permaneça respeitado. No atinente à possibilidade de percepção simultânea de proventos e remuneração, as exceções autorizadas por nossa Lei Maior são as seguintes: a) cargos acumuláveis apontados no inciso XVI; b) cargos eletivos; c) cargos em comissão; e d) servidores que reingressaram por novo concurso público e pelas demais formas admitidas até a data de publicação da Emenda nº 20, 16.12.98.

Sobre a matéria, doutrinadores dos mais respeitáveis, como José Afonso da Silva, Celso Antônio Bandeira de Mello e Maria Sylvia Zanela Di Pietro, com argumentos ponderáveis, defendiam, ante o texto original da Lei Fundamental, a possibilidade da acumulação, enquanto outros como Rigolin rechaçavam a tese. Após decisões judiciais favoráveis e desfavoráveis, o Supremo Tribunal Federal no julgamento do Recurso Extraordinário nº 163.204-6/SP consolidou a intelecção de não ser adequada a promoção de distinção entre vencimentos e proventos para fins de acumulação: "A acumulação de proventos e vencimentos só é permitida quando se tratar de cargos, funções ou empregos acumuláveis na atividade, na forma permitida na Constituição." Como bem percebeu o Ministro Marco Aurélio, no seu voto vencido, a posição do STF era contraditória uma vez que proibia-se a cumulação de proventos-vencimentos, quando o servidor concorria de maneira isonômica com os demais cidadãos, mas permitia-se um novo ingresso remunerado no serviço público mediante simples convite.[586] A posição sufragada pelo Supremo Tribunal Federal acabou encampada em nossa Carta

---

584 IX – aplica-se aos militares e a seus pensionistas o disposto no art. 40, §§ 7º e 8º;" (Revogado pela Emenda Constitucional nº 41, de 19.12.2003)

585 "XVI – é vedada a acumulação remunerada de cargos públicos, exceto, quando houver compatibilidade de horários, observado em qualquer caso o disposto no inciso XI; a) a de dois cargos de professor; b) a de um cargo de professor com outro técnico ou científico; c) a de dois cargos ou empregos privativos de profissionais de saúde, com profissões regulamentadas; Redação dada pela Emenda Constitucional nº 34, de 13/12/2001)."

586 Recurso Extraordinário nº 163.204-6, Pleno, Rel. Ministro Carlos Velloso, DJU 31.03.95.

no § 10 do artigo 37.[587] Em decorrência, por expressa autorização constitucional contida nesse dispositivo, pode o servidor aposentado vir a assumir cargo eletivo ou passar a deter cargo em comissão declarado em lei de livre nomeação e exoneração cumulando a remuneração. O artigo 11 da EC nº 20/98, todavia, introduziu uma regra clientelista legitimando acumulações que haviam sido consideradas ilegítimas pelo STF, para quem ingressou novamente no serviço público antes de 16.12.98.[588]

Dentro da lógica do que foi autorizado para o recebimento simultâneo de proventos e vencimentos, a Emenda Constitucional nº 20/98 inseriu enunciado normativo no § 6º do artigo 40 da CF/88, bloqueando a dupla percepção de aposentadorias, ressalvando-se, apenas, aquelas decorrentes de cargos acumuláveis na forma desta Constituição. Por relevante, destaque-se não haver óbice para que as aposentadorias do regime próprio sejam recebidas juntamente com os benefícios do regime geral, quando o cidadão implementar, separadamente, os requisitos exidos para cada benefício.

5.4.7. Teto de retribuição dos agentes públicos

Este tópico envolve matéria que não é propriamente previdenciária, mas como foi veiculado no bojo da EC nº 41/03, seguem sucintos comentários. Na redação original, o inciso XI do artigo 37 já previa a limitação da remuneração dos agentes públicos, devendo a lei fixar a relação entre a maior e a menor remuneração.[589] Ao mesmo tempo, o Poder Constituinte Originário, no artigo 17 ADCT, havia determinado uma medida que não necessitava de concretização legislativa, podendo ser aplicada desde logo.[590] O fato é que não houve, naquela ocasião, vontade política para

---

[587] "§ 10. É vedada a percepção simultânea de proventos de aposentadoria decorrentes do art. 40 ou dos arts. 42 e 142 com a remuneração de cargo, emprego ou função pública, ressalvados os cargos acumuláveis na forma desta Constituição, os cargos eletivos e os cargos em comissão declarados em lei de livre nomeação e exoneração."

[588] "Art. 11. A vedação prevista no art. 37, § 10 da Constituição Federal, não se aplica aos membros de poder e aos inativos, servidores e militares, que, até a publicação desta Emenda, tenham ingressado novamente no serviço público por concurso público de provas ou de provas e títulos, e pelas demais formas previstas na Constituição Federal, sendo-lhes proibida a percepção de mais de uma aposentadoria pelo regime de previdência a que se refere o art. 40 da Constituição Federal, aplicando-se-lhes, em qualquer hipótese, o limite de que trata o § 11 deste mesmo artigo."

[589] "XI – a lei fixará o limite máximo e a relação de valores entre a maior e a menor remuneração dos servidores públicos, observados, como limites máximos e no âmbito dos respectivos Poderes, os valores percebidos como remuneração, em espécie, a qualquer título, por membros do Congresso Nacional, Ministros de Estado e Ministros do Supremo Tribunal Federal e seus correspondentes nos Estados, no Distrito Federal e nos Territórios, e, nos Municípios, os valores percebidos como remuneração, em espécie, pelo Prefeito;"

[590] "Art. 17. Os vencimentos, a remuneração, as vantagens e os adicionais, bem como os proventos de aposentadoria que estejam sendo percebidos em desacordo com a Constituição, serão imediatamente reduzidos aos limites dela decorrentes, não se admitindo, neste caso, invocação de direito adquirido ou percepção de excesso a qualquer título".

O Direito Fundamental à Previdência Social

193

implementar esse dispositivo, tendo a sua eficácia sido reduzida a praticamente zero, em vista das exceções e atenuações, sobretudo, o reconhecimento das vantagens pessoais não sujeitas ao teto.[591]

A Emenda Constitucional nº 19, de 4 de junho de 1998, promotora da chamada Reforma Administrativa, ao mesmo tempo em que substituía a redação do inciso XI do artigo 37,[592] instituindo um teto único, insculpiu no seu artigo 30 nova regra transitória determinando a adequação imediata dos vencimentos, subsídios e proventos aos limites constitucionais.[593] Em sessão administrativa, em 24 de junho de 1998, o Supremo Tribunal Federal entendeu, por maioria, não ser o inciso XI do artigo 37, com a redação dada pela EC nº19/98, auto-aplicável, o que foi confirmado na decisão proferida na ADIn MC 1.898-DF, rel. Min. Octavio Gallotti, noticiada no informativo 128 do STF.

Agora, a EC nº 41, mais uma vez, retoca a redação do inciso XI do artigo 37, no qual os subtetos, nos Estados e Municípios foram expressamente previstos, tendo em vista que, principalmente em Municípios pequenos, o limite poderia estar fora da realidade econômica local:

> "XI – a remuneração e o subsídio dos ocupantes de cargos, funções e empregos públicos da administração direta, autárquica e fundacional, dos membros de qualquer dos Poderes da União, dos Estados, do Distrito Federal e dos Municípios, dos detentores de mandato eletivo e dos demais agentes políticos e os proventos, pensões ou outra espécie remuneratória, percebidos cumulativamente ou não, incluídas as vantagens pessoais ou de qualquer outra natureza, não poderão exceder o subsídio mensal, em espécie, dos Ministros do Supremo Tribunal Federal, aplicando-se como limite, nos Municípios, o subsídio do Prefeito, e nos Estados e no Distrito Federal, o subsídio mensal do Governador no âmbito do Poder Executivo, o subsídio dos Deputados Estaduais e Distritais no âmbito do Poder Legislativo e o subsídio dos Desembargadores do Tribunal de Justiça, limitado a noventa inteiros e vinte e cinco centésimos por cento do subsídio mensal, em espécie, dos Ministros do Supremo Tribunal Federal, no âmbito do Poder Ju-

---

[591] A respeito da questão, consulte-se o interessantíssimo artigo de Paulo Modesto, intitulado: Teto Constitucional de Remuneração dos agentes públicos: uma crônica de mutações e emendas constitucionais.

[592] "XI – a remuneração e o subsídio dos ocupantes de cargos, funções e empregos públicos da administração direta, autárquica e fundacional, dos membros de qualquer dos Poderes da União, dos Estados, do Distrito Federal e dos Municípios, dos detentores de mandato eletivo e dos demais agentes políticos e os proventos, pensões ou outra espécie remuneratória, percebidos cumulativamente ou não, incluídas as vantagens pessoais ou de qualquer outra natureza, não poderão exceder o subsídio mensal, em espécie, dos Ministros do Supremo Tribunal Federal;"

[593] Art. 30. "Os subsídios, vencimentos, remuneração, proventos de aposentadoria e pensões e quaisquer outras espécies remuneratórias adequar-se-ão, a partir da promulgação desta emenda, aos limites decorrentes da Constituição Federal, não se admitindo a percepção de excesso a qualquer título".

diciário, aplicável este limite aos membros do Ministério Público, aos Procuradores e aos Defensores Públicos;"

Com o dispositivo, ficou suprimida a exigência de lei de iniciativa conjunta do Presidente da República, dos Presidentes da Câmara dos Deputados e do Senado Federal e do Presidente do Supremo Tribunal Federal, para a fixação do subsídio dos Ministros daquela Corte, o qual foi elegido como teto para as retribuições pagas aos agentes públicos. O artigo 8º da EC nº41/03 determinou que, até a fixação do subsídio dos Ministros do Supremo, seja observado como teto o valor da maior remuneração atribuída por lei a Ministro do Supremo Tribunal Federal, enquanto o 9º pretendeu determinar a imediata redução do excesso pela aplicação do art. 17 ADCT.

5.4.8. Eliminação da integralidade e a nova mecânica de cálculo

O sistema remuneratório dos servidores públicos já havia sofrido alterações relevantes com o advento da EC nº 19/98, o qual, além de retirar a isonomia de vencimentos, vedando a vinculação ou equiparação de quaisquer espécies remuneratórias para o efeito de remuneração de pessoal do serviço público,[594] inseriu o regime do subsídio para determinadas categorias de agentes públicos (Parlamentares, Ministros de Estado, Secretários Estaduais e Municipais, Chefes do Poder Executivo, Magistrados, Ministério Público e Membros dos Tribunais de Contas). Passaram a vigorar dois sistemas remuneratórios: o tradicional, compreendendo uma parcela fixa e parcelas variáveis, e o novo, no qual a retribuição deve corresponder a um subsídio constituído por parcela única.

Conquanto o projeto original da EC nº 20/98 já pretendesse estipular o mesmo limite do regime geral para os proventos dos servidores públicos – na época equivalente a R$ 1.200,00 – o debate travado no Congresso Nacional evoluiu para a manutenção da integralidade, porém, acertadamente, a Constituição passou a interditar, no § 2º do artigo 40, a majoração dos proventos por ocasião da aposentadoria,[595] como ocorria anteriormente por força da Lei nº 8.112/90.[596]

---

[594] Inciso XIII do artigo 37 da CF/88, na redação dada pela Emenda Constitucional nº 19/98.

[595] "§ 2º Os proventos de aposentadoria e as pensões, por ocasião de sua concessão, não poderão exceder a remuneração do respectivo servidor, no cargo efetivo em que se deu a aposentadoria ou que serviu de referência para a concessão da pensão."

[596] "Art. 192. O servidor que contar tempo de serviço para aposentadoria com provento integral será aposentado: I – com a remuneração do padrão da classe imediatamente superior àquela em que se encontra posicionado; II – quando ocupante da última classe da carreira, com a remuneração do padrão correspondente, acrescida da diferença entre esse e o padrão da classe imediatamente anterior. Art. 193. O servidor que tiver exercido função de direção, chefia, assessoramento, assistência ou cargo de comissão, por período de 5 (cinco) anos consecutivos, ou 10 (dez) anos interpolados, poderá aposentar-se com a gratificação da função ou remuneração do cargo em comissão, de maior valor, desde que

O comando normativo plasmado no § 3º do art. 40, pela EC nº 41/03, sepultou a regra da integralidade ao estabelecer: "Para o cálculo dos proventos de aposentadoria, por ocasião da sua concessão, serão consideradas as remunerações utilizadas como base para as contribuições do servidor aos regimes de previdência de que tratam este artigo e o art. 201, na forma da lei." Salta aos olhos que o enunciado normativo reclamava concretização legislativa, na qual a tendência era a adoção de mecanismo semelhante ao vigente para os segurados do regime geral. Por sua vez, a Lei 8.213/91, na redação vigente do art. 29, já determinava para a fixação do salário-de-benefício – isto é, a média atualizada dos salários-de-contribuição que serve de importância básica para o estabelecimento da renda mensal inicial dos benefícios de prestação continuada – a valoração de toda a vida contributiva do trabalhador. Na tentativa de suavizar o impacto da modificação imposta pela Lei nº 9.876, o art. 3º previu uma retroação do período básico – para quem já tinha sido filiado à previdência social até 28.11.99 – limitada até julho de 1994.[597]

Valendo-se deste paradigma, em 19 de fevereiro de 2004, foi editada a Medida Provisória nº 167, determinando no seu artigo 1º que,[598] para o

---

exercido por um período mínimo de 2 (dois) anos. § 1º Quando o exercício da função ou cargo em comissão de maior valor não corresponder ao período de 2 (dois) anos será incorporada a gratificação ou remuneração da função ou cargo em comissão imediatamente inferior dentre os exercidos. § 2º A aplicação do disposto neste artigo exclui as vantagens previstas no art. 192, bem como a incorporação de que trata o art. 62, ressalvado o direito de opção.

[597] "Art. 3º Para o segurado filiado à Previdência Social até o dia anterior à data de publicação desta Lei, que cumprir as condições exigidas para a concessão dos benefícios do Regime Geral de Previdência Social, no cálculo do salário-de-benefício será considerada a média aritmética simples dos maiores salários-de-contribuição, correspondentes a no mínimo, oitenta por cento de todo o período contributivo decorridos desde a competência julho de 1994, observado o disposto nos incisos I e II do art. 29 da Lei nº 8.213, de 1991, com a redação dada por esta Lei."

[598] "Art. 1º No cálculo dos proventos de aposentadoria dos servidores titulares de cargo efetivo de qualquer dos poderes da União, dos Estados, do Distrito Federal e dos Municípios, previsto no , será considerada a média aritmética simples das maiores remunerações, utilizadas como base para as contribuições do servidor aos regimes de previdência a que esteve vinculado, correspondentes a oitenta por cento de todo o período contributivo desde a competência julho de 1994 ou desde a do início da contribuição, se posterior àquela competência.

§ 1º As remunerações consideradas no cálculo do valor inicial dos proventos terão os seus valores atualizados, mês a mês, de acordo com a variação integral do índice fixado para a atualização dos salários-de-contribuição considerados no cálculo dos benefícios do regime geral da previdência social.

§ 2º Na hipótese da não-instituição de contribuição para o regime próprio durante o período referido no *caput*, considerar-se-á, como base de cálculo dos proventos, a remuneração do servidor no cargo efetivo no mesmo período.

§ 3º Os valores das remunerações a serem utilizadas no cálculo de que trata este artigo serão comprovados mediante documento fornecido pelos órgãos e entidades gestoras dos regimes de previdência aos quais o servidor esteve vinculado.

§ 4º Para os fins deste artigo, as remunerações consideradas no cálculo da aposentadoria não poderão ser: I – inferiores ao valor do salário mínimo; II – superiores aos valores dos limites máximos de remuneração no serviço público do respectivo ente; ou III – superiores ao limite máximo do salário-de-contribuição, quanto aos meses em que o servidor esteve vinculado ao regime geral de previdência social.

§ 5º Os proventos, calculados de acordo com o caput, por ocasião de sua concessão, não poderão exceder a remuneração do respectivo servidor no cargo efetivo em que se deu a aposentadoria ou que serviu de referência para a concessão da pensão."

cálculo dos proventos de aposentadoria dos servidores ocupantes de cargos efetivos – de qualquer dos poderes da União, dos Estados, do Distrito Federal e dos Municípios – fosse considerada a média atualizada das remunerações utilizadas como base para as contribuições aos regimes de previdência a que o servidor esteve vinculado, correspondente a oitenta por cento de todo o período contributivo. Considerando o fato de os diferentes regimes próprios das entidades federativas nem sempre terem exigido o recolhimento de contribuições, o § 2º desse artigo prevê, para o caso de inexistência de contribuição, seja considerado como base de cálculo dos proventos, a remuneração do servidor no cargo efetivo no mesmo período.

A aproximação na mecânica de cálculo das aposentadorias com os critérios do regime geral envolve, e até não poderia ser diferente em face das novas balizas constitucionais: a) o termo inicial do período de apuração, julho de 1994, ou a data de início da contribuição, se esta for posterior; b) o mesmo índice escolhido pelo legislador para a atualização das remunerações o qual passou a ser o INPC, por força do artigo 29-B, acrescentado à Lei nº 8.213/91 pela Medida Provisória nº 167/04; c) a importação do instituto do salário-de-contribuição, inclusive ficando explicitadas as parcelas que não integrarão os salário-de-contribuição para efeitos de cálculo dos benefícios, pela nova redação conferida ao artigo 1º da Lei nº 9.717/98.[599] Nessa senda de convergência dos regimes próprios, para a adoção dos mesmos critérios do regime geral, não há empecilho para que, venha a ser agregada a fórmula um coeficiente atuarial, como já ocorre no regime geral, desde a Lei nº 9.876/99.

A partir do momento no qual se decidiu estruturar os regimes próprios de forma a observar um equilíbrio financeiro e atuarial, uma nova regulamentação que determine o cálculo do benefício com base em toda a vida contributiva do servidor, estabelecendo uma maior proporcionalidade entre os aportes recolhidos e o benefício a ser pago pelo sistema, representa uma concretização legislativa do princípio estampado no § 5º do artigo 195. Da mesma forma que o § 4º do artigo 201, o § 17 do artigo 40 assegura a correção, na forma da lei, de todos os valores considerados para o cálculo da remuneração.

---

[599] "X – vedação de inclusão nos benefícios, para efeito de cálculo e percepção destes, de parcelas remuneratórias pagas em decorrência de função de confiança ou de cargo em comissão, exceto quando tais parcelas integrarem a remuneração de contribuição do servidor que se aposentar com fundamento no art. 40 da Constituição, respeitado, em qualquer hipótese, o limite previsto no § 2º do citado artigo; XI – vedação de inclusão nos benefícios, para efeito de cálculo e percepção destes, de parcelas remuneratórias pagas em decorrência de local de trabalho ou do abono de permanência de que tratam o § 19 do art. 40 da Constituição, o § 5º do art. 2º e o § 1º do art. 3º da Emenda Constitucional no 41, de 19 de dezembro de 2003."

5.4.9. Eliminação da regra da paridade

A regra da paridade vinha sendo da maior relevância para que os proventos e as pensões dos servidores públicos não ficassem insuportavelmente defasados. Em face do escasso poder de pressão dos aposentados, inegavelmente essa categoria estava mais protegida que os segurados do regime geral, por gozar de uma garantia de revisão na mesma proporção e na mesma data, sempre que fosse modificada a remuneração dos agentes públicos em atividade.

O novo paradigma de recomposição monetária, ditado pela substituição do § 8º do artigo 40,[600] o qual será aplicável para todos os servidores que não implementarem os requisitos exigidos até a publicação da Emenda nº 41/03, estendeu o frágil critério da preservação do valor do real, para balizar o reajustamento das aposentadorias e pensões. A medida representa um golpe substancial no padrão de vida dos aposentados e pensionistas dos regimes próprios. Deixar-se-á de tecer maiores considerações sobre o apontado (e enfraquecido) princípio, uma vez que a questão já foi examinada no item 4.2.6.

A integralidade e paridade apenas serão mantidas para os servidores que assentirem em adiar a aposentadoria atendendo aos requisitos do artigo 6º da Emenda Constitucional nº41, os quais são inclusive mais rigorosos que os da atual regra permanente:

"Art. 6º Ressalvado o direito de opção à aposentadoria pelas normas estabelecidas pelo art. 40 da Constituição Federal ou pelas regras estabelecidas pelo art. 2º desta Emenda, o servidor da União, dos Estados, do Distrito Federal e dos Municípios, incluídas suas autarquias e fundações, que tenha ingressado no serviço público até a data de publicação desta Emenda poderá aposentar-se com proventos integrais, que corresponderão à totalidade da remuneração do servidor no cargo efetivo em que se der a aposentadoria, na forma da lei, quando, observadas as reduções de idade e tempo de contribuição contidas no § 5º do art. 40 da Constituição Federal, vier a preencher, cumulativamente, as seguintes condições:

I – sessenta anos de idade, se homem, e cinqüenta e cinco anos de idade, se mulher;

II – trinta e cinco anos de contribuição, se homem, e trinta anos de contribuição, se mulher;

III – vinte anos de efetivo exercício no serviço público; e

IV – dez anos de carreira e cinco anos de efetivo exercício no cargo em que se der a aposentadoria.

---

[600] "§ 8º: É assegurado o reajustamento dos benefícios para preservar-lhes, em caráter permanente, o valor real, conforme critérios estabelecidos em lei."

Parágrafo único. Os proventos das aposentadorias concedidas conforme este artigo serão revistos na mesma proporção e na mesma data, sempre que se modificar a remuneração dos servidores em atividade, na forma da lei, observado o disposto no art. 37, XI, da Constituição Federal."

5.4.10. Nova regra de transição

Quando da extinção da aposentadoria por tempo de serviço nos regimes próprios, a EC nº 20/98 havia estabelecido uma regra de transição com o seguinte teor:

"Art. 8º. Observado o disposto no art. 4º desta Emenda e ressalvado o direito de opção à aposentadoria pelas normas por ela estabelecidas, é assegurado o direito à aposentadoria voluntária com proventos calculados de acordo com o art. 40, § 3º, da Constituição Federal, àquele que tenha ingressado regularmente em cargo efetivo na Administração Pública, direta, autárquica e fundacional, até a data de publicação desta Emenda, quando o servidor, cumulativamente:
I – tiver cinqüenta e três anos de idade, se homem, e quarenta e oito anos de idade, se mulher;
II – tiver cinco anos de efetivo exercício no cargo em que se dará a aposentadoria;
III – contar tempo de contribuição igual, no mínimo, à soma de:
a) trinta e cinco anos, se homem, e trinta anos, se mulher; e
b) um período adicional de contribuição equivalente a vinte por cento do tempo que, na data da publicação desta Emenda, faltaria para atingir o limite de tempo constante da alínea anterior.
§ 1º O servidor de que trata este artigo, desde que atendido o disposto em seus incisos I e II, e observado o disposto no art. 4º desta Emenda, pode aposentar-se com proventos proporcionais ao tempo de contribuição, quando atendidas as seguintes condições:
I – contar tempo de contribuição igual, no mínimo, à soma de:
a) trinta anos, se homem, e vinte e cinco anos, se mulher; e
b) um período adicional de contribuição equivalente a quarenta por cento do tempo que, na data da publicação desta Emenda, faltaria para atingir o limite de tempo constante da alínea anterior.
II – os proventos da aposentadoria proporcional serão equivalentes a setenta por cento do valor máximo que o servidor poderia obter de acordo com o caput, acrescido de cinco por cento por ano de contribuição que supere a soma a que se refere o inciso anterior, até o limite de cem por cento.

§ 2º Aplica-se ao magistrado e ao membro do Ministério Público e de Tribunal de Contas o disposto neste artigo.

§ 3º Na aplicação do disposto no parágrafo anterior, o magistrado ou membro do Ministério Público ou de Tribunal de Contas, se homem, terá o tempo de serviço exercido até a publicação desta Emenda contado com o acréscimo de dezessete por cento.

§ 4º O professor, servidor da União, dos Estados, do Distrito Federal e dos Municípios, incluídas suas autarquias e fundações, que, até a data da publicação desta Emenda, tenha ingressado, regularmente, em cargo efetivo de magistério e que opte por aposentar-se na forma do disposto no caput, terá o tempo de serviço exercido até a publicação desta Emenda contado com o acréscimo de dezessete por cento, se homem, e de vinte por cento, ser mulher, desde que se aposente, exclusivamente, com tempo de efetivo exercício das funções de magistério.

§ 5º O servidor de que trata este artigo, que, após completar as exigências para aposentadoria estabelecidas no caput, permanecer em atividade, fará jus a isenção da contribuição previdenciária até completar as exigências para aposentadoria contidas no art. 40, § 1º, III, "a", da Constituição Federal.

§ 6º Para os efeitos do cálculo dos proventos de aposentadoria previstos no caput deste artigo, a lei a que se refere o art. 40, § 3º, da Constituição, ao estabelecer a gradualidade prevista em seu inciso II, observará a remuneração percebida pelo servidor e o tempo de serviço prestado à data da publicação desta Emenda."

Inicialmente, a PEC 40, no seu artigo 2º, pretendia alterar a redação do artigo 8º da EC nº 20/98 mas, por força da Emenda Aglutinativa Global nº 04, o Congresso deliberou promover a efetiva revogação deste dispositivo, providencia efetivada no artigo 10 da EC nº 41/03. No artigo 2º, a EC nº 41/03 ofertou, em substituição à norma banida, uma outra norma transitória:

"Art. 2º Observado o disposto no art. 4º da Emenda Constitucional nº 20, de 15 de dezembro de 1998, é assegurado o direito de opção pela aposentadoria voluntária com proventos calculados de acordo com o art. 40, §§ 3º e 17, da Constituição Federal, àquele que tenha ingressado regularmente em cargo efetivo na Administração Pública direta, autárquica e fundacional, até a data de publicação daquela Emenda, quando o servidor, cumulativamente:

I – tiver cinqüenta e três anos de idade, se homem, e quarenta e oito anos de idade, se mulher;

II – tiver cinco anos de efetivo exercício no cargo em que se der a aposentadoria;

III – contar tempo de contribuição igual, no mínimo, à soma de: a) trinta e cinco anos, se homem, e trinta anos, se mulher; e b) um período adicional de contribuição equivalente a vinte por cento do tempo que, na data de publicação daquela Emenda, faltaria para atingir o limite de tempo constante da alínea anterior.

§ 1º O servidor de que trata este artigo que optar por antecipar sua aposentadoria na forma do caput, terá os seus proventos inatividade reduzidos para cada ano antecipado em relação aos limites de idade estabelecidos pelo art. 40, § 1º, III, "a", e § 5º da Constituição Federal, na seguinte proporção: I – três inteiros e cinco décimos por cento, para aquele que completar as exigências para aposentadoria na forma do caput até 31 de dezembro de 2005; II – cinco por cento, para aquele que completar as exigências para aposentadoria na forma do *caput* a partir de 1º de janeiro de 2006.

§ 2º Aplica-se ao magistrado e ao membro do Ministério Público e de Tribunal de Contas o disposto neste artigo.

§ 3º Na aplicação do disposto no parágrafo anterior, o magistrado ou o membro do Ministério Público ou de Tribunal de Contas, se homem, terá o tempo de serviço exercido até a data de publicação da Emenda Constitucional nº 20, de 15 de dezembro de 1998, contado com acréscimo de dezessete por cento, observado o disposto no § 1º.

§ 4º O professor, servidor da União, dos Estados, do Distrito Federal e dos Municípios, incluídas suas autarquias e fundações, que, até a data de publicação da Emenda Constitucional nº 20, de 15 de dezembro de 1998, tenha ingressado, regularmente, em cargo efetivo de magistério e que opte por aposentar-se na forma do disposto no *caput*, terá o tempo de serviço exercido até a publicação daquela Emenda contado com o acréscimo de dezessete por cento, se homem, e de vinte por cento, se mulher, desde que se aposente, exclusivamente, com tempo de efetivo exercício nas funções de magistério, observado o disposto no § 1º.

§ 5º O servidor de que trata este artigo, que opte por permanecer em atividade após completar as exigências para aposentadoria voluntária estabelecidas no caput, fará jus a um abono de permanência equivalente ao valor da sua contribuição previdenciária até completar as exigências para aposentadoria compulsória contidas no art. 40, § 1º, II, da Constituição Federal.

§ 6º Às aposentadorias concedidas de acordo com este artigo aplica-se o disposto no § 8º do art. 40 da Constituição Federal."

A regra gestada com o intuito de disciplinar a situação dos servidores cujo ingresso na administração pública ocorreu até 15.12.98, ventilada pelo artigo 2º da EC nº 41/03, contempla um duplo ônus para o servidor. Além

O Direito Fundamental à Previdência Social

do pedágio que já era reclamado pelo artigo 8º, passa a impor um redutor de proventos absolutamente desproporcional.

Há doutrinadores como Moreira Neto,[601] para os quais, em face da natureza do vínculo estatutário, a relação jurídica receberia a proteção de cláusulas constitucionais como as do § 4º do artigo 60, de forma que, a partir da investidura de alguém na função pública, o direito à aposentação passaria a ter plena eficácia. Dentro dessa ótica, se o direito à aposentadoria já se encontrava protegido desde a investidura, e não quando preenchidos os requisitos que o tornam exigível, forçosamente, não poderiam ser aplicados aos servidores públicos que ingressaram antes de 16.12.98, nem mesmo a regra de transição do artigo 8º da EC nº 20/98.

Em que pese a sedução emanada pelos argumentos alinhavados, a tese choca-se com o entendimento assentado, há muito tempo, pelo Supremo Tribunal Federal, de que inexiste direito adquirido à manutenção de um regime jurídico. Especificamente, no atinente ao direito à aposentadoria, a orientação da Egrégia Corte é no sentido de admitir o surgimento do direito apenas no momento da implementação dos requisitos reclamados pela legislação. Nessa linha, destaco a decisão proferida no Recurso Extraordinário nº 243.415-RS, assim ementada: "Aposentadoria: proventos: direito adquirido aos proventos conformes à lei regente ao tempo da reunião dos requisitos da inatividade, ainda quando só requerida após a lei menos favorável (Súmula 359, revista): aplicabilidade a fortiori, à aposentadoria previdenciária".[602]

Se o regime jurídico estatutário, pela sua própria natureza, comporta alterações para torná-lo mais adequado às contingências do cenário no qual

---

[601] "E assim é, e deve ser, porque o vínculo entre o servidor e o Estado, uma vez instituído, com existência e validez, subsiste ad vitam, não cessando nem mesmo com sua passagem à inatividade, pois, mesmo depois, a pessoa do servidor continuará sujeita ao estatuto a que aderiu sob alguns aspectos, tais como o remuneratório (a percepção de proventos), o disciplinar (a submissão a padrões mínimos de conduta) e o assistencial (o pensionamento dos dependentes). Em razão disso, todos os servidores da ativa têm incorporado a seu patrimônio jurídico um direito subjetivo público de natureza estatutária, nascido com a sua investidura, tanto à aposentação como à percepção de proventos irredutíveis, pois são essas as eficácias imediatas das respectivas investiduras, ao tempo que se tornaram atos jurídicos perfeitos, restando-lhes, apenas, alcançar exeqüibilidade desse direito, o que se dá com a satisfação das condições e cumprimento dos termos vigentes. Ao optar por uma carreira pública, que demanda praticamente a entrega toda sua vida profissional útil, o servidor público, diferentemente do prestador de serviços privado – que se submete aos riscos do mercado de trabalho e, por isso, tem possibilidade de auferir ganhos proporcionais à seu êxito, atuando em um universo competitivo, mas sem estabilidade de situação – a tudo renuncia por vocação pública e para a ela dedicar-se plenamente, sabendo-se garantido pela necessária estabilidade e irredutibilidade estipendial, a salvo de alterações políticas que possam ter significado material de tal ordem que possam comprometer a gama dos direitos inerentes à relação estatutária a que aderiu no início da carreira." (MOREIRA NETO, Diogo De Figueiredo.Parecer sobre a proposta de emenda Constitucional de reforma da previdência. Disponível em http://www.conamp.org.br/ref_prev/parecer_DFMN.htm. Acesso em 02.02.2004).
[602] RE nº 243.415/RS, STF, Rel. Min. Sepúlveda Pertence, 1ª T., DJU 11.02.2000, transcrito no Informativo 178 do STF.

a administração pública e os servidores estão inseridos, a EC nº 41/03 suscita uma outra questão de extrema importância: a possibilidade de se modificar, mais uma vez, as regras transitórias de acesso à aposentação dos servidores públicos que ingressaram nos regimes próprios antes do advento da EC nº 20/98. De efeito, a norma insculpida no artigo 8º dessa Emenda apresenta uma particularidade substancial, não se restringindo a delimitar uma situação de vigência transitória, visto que pretende assegurar "o direito à aposentadoria voluntária com proventos calculados de acordo com o art. 40, § 3º, da Constituição, àquele que tenha ingressado regularmente em cargo efetivo na Administração Pública, direta, autárquica e fundacional, até a data de publicação desta Emenda".

Aliás, como já foi reconhecido pelo nosso Tribunal Constitucional, as Emendas Constitucionais podem revelar-se incompatíveis com o texto da Constituição ao qual aderem.[603] Dessa maneira, por força do disposto no inciso IV do § 4º do artigo 60 da Lei Maior, pairam sérias dúvidas sobre a viabilidade de sua revogação.[604]

Examinando a delicada questão, pedimos vênia para transcrever excerto de Parecer da lavra de José Afonso da Silva, sobre os efeitos decorrentes da ressalva de direito promovida pela EC nº 20/98 no seu artigo 8º (sem grifos no original):

"8. O direito adquirido não precisa ser ressalvado pelas leis novas ou pelas emendas constitucionais para prevalecer. Sua intocabilidade decorre da regra constante do art. 5º, XXXVI. Portanto, ele prevalece, haja ou não ressalva a seu respeito. A ressalva, contudo, tem a vantagem de explicitar o seu reconhecimento pelas normas supervenientes. *Mas a lei nova, incluindo as emendas constitucionais, pode ressalvar direitos que ainda não tenham sido adquiridos, ou seja, pode proteger situações jurídicas subjetivas de vantagem que ainda sequer tenham alcançado a configuração de direito subjetivo. Nesse caso, a ressalva de direito gera, em favor de seus titulares, um direito adquirido, por-*

---

[603] Ação Declaratória de Inconstitucionalidade nº 939-7, Medida Cautelar, Relator Ministro Sydney Sanches, excerto do voto do Ministro Celso de Mello, RTJ 151, p. 835.

[604] Embora a inclusão dos direitos sociais nas cláusulas pétreas não seja matéria pacífica, posicionamo-nos no sentido da sua abrangência pela norma contida no inciso IV do §4º do artigo 60 da Lei Fundamental, pois caso contrário, estaríamos abdicando, definitivamente, de atingir o compromisso de alcançar uma sociedade livre, justa e solidária e de erradicar as desigualdades sociais e regionais, como é exigência do Estado Democrático de Direito. Como bem demonstra BONAVIDES: "Tanto a lei ordinária como a emenda à Constituição que afetarem, abolirem ou suprimirem a essência protetora dos direitos sociais, jacente na índole, espírito e natureza de nosso ordenamento maior, padecem irremissivelmente da eiva de inconstitucionalidade, e como inconstitucionais devem ser declaradas por juízes e tribunais, que só assim farão, qual lhes incumbe, a guarda bem sucedida e eficaz da Constituição." (BONAVIDES, Paulo. *Curso de Direito Constitucional*, p. 595) Também no julgamento da já referida Ação Declaratória de Inconstitucionalidade nº 939-7, Medida Cautelar, o Ministro Carlos Velloso entendeu que o art. 60, § 4º, inciso IV abarca todos os direitos fundamentais de primeira, segunda, terceira e inclusive quarta geração, protegidos pela Lei Maior, RTJ 151, p. 828.

que a expectativa do direito integra o patrimônio de todos aqueles que se encontrem nas condições configuradas na regra de ressalva."

(...)

"11. Essas considerações põe um problema ao intérprete, qual seja o de saber se outra emenda constitucional pode eliminar esse direito assegurado. *Ora, a natureza da norma, como se disse, é a de converter expectativa de direito em direito subjetivo para ser exercido no futuro sob a condição do preenchimento dos requisitos indicados, o que significa que, vindo novas normas, esse direito não pode ser desfeito, porque, sendo direito subjetivo, passa a ser direito adquirido em face da superveniência daquelas novas normas.* Se não for assim, estar-se-á diante de uma verdadeira fraude constitucional, numa brincadeira de dar e retirar incessante, ao sabor dos detentores do Poder. Normas constitucionais, mesmo provenientes de Emendas à Constituição, não podem ser manobradas assim como um boneco de cera, ao sabor dos donos do Poder, em prejuízo dos direitos constituídos."

(...)

"Pois bem, esse art. 8º, tal como o art. 6º da PEC, assegura o direito de auferir, no futuro, o benefício nas condições previstas no momento de transição de um sistema para outro. Como dissemos acima em referência ao art. 6º, o texto confere um tipo de direito subjetivo ao regime de aposentadoria, na medida em que preserva o direito de aposentar-se basicamente nas mesmas condições previstas no momento em que o servidor ingressou no serviço público. Se a norma constitucional dá garantia de gozo de um direito, no futuro, cumpridos os requisitos específicos que ela indica, isso significa criar direito subjetivo à estabilidade dessa situação jurídica subjetiva, no sentido de que ela não pode ser desfeita nem modificada em prejuízo de seu titular. Esse direito subjetivo, como é da natureza dessa situação jurídica subjetiva, se transforma em direito adquirido no momento da entrada em vigor de eventual norma nova que modifique as base sob as quais ele se incorporou no patrimônio do titular. Significa isso que a emenda constitucional, que decorrer da PEC, não pode prejudicar aquele direito, que, como todo direito adquirido, encontra proteção direta, plena e específica no art. 5º, XXXVI, da Constituição Federal".[605]

Por conseguinte, as modificações instituídas pelo artigo 2º e pelo artigo 10 são inconstitucionais por afetarem o direito adquirido estabelecido pelo artigo 8º da Emenda Constitucional nº 20/98 c/c o inciso IV do § 4º do artigo 60 da Lei Fundamental.

---

[605] SILVA, José Afonso.Parecer disponível em http://www.conamp.org.br/ref_prev/parecer_JAS.htm, Acesso em 02.02.2004.

5.4.11. Isenção da contribuição previdenciária

No § 1º do artigo 3º – o qual assegura, a qualquer tempo, a concessão de aposentadoria aos servidores públicos, que, até a data de publicação desta Emenda (31.12.03), tenham cumprido todos os requisitos para obtenção desses benefícios, com base nos critérios da legislação então vigente – a Emenda Constitucional nº41 estabeleceu:

"§ 1º O servidor de que trata este artigo que opte por permanecer em atividade tendo completado as exigências para aposentadoria voluntária e que conte com, no mínimo, vinte e cinco anos de contribuição, se mulher, ou trinta anos de contribuição, se homem, fará jus a um abono de permanência equivalente ao valor da sua contribuição previdenciária até completar as exigências para aposentadoria compulsória contidas no art. 40, § 1º, II, da Constituição Federal."

Trata-se de um estímulo financeiro considerável para o servidor que, tendo completado todos os requisitos necessários para o deferimento da aposentadoria voluntária criada pela EC nº20/98, continue a ocupar o seu cargo e também de uma vantagem interessante para a administração que, continuará a contar com um funcionário experiente, sem a necessidade de arcar com os custos de admissão de um novo servidor e ainda pagar os proventos do antigo.[606] O enunciado normativo é semelhante àquele formulado pelo §1º do artigo 3º da EC nº 20/98 o qual dispunha:

"§ 1º O servidor de que trata este artigo, que tenha completado as exigências para aposentadoria integral e que opte por permanecer em atividade fará jus a isenção da contribuição previdenciária até completar as exigências para aposentadoria contidas no art. 40, § 1º, III, *a*, da Constituição Federal."

Obviamente, todos aqueles que implementaram os requisitos para o deferimento de aposentadoria integral até 15/12/98, com base na redação original da Constituição Federal e que optaram por permanecer em atividade e serem beneficiados pela isenção da contribuição prevista pela EC nº 20/98 não podem ser afetados pela nova regra.

5.5. PENSÃO POR MORTE

Ao contrário das aposentadorias, a pensão por morte é uma prestação caracterizada pela imprevisibilidade do risco social. De maneira geral, o

---

[606] A Medida Provisória nº 167 , de 19 de fevereiro de 2004, tratou da questão mediante a introdução do artigo 4º-A na Lei nº 9.783/99.

benefício não tinha um tratamento legislativo adequado, não tanto pelo coeficiente de retribuição estipulado – o qual tanto no regime geral como nos regimes próprios ao teor do artigo 40, § 5º, da redação original da Constituição, considerado pelo STF aplicável aos demais regimes próprios, atualmente, constante do § 7º desse artigo era de 100%, em qualquer situação – mas, principalmente pela desnecessidade de comprovação de um efetivo estado de submissão econômica, permitindo que, muitas vezes, pessoas sem nenhuma relação de dependência passem a perceber uma prestação equivalente ao salário integral do servidor falecido.

Exemplificando uma hipótese que não se constitui em uma efetiva necessidade social merecedora de tutela previdenciária, considere-se a situação de cônjuge de servidor público – jovem e sem filhos, com menos de 30 anos de idade, com fonte de renda própria igual ou superior a do falecido – e que, com a morte do servidor, passa a perceber benefício integral. Nesse caso, além da integralidade da prestação não ser adequada, é questionável a própria concessão da prestação que poderia ser condicionada, quando inexistem filhos menores, a um limite mínimo de idade e à comprovação da necessidade.

No Projeto de Emenda Constitucional remetido à Câmara dos Deputados, desejava-se eliminar a integralidade da prestação, de forma que o benefício passasse a ser calculado com base nas contribuições recolhidas para os regimes de previdência, observando-se o limite de até 70% (setenta por cento) do valor a que o servidor teria direito em relação à sua aposentadoria. Depois do substitutivo do Deputado José Pimentel, nesse aspecto, ter piorado a proposta, reduzindo substancialmente a prestação, a qual apenas seria integral no caso do valor dos proventos do servidor falecido atingir o limite de R$ 1.058,00 (limite de isenção do imposto de renda então vigente), a Emenda Aglutinativa nº 11 acabou dando novo desenho ao benefício.

Pela redação do novo § 7º do artigo 40,[607] ditado pela EC nº 41/03, a pensão por morte corresponderá a 100% dos proventos até o teto de benefícios do regime geral, acrescido de 70% da parcela que exceda a esse limite, no caso do servidor já ser jubilado. Para o servidor em atividade, a pensão corresponderá a totalidade da sua remuneração até o teto do regime geral, mais uma parcela de setenta por cento do que exceder a esse limite. A alteração foi positiva ao diferenciar a situação do servidor aposentado

---

[607] "§ 7º Lei disporá sobre a concessão do benefício de pensão por morte, que será igual: I – ao valor da totalidade dos proventos do servidor falecido, até o limite máximo estabelecido para os benefícios do regime geral de previdência social de que trata o art. 201, acrescido de setenta por cento da parcela excedente a este limite, caso aposentado à data do óbito; ou II – ao valor da totalidade da remuneração do servidor no cargo efetivo em que se deu o falecimento, até o limite máximo estabelecido para os benefícios do regime geral de previdência social de que trata o art. 201, acrescido de setenta por cento da parcela excedente a este limite, caso em atividade na data do óbito."

daquele que ainda está em atividade. De efeito, na hipótese de este contar com pouco tempo de serviço público, as novas regras de cálculo do benefício poderiam resultar, para os dependentes efetivamente necessitados, em uma drástica redução na renda familiar.[608]

A referida Emenda aglutinativa também excluiu os pensionistas militares dos Estados, do Distrito Federal e dos Territórios, permitindo que lei específica trate da matéria, a exemplo do que já é estabelecido para os servidores militares federais.[609]

5.6. TEMPO DE SERVIÇO E TEMPO DE CONTRIBUIÇÃO

Por força de sua trajetória diferenciada, a legislação regente do regime dos servidores públicos limitava-se a permitir a contagem do tempo de serviço público federal, estadual e municipal, nada dispondo sobre o tempo de contribuição. Na vida funcional do servidor público, a disciplina do tempo de serviço desempenhava um papel de enorme relevância, sobretudo em face das conseqüências dele derivadas tais como: estabilidade, progressão nas carreiras, pagamento de adicionais, licença por assiduidade e acesso às aposentadorias.

O tempo de serviço, em sentido estrito, deve ser compreendido como o lapso temporal durante o qual o servidor exerceu atividade laboral na administração pública. Em sentido lato, a expressão designa não apenas o tempo de exercício de atividade laboral, mas também abrange os períodos em que foram recolhidas contribuições sem o exercício de atividade, como é o caso do tempo de contribuição previsto nos §§ 2º e 3º do art. 183, acrescentados pela Lei 10.667/03, e aqueles em que o segurado esteve percebendo benefício por incapacidade, ou seja, corresponde ao seu tempo de filiação.

5.6.1. Tempos fictos

A Emenda Constitucional nº 20, de 15 de dezembro de 1998, com o fito de propiciar o equilíbrio entre a arrecadação e o pagamento dos bene-

---

[608] O artigo 2º da MP nº 167 dispõe: "Art. 2º. Aos dependentes dos servidores titulares de cargo efetivo e dos aposentados de qualquer dos Poderes da União, dos Estados, do Distrito Federal e dos Municípios, incluídas suas autarquias e fundações, falecidos a partir da data de publicação desta Medida Provisória, será concedido o benefício de pensão por morte, que será igual: I – à totalidade dos proventos percebidos pelo aposentado na data anterior à do óbito, até o limite máximo estabelecido para os benefícios do regime geral de previdência social, acrescido de setenta por cento da parcela excedente a este limite; ou II – à totalidade da remuneração de contribuição percebida pelo servidor no cargo efetivo na data anterior à do óbito, até o limite máximo estabelecido para os benefícios do regime geral de previdência social, acrescido de setenta por cento da parcela excedente a este limite."

[609] Nova redação do § 2º do artigo 42 da c/c a revogação do inciso IX do § 3º do artigo 142 da CF/88.

O Direito Fundamental à Previdência Social

207

fícios, decidiu obstaculizar o emprego de tempos fictícios. Nesse sentido, dispõem os §§ 9º e 10 do artigo 40.[610] Como os benefícios de aposentadoria eram garantidos constitucionalmente sem contribuição, o artigo 4º da EC nº 20/98 permitia que todo o tempo de serviço fosse considerado como tempo de contribuição, de forma a viabilizar uma transição tranqüila para o novo regime.

Desde logo, é importante destacar a vedação do § 10 do artigo 40, com a nova redação da EC nº 20/98, não deve ser interpretada de maneira absoluta, sob pena de chegarmos à conclusão desarrazoada de que, por exemplo, o artigo 102 da Lei nº 8.112/90 não teria sido recepcionado por agasalhar hipóteses de tempo ficto, na medida em que preceitua: "considerasse como de efetivo exercício...". Em decorrência, revela-se necessária uma densificação legislativa parcimoniosa do referido preceito, diferenciando as situações efetivamente justificáveis das meras ficções contábeis. Há tempos fictos relacionados com a função pública – por exemplo, quando o servidor está participando de programa de treinamento regularmente instituído (inciso IV do art. 102); períodos em que o servidor não está exercendo atividade – tempo durante o qual ele está em licença saúde (art. 103, VII); ou o tempo de prestação de serviço militar obrigatório, no qual há desempenho de tarefas e pagamento de remuneração, mas sobre o qual não são vertidas contribuições. Do ponto de vista previdenciário, seria absolutamente injusto desconsiderar tais períodos para fins de aposentadoria. Em outros casos, todavia, a proibição do seu cômputo é inteiramente adequada, como nas hipóteses de conversões de licenças prêmios [extintas em relação ao servidor federal mas ainda existente em muitos Estados da Federação] e férias não gozadas, em tempo de serviço dobrado para aposentadoria, as quais permitiam a antecipação do benefício e, em decorrência, não apenas a redução dos aportes como a fruição do benefício por um tempo maior. Outro exemplo de tempo ficto inadequado era o contido no parágrafo único do artigo 101, o qual teve a sua eficácia supensa em razão da decisão proferida na Ação Direta de Inconstitucionalidade nº 609-6/DF, julgada em 08.02.1996.[611]

---

[610] "§ 9º O tempo de contribuição federal, estadual ou municipal será contado para efeito de aposentadoria e o tempo de serviço correspondente para efeito de disponibilidade. § 10. A lei não poderá estabelecer qualquer forma de contagem de tempo de contribuição fictício."

[611] "AÇÃO DIRETA DE INCONSTITUCIONALIDADE. TEMPO DE SERVIÇO PUBLICO. PARÁGRAFO ÚNICO DO ARTIGO 101 DA Lei 8.112/90. ARREDONDAMENTO PARA EFEITO DE APOSENTADORIA. IMPOSSIBILIDADE. TEMPO FICTO SEM JUSTIFICAÇÃO. 1. Arredondamento, para um ano, do período superior a 182 (cento e oitenta e dois) dias, para efeito de aposentadoria. Incompatibilidade do dispositivo legal com a regra prevista no artigo 40, III, *a*, da Carta da Republica. 2. Se a Constituição Federal estabelece tempo mínimo para a aposentadoria, não e facultado a lei ordinária reduzi-lo. 3. Hipótese que não se assemelha aos casos existentes de tempo ficto por constituir-se em ficção contábil, não havendo motivo algum que a justifique. Ação direta de inconstitucionalidade julgada procedente." (ADIn 609-6/DF, STF, Rel. para o acórdão, Ministro Maurício Correa P., m., DJ1 nº 83, 03.05.2002, p. 13).

5.6.2. Contagem recíproca

No Brasil, a necessidade de criar um mecanismo de comunicação entre os regimes era manifesta, em face da inexistência de um regime único de previdência pública. A contagem recíproca, por conseguinte, revela-se como um instituto previdenciário cuja existência colima franquear ao segurado que esteve vinculado a diferentes regimes a obtenção dos benefícios previdenciários, quando ele não preenche os requisitos considerando-se unicamente um determinado regime previdenciário. Isto resta possível mediante o aproveitamento dos tempos de filiação cumpridos pelo segurado em cada um dos distintos regimes oficiais.

O artigo 192 da Constituição de 1946 passou a prever o cômputo integral, para efeito de aposentadoria e disponibilidade, do tempo de serviço público federal, estadual ou municipal, pois a questão não era dimensionada da maneira adequada no Estatuto dos Funcionários Públicos de 1939, cujo artigo 100 previa que o tempo de exercício de mandato legislativo federal, ou cargo ou função estadual, ou municipal, fosse contado apenas pela terça parte. Em sintonia com o preceito constitucional referido, o Estatuto de 1952 passou a impor, no inciso I do artigo 80, o cômputo integral do tempo de serviço público federal, estadual ou municipal.

Olvidando da relevância do instituto da contagem recíproca, a lei somente disciplinará a adição de tempos de filiação prestados em regimes previdenciários distintos muito mais tarde. A primeira lei que permitiu a junção de períodos prestados em órgãos distintos foi a Lei nº 3.841/60, prevendo que a União, as Autarquias, as Sociedades de Economia Mista e as Fundações instituídas pelo Poder Público contariam reciprocamente, para os efeitos de aposentadoria, o tempo de serviço anterior prestado a qualquer dessas entidades pelos respectivos funcionários ou empregados. Para os mesmos efeitos era incluído o tempo de serviço prestado aos Estados e Municípios, mas nada era estabelecido caso o sentido percorrido pelo funcionário público fosse o inverso. A adição do tempo de serviço público para o regime geral de previdência é viabilizada no Decreto-Lei nº 367, de 19 de dezembro de 1968. Em verdade, ainda não se poderia falar em reciprocidade, na medida em que não era permitida a consideração do tempo de atividade privada no regime dos funcionários públicos. A contagem recíproca restou finalmente consagrada no nosso direito pela Lei nº 6.226, de 14 de julho de 1975. A crítica feita, na época, e que não se levava em consideração o tempo prestado para os órgãos regionais de previdência social. Com o advento da Lei 6.864/80 ampliou-se a reciprocidade também para o tempo de serviço prestado nos regimes estaduais e municipais, norma finalmente incorporada ao art. 77 da CLPS/84.

A respeito da contagem recíproca, editou o TCU a Súmula nº 159, na qual eram traçadas algumas linhas básicas a respeito da interpretação que deveria ser dada à Lei nº 6.226/75:

"Na interpretação das regras previstas na Lei nº 6.226, de 14/07/75, sobre a contagem recíproca, para efeito de aposentadoria, tempo de serviço público federal e de atividade privada, adota-se o seguinte entendimento normativo: a) o tempo de serviço, em atividade privada, deve ser averbado com discriminação dos períodos em cada empresa e especificação da sua natureza, juntando-se ao processo da concessão de aposentadoria, a certidão fornecida pelo INPS; b) o tempo certificado pelo INPS será apurado contando-se os dias existentes entre as datas inicial e final de cada período, convertido depois o total em anos, mediante sucessivas divisões daquele resultado por 365 e 30 dias; c) o tempo de serviço militar pode ser averbado junto com o da atividade privada ou separadamente à vista do documento hábil fornecido pela respecitiva corporação, caso em que se fará se houver superposição, a devida dedução do total certificado pelo INPS; d) o cômputo do tempo em atividade privada será feito singularmente, sem contudo prejudicar eventual direito à contagem do em dobro ou em condições especiais, na forma do regime jurídico estatutário, pelo qual vai aposentar-se o servidor; e) o aproveitamento da contagem recíproca não obsta a concessão de aposentadoria prêmio a que fizer jus o funcionário, uma vez satisfeitos os demais pressupostos fáticos, além do tempo mínimo necessário, ainda que atingido este com o de atividade privada."

A Constituição Federal de 1988 acentuou a importância do instituto, acolhendo-o no antigo § 2º do artigo 202. Por força da EC nº 20/98 ele restou deslocado para o § 9º do artigo 201. No momento do processamento da contagem recíproca, devem ser observadas as regras constantes dos artigos 94 a 99 da Lei 8.213/91, as quais são normas gerais de direito previdenciário.[612]

5.7. CONTRIBUIÇÃO DOS INATIVOS

A Emenda Constitucional nº 41 – mediante a redefinição dos artigos 40 e 149 de nossa Lei Fundamental, bem como pelo novo comando inserido

---

[612] Sobre o tema vide ROCHA, Daniel Machado da. *Breves Comentários sobre as normas gerais de direito previdenciário que tratam da contagem recíproca do tempo de contribuição e a sua concretização jurisprudencial.* In: Rocha, Daniel Machado da (org.). *Temas atuais de Direito Previdenciário e Assistência Social,* Livraria do Advogado, p. 9 e segs.

no artigo 4° – pretendeu promover a tributação dos inativos.[613] A Análise desse ponto reclama uma sucinta abordagem, lastreada na teoria geral dos direitos fundamentais e nos princípios constitucionais diretivos do sistema previdenciário brasileiro apresentados nos Capítulos 3 e 4.

Se nos direitos sociais, em geral, a definição do conteúdo é um problema complexo e aflitivo, por força da alusão genérica a direitos predominantemente prestacionais, no concernente à previdência social o legislador constituinte procedeu um detalhamento incomum. De fato, a leitura dos diversos preceitos, estampados nos artigos 40, 201 e 202 e respectivos parágrafos, revela um arcabouço normativo bastante elucidativo, composto por normas densas e que, em alguns casos, carecem absolutamente de concretização legislativa, pois, além da auto-aplicabilidade preconizada pelo § 1° do artigo 5°,[614] a vinculação necessária do legislador ordinário imporia a edição de leis que se limitariam a repetir os dispositivos constitucionais.

A tentativa de descontar contribuições previdenciárias dos servidores inativos tem início com a edição da Medida Provisória n° 1.415/96, cujo artigo 7° conferia nova redação para o artigo 231 da Lei n° 8.112/90. Curiosamente, a constitucionalidade da lei foi contestada pelos partidos de oposição, dentre eles figurava também o Partido dos Trabalhadores, pela via da Ação Declaratória de Inconstitucionalidade n° 1.441-2, e, embora, a liminar tenha sido denegada nessa oportunidade, torna-se interessante recapitular os argumentos alinhavados na decisão. Na ocasião, o relator, Ministro Octávio Gallotti, afirmou que não se mostrava relevante o apelo ao princípio da irredutibilidade dos proventos, pois além de um vínculo diferenciado conservado pelo servidor com a pessoa jurídica de direito público, haveria uma perfeita simetria entre vencimentos e proventos realçada pela disposição do § 4° do artigo 40 da CF/88 (no qual vicejava a regra da paridade). Diferentemente dos segurados do regime geral, para os quais ficou estatuída a preservação do valor real do benefício, para os agentes públicos deveriam ser estendidos quaisquer benefícios ou vantagens posteriormente concedidos para os ativos.[615] Sem dúvida, a decisão sopesou a

---

[613] "Art. 40. Aos servidores titulares de cargos efetivos da União, dos Estados, do Distrito Federal e dos Municípios, incluídas suas autarquias e fundações, é assegurado regime de previdência de caráter contributivo e solidário, mediante contribuição do respectivo ente público, dos servidores ativos e inativos e dos pensionistas, observados critérios que preservem o equilíbrio financeiro e atuarial e o disposto neste artigo."(...) "§ 18. Incidirá contribuição sobre os proventos de aposentadorias e pensões concedidas pelo regime de que trata este artigo que superem o limite máximo estabelecido para os benefícios do regime geral de previdência social de que trata o art. 201, com percentual igual ao estabelecido para os servidores titulares de cargos efetivos." (...)
"§ 1º Os Estados, o Distrito Federal e os Municípios instituirão contribuição, cobrada de seus servidores, para o custeio, em benefício destes, do regime previdenciário de que trata o art. 40, cuja alíquota não será inferior à contribuição dos servidores titulares de cargos efetivos da União."
[614] Sobre o auto-aplicabilidade do § 1° do artigo 5°, consulte-se o Capítulo 3, em especial, o item 3.5.2.
[615] Ação Declaratória de inconstitucionalidade n° 1.441-2/DF, Medida Cautelar, Relator Ministro Octávio Gallotti, DJ 18.10.96.

O Direito Fundamental à Previdência Social

trajetória diferenciada dos benefícios previdenciários ofertados aos agentes públicos – examinada com vagar no Capítulo 2 – os quais não contribuíam diretamente para o custeio das aposentadorias antes do advento da EC nº 03/93. A partir de quando os regimes próprios tiveram os seus pilares essenciais substituídos – passando a ser revestidos de um caráter contributivo, tal como o regime geral, bem como em face do rompimento da simetria entre os proventos dos inativos (efetuada pela eliminação da integralidade e da paridade), estabelecimento do mesmo teto – a conclusão, tendo em vista a completa substituição da premissas nas quais estava assentada, não pode mais ser aplicada.

Sendo a contribuição previdenciária tributo que possui destinação específica, a tributação dos inativos, em nome do princípio da solidariedade, somente seria justificável para regimes não contributivos. Pretender descontar contribuições previdenciária de servidores inativos, os quais já verteram aportes para financiar os seus proventos, é absolutamente descabido. De fato, partindo do caráter contributivo da previdência social, nesse particular substancialmente diverso dos demais direitos sociais, tão acentuado nas transformações realizadas nos regimes próprios desde 1993 – e com a manifestação de vontade do titular, deflagradora da concessão da prestação previdenciária substitutiva – a tributação dos rendimentos das prestações previdenciárias atenta contra a própria natureza do seguro social. Ora, se a aposentadoria e um direito que resulta das contribuições vertidas pelo segurado (e agora também servidor pra os regimes próprios), com a sua passagem para a inatividade exauriu-se sua obrigação contributiva, pois ele já pagou pelo benefício que vai receber. Além disso, mas não menos importante, o inativo está em uma situação na qual se presume a sua inadequação/inaptidão para continuar exercendo atividades laborais.

Com o advento da EC nº 20/98, ao mesmo tempo em que se promovia o detalhamento das fontes de financiamento da seguridade social, acrescentou-se no inciso II do artigo 195 importante direito de defesa para os beneficiários do regime geral, estabelecendo-se uma hipótese de não-incidência de contribuição previdenciária sobre os rendimentos decorrentes das aposentadorias e pensões: "II – do trabalhador e dos demais segurados da previdência social, não incidindo contribuição sobre aposentadoria e pensão concedidas pelo regime geral de previdência social de que trata o art. 201;".

Essa norma acabou por ser considerada aplicável ao regime dos servidores públicos, em razão da cláusula contida no § 12 do artigo 40, no julgamento da Ação Declaratória de Constitucionalidade nº 2.010-2/DF, proposta contra a instituição da contribuição previdenciária para os servidores inativos pela Lei nº 9.783/99, tendo Tribunal Constitucional considerado que a Constituição da República inadmite a instituição de contribuição previdenciária para os inativos e pensionistas da União. De sua extensa Ementa, destaco o seguinte excerto:

"A lei n° 9.783/99, ao dispor sobre a contribuição de seguridade social relativamente a pensionistas e a servidores inativos da União, regulou, indevidamente, matéria não autorizada pelo texto da Carta Política, eis que, não obstante as substanciais modificações introduzidas pela EC n°20/98 no regime de previdência dos servidores públicos, o Congresso nacional absteve-se, conscientemente, no contexto da reforma do modelo previdenciário, de fixar a necessária matriz constitucional cuja instituição se revelava indispensável para legitimar, em bases válidas, a criação e a incidência dessa exação tributária sobre o valor das aposentadorias e das pensões.
'O regime de previdência de caráter contributivo, a que se refere o art. 40, *caput* da Constituição, na redação dada pela EC n° 20/98, foi instituído, unicamente em relação aos servidores titulares de cargos efetivos...', inexistindo desse modo, qualquer possibilidade jurídico-constitucional de se atribui, a inativos e a pensionistas da União, a condição de contribuintes da exação prevista na Lei n° 9.783/99. Interpretação do art. 40, §§ 8° e 12, c/c o art. 195, II da Constituição, todos com a redação que lhes deu a EC n° 20/98".[616]

Na mesma decisão, o relator, Ministro Celso de Mello, asseverou um outro fundamento não menos relevante: a transgressão, por parte da Lei n° 9.783, do princípio do equilíbrio financeiro e atuarial, uma vez que, não havendo nenhum benefício para os servidores inativos contribuírem para o regime dos servidores públicos, inexistira causa para a instituição da contribuição.[617] Em linguagem bastante direta podemos afirmar: tendo o servidor descontado, mensalmente, parte dos seus vencimentos, e, sendo os aportes recolhidos destinados ao pagamento da prestação dentro de um tempo estimado, inclusive reclamando-se um limite etário mínimo para a concessão da prestação por força da EC n° 20/98, não há como justificar, do ponto de vista atuarial, a instituição da contribuição, É claro que existe o problema do passivo previdenciário, decorrente dos equívocos sobre os quais já tecemos considerações no Capítulo 2 e no item 4.2.5, mas para isso o superávit do orçamento da seguridade social já seria mais do que suficiente para custear a transição.

---

[616] Ação Declaratória de Inconstitucionalidade n° 2.010-2/DF, Medida Cautelar, Relator Ministro Celso de Mello, Pleno, DJ 12.04.2002.
[617] Assim foram vazadas as considerações do Relator: "Se é certo, portanto, que nenhum benefício ou serviço da seguridade social poderá ser criado, majorado ou estendido sem a correspondente fonte de custeio total (CF, art. 195, § 5°), não é menos exato que também não será lícito, sob uma perspectiva estritamente constitucional, instituir ou majorar contribuição para custear a seguridade social sem que assista àquele que é compelido a contribuir, o direito de acesso a novos benefícios ou a novos serviços." (Ação Declaratória de inconstitucionalidade n° 2.010-2/DF, Medida Cautelar, Relator Ministro Celso de Mello, Pleno, DJ 12.04.2002).

Com relação aos atuais servidores ativos, em tese, o que poderia ser adotado, sem ofensa a nenhum princípio constitucional, seria o estabelecimento de um benefício de aposentadoria equivalente à renda líquida do servidor, pois, pelas regras anteriores, o servidor após a jubilação tem um incremento efetivo de sua renda uma vez que não descontava mais a contribuição previdenciária. Contrariamente a essa sugestão, poderia argumentar-se que a providência nada mais seria do que tributar os inativos por maneira transversa. Tal argumento, entretanto não resiste a uma análise técnica e principiológica da previdência social. De fato, a aposentação com base na renda bruta do servidor não tem paralelo no mundo. Os critérios de elegibilidade do benefício, bem como a taxa de retribuição, podem ser modificados, desde que não extrapolem limites razoáveis e observem adequadamente as expectativas de quem já estava vinculado ao sistema. Diferentemente da tributação dos inativos que, uma vez admitida, ainda que em percentuais considerados módicos, macularia insuportavelmente o princípio da segurança jurídica, tornando os aposentados e pensionistas constantemente sujeitos, não apenas a não receber a recomposição da defasagem monetária efetivamente ocorrida e ainda a possibilidade da majoração das contribuições previdenciárias. Por derradeiro, a medida ofende o direito subjetivo dos servidores inativos, de receber, a título de prestação previdenciária, a integralidade dos valores prometidos pela instituição previdenciária.

Quanto a esse aspecto, a proposta aprovada é ainda pior que o projeto original. Fazendo absoluto descaso de princípios jurídicos constitucionais – tais como a segurança jurídica, o ato jurídico perfeito, o equilíbrio financeiro e atuarial e a própria isonomia – a Emenda Constitucional estabeleceu a inusitada figura dos "limites de isenção distintos". Dentro dessa lógica perversa, optou-se por onerar de maneira mais severa as situações definitivamente constituídas. Para os atuais servidores inativos dos Estados, do Distrito Federal e dos Municípios, o limite de isenção será de 50% do novo teto do regime geral, enquanto para inativos e pensionistas da União a isenção atingirá o limite máximo de 60% (art. 4º e seu parágrafo único da EC 41/03).[618] Já para aqueles que terão direito de jubilar-se e de obter o bene-

---

[618] "Art. 4º Os servidores inativos e os pensionistas da União, dos Estados, do Distrito Federal e dos Municípios, incluídas suas autarquias e fundações, em gozo de benefícios na data de promulgação desta Emenda, bem como os alcançados pelo disposto no seu art. 3º, contribuirão para o custeio do regime de que trata o art. 40 da Constituição Federal com percentual igual ao estabelecido para os servidores titulares de cargos efetivos. Parágrafo único. A contribuição previdenciária a que se refere o *caput* incidirá apenas sobre a parcela dos proventos e das pensões que supere: I – cinqüenta por cento do limite máximo estabelecido para os benefícios do regime geral de previdência social de que trata o art. 201 da Constituição Federal, para os servidores inativos e os pensionistas dos Estados, do Distrito Federal e dos Municípios; II – sessenta por cento do limite máximo estabelecido para os benefícios do regime geral de previdência social de que trata o art. 201 da Constituição Federal, para os servidores inativos e os pensionistas da União."

fício de pensão futuramente, a não-incidência ofertada atinge o limite máximo dos benefícios do regime geral (§ 18 do art. 40 e § 1º do artigo 149). Na regulamentação da contribuição dos inativos, a MP 167/04 acrescentou os artigos 3º-A e 3º-B à Lei nº 9.783/99.[619]

---

[619] "Art. 3º-A. Os aposentados e pensionistas de qualquer dos Poderes da União, incluídas suas autarquias e fundações, contribuirão com onze por cento, incidente sobre o valor da parcela dos proventos de aposentadorias e pensões concedidas de acordo com os critérios estabelecidos no art. 40 da Constituição e pelos arts. 2º e 6º da Emenda Constitucional no 41, de 2003, que supere o limite máximo estabelecido para os benefícios do regime geral de previdência social."
"Art. 3º-B. Os aposentados e pensionistas de qualquer dos Poderes da União, incluídas suas autarquias e fundações, em gozo desses benefícios na data de publicação da Emenda Constitucional nº 41, de 2003, contribuirão com onze por cento incidente sobre a parcela dos proventos de aposentadorias e pensões que supere sessenta por cento do limite máximo estabelecido para os benefícios do regime geral de previdência social.
Parágrafo único. A contribuição de que trata o *caput* incidirá sobre os proventos de aposentadorias e pensões concedidas aos servidores e seus dependentes que tenham cumprido todos os requisitos para obtenção desses benefícios com base nos critérios da legislação vigente até 31 de dezembro de 2003."

O Direito Fundamental à Previdência Social

Conclusões

Na luta contra as necessidades sociais, os seres humanos foram paulatinamente organizando a gestão dos métodos de economia coletiva cuja grandeza do empreendimento exigiu não apenas a intervenção do Estado, mas que ele assumisse a organização e implementação da proteção social, cuja expressão mais emblemática do seu ideal humanitário é a seguridade social. Em nosso ordenamento jurídico, em que pese a órbita restritiva da previdência social, a qual atua dentro de uma universalidade apenas mitigada, ela se constitui no instrumento de proteção social dotado da maior sindicabilidade – e por isso, talvez, também seja o mais efetivo, tendo em vista que o caráter sinalagmático do vínculo que entrelaça os segurados à instituição de previdência – conferindo direitos subjetivos prestacionais definidos.

A reflexão sobre os sistemas de proteção social provocada pela crise do Estado Social, a qual inexoravelmente afeta a efetividade de todos os direitos fundamentais, não apenas dos prestacionais, tem determinando a realização de ajustes em todos os quadrantes do planeta. Entretanto o Estado continua tendo o dever de ser o promotor da integração social, razão pela qual combater em prol da causa da efetivação dos direitos sociais – buscando a superação do modelo liberal-individualista – não impede que se reconheça a necessidade de promover reestruturações e aperfeiçoamentos na previdência social, técnica profundamente sensível às transformações da dinâmica social.

Desde as suas origens, nosso país apresentou um contexto social complexo marcado pela exclusão e pela desigualdade. A fragilidade da sociedade brasileira determinou que, muitas vezes, os direitos sociais mínimos tivessem sido concedidos pelos governantes de maneira populista, aquém do que seria efetivamente devido, antes que a organização dos trabalhadores estivesse apta a conquistá-los, o que, como visto, foi definido magistralmente por Malloy como apropriação do "espaço de demanda". De efeito, as políticas sociais, até o presente momento, não têm sido concebidas, e menos ainda executadas, de maneira que o progresso econômico pudesse andar de mãos dadas com o progresso social.

A previdência social emergiu como a matriz do processo de formação das políticas sociais modernas no país, revelando-se bastante receptiva aos condicionamentos decorrentes de fatores econômicos, sociais, políticos e ideológicos, os quais contribuem de maneira decisiva na sua estruturação e efetividade. Por conseguinte, na busca da concretização das leis que densificam a previdência social, cujas normas são importantes instrumentos da sempre anelada justiça social, os operadores do direito não podem continuar alheios à evolução dos fatores que justificaram uma determinada estrutura de proteção social, bem como insensíveis a eventuais necessidades de enfrentamento de distorções que tornam o sistema ainda mais inadequado.

O direito à previdência social é um direito formal e materialmente fundamental e, como tal, beneficia-se da norma contida no § 1º do artigo 5º. A categoria dos direitos fundamentais apresenta uma natureza jurídica diferenciada das categorias forjadas sob a égide do direito privado, reclamando uma nova hermenêutica que opere na concretização dos preceitos constitucionais. A inexistência de diferenciação no regime jurídico não simplifica a questão da eficácia dos direitos classificados como prestacionais, pois nem sempre é possível extrair um direito subjetivo prestacional contra o Estado sem a intervenção legislativa. Entretanto, os intérpretes podem e devem atuar com "diligência critativa" a fim de que a normatividade constitucional não seja embargada.

A limitação de recursos é, sem dúvida, o maior obstáculo para a plena efetivação de todos os direitos fundamentais, e não apenas dos direitos predominantemente prestacionais, porquanto todos os direitos exigem o dispêndio de recursos estatais para que o seu desfrute seja assegurado. Por isso, os operadores do direito devem estar cônscios de sua responsabilidade social procedendo de forma que, em face das escolhas dramáticas, sigam a orientação de nossa Lei Fundamental, priorizando as demandas mais essenciais (inciso III do art. 194). Esse procedimento encontra-se em perfeita sintonia com a opção de nossa Constituição em reduzir as desigualdades sociais e regionais (inciso III do artigo 3º).

O princípio portador das diretrizes essenciais da seguridade e da previdência social, como, aliás, de todos os direitos sociais, é o da solidariedade, o qual se constitui no seu eixo axiológico. O cânone atua como condicionador e operacionalizador dos interesses protegidos pelo ordenamento jurídico, de forma a harmonizá-los com o interesse social, evidenciando que os indivíduos além de direitos, também têm deveres para a comunidade na qual estão inseridos. Na ordem constitucional brasileira, entendemos que o seu desenvolvimento, no campo da previdência social, é concretizado pelos princípios da universalidade, da proteção contra os riscos sociais, da obrigatoriedade, do equilíbrio financeiro e atuarial e da irredutibilidade do valor real dos benefícios.

O ordenamento jurídico é sobreposto à realidade econômica e social que lhe serve de base, razão pela qual o operador do direito, quando busca compreender a fundo um determinado fenômeno, deve promover sua investigação atento às condições epistemológicas e sociais que viabilizam certas experiências no mundo jurídico. Os princípios declinados expressam as opções valorativas essenciais quanto à abrangência da previdência social (referente aos sujeitos protegidos, seu modo de financiamento, as espécies de prestações, as condições de elegibilidade para cada uma delas, o seu valor e a sua manutenção ao longo do tempo) e, portanto, a sua ponderação para a resolução dos dilemas previdenciários revela-se apta a lançar um pouco mais de luz sobre os caminhos possíveis de serem escolhidos. Sem constituir um modelo definitivamente acabado e excludente, revelam-se capazes de informar, instrumentar e conduzir os intérpretes – em consonância com o novo paradigma do Estado Democrático de Direito, cuja afirmação deve ser perseguida – no enfrentamento do ameaçador flagelo dos riscos sociais.

Referências bibliográficas

ALEXY, Robert. *Teoria de los derechos fundamentales.* Trad. Ernesto Garzón Valdez. Madrid: Centro de Estudios Constitucionales, 1993.

ALVIM, Ruy Carlos Machado. Uma História crítica da legislação previdenciária brasileira. Rio de Janeiro: *Revista de Direito do Trabalho,* n° 18, pp. 11 a 44.

AMARAL, Gustavo. *Direito, escassez e escolha:* em busca de critérios jurídicos para lidar com a escassez de recursos e as decisões trágicas. Rio de Janeiro: Renovar, 2001.

AMUCHASTEGUI, Jesus Gonzáles. *Solidaridad y derechos de las minorias. In: Derechos de las minorias y de los grupos diferenciados,* Escuela Libre Editorial, 1994.

ANDRADE, Eli, Iôla Gurgel de. *Pontos críticos da nova reforma da previdência.* In: *Reforma da previdência em questão.* Brasília: Editora Universidade de Brasília, 2003.

ASSIS, Armando de Oliveira. *Compêndio de seguro social.* Rio de Janeiro: Fundação Getúlio Vargas, 1963.

———. Técnicas interpretativas das leis de seguro social. *In: Industriários,* n° 71. Rio de Janeiro, outubro de 1959.

ÁVILA, Humberto Bergmann. A distinção entre princípios e regras e a redefinição do dever de proporcionalidade. Rio de Janeiro: *Revista de Direito Administrativo,* n° 217, jan./mar., 1999, p. 151 a 179.

BAER, Werner. *A industrialização e o desenvolvimento econômico do Brasil.* Trad. Paulo de Almeida Rodrigues. 5ª ed. Rio de Janeiro: Fundação Getúlio Vargas, 1983.

BALERA, Wagner. *Sistema de seguridade social.* São Paulo: LTr, 2000.

———. *A seguridade social na constituição de 1988.* São Paulo: LTr, 1989.

———. *A interpretação do direito previdenciário,* RPS n° 236, p. 668 a 682.

——— (Coord.). *Curso de direito previdenciário.* São Paulo: LTr, 1992.

BANCO MUNDIAL. Brasil Questões Críticas da Previdência Social, Relatório n° 19641-BR, Volume I, p. XV e XVI.

BANDEIRA DE MELLO, Celso Antônio. Eficácia das normas constitucionais sobre justiça social. *In: RDP,* 57/58, 1981, pp. 233-256.

BARCELLOS, Ana Paula. *A eficácia jurídica dos princípios constitucionais:* o princípio da dignidade da pessoa humana. Rio de Janeiro: Renovar, 2002.

BARROS JR., Cássio de Mesquita. *Previdência social urbana e rural.* São Paulo: Saraiva, 1981.

BARROSO, Luís Roberto. *Interpretação e aplicação da Constituição.* 3ª ed. São Paulo: Saraiva, 1999.

———. *O direito constitucional e a efetividade de suas normas: limites e possibilidades da Constituição brasileira,* 6ª ed. Rio de Janeiro: Renovar, 2002.

O Direito Fundamental à Previdência Social

BENDA, Ernest *et alli*. *Manual de derecho constitucional*. Trad. Antonio López Pina. 2ª ed. Madrid: Marcial Pons, 2001.

BOBBIO, Norberto. *A era dos direitos*. Trad. Carlos Nelson Coutinho. Rio de Janeiro: Campus, 1992.

——. *Locke e o direito natural*. Trad. Sérgio Bath. 2ª ed. Brasília: Universidade de Brasília, 1997.

BONAVIDES, Paulo. *Curso de direito constitucional*. 8ª ed. São Paulo: Malheiros, 1999.

——. *Teoria do Estado*. 3ª ed. São Paulo: Malheiros, 1999.

BONAVIDES, Paulo; ANDRADE, Paes. *História constitucional do Brasil*. 3ª ed. Rio de Janeiro: Paz e Terra, 1991.

BRASIL. Ministério da Previdência e Assistência Social. Secretaria de Previdência Social. *Coleção Previdência Social*. Volume 07, série estudos: Previdência e Estabilidade Social: Curso Formadores em Previdência Social. Brasília, 2001.

BRASIL. Ministério da Previdência e Assistência Social. Secretaria de Previdência Social. *Coleção Previdência Social*. Volume 09, série traduções: A Economia Política da Reforma da Previdência. Brasília, 2001.

BRASIL. Ministério da Previdência e Assistência Social. Secretaria de Previdência Social, Informe da Previdência Social, Vol. 13, n. 5, maio de 2001.

BRASIL. Ministério da Previdência e Assistência Social. Secretaria de Previdência Social, Informe da Previdência Social, Vol. 14, n. 9, setembro de 2002.

BRESSER-PEREIRA. Luiz Carlos. *Desenvolvimento e Crise no Brasil: história, economia e política de Getúlio Vargas a Lula*. 5ª ed. São Paulo: Editora 34, 2003.

BUEN LOZANO, Nestor; MORGADO VALENZUELA, Emilio (Coord.). *Instituciones de derecho del trabajo y de la seguridad social*. Disponível em: http//www.bibliojuridica.org/libros/libro.htm. Acesso em: 25 fev. 2002.

CANARIS, Claus-Wilhelm. *Pensamento sistemático e conceito de sistema na ciência do direito*. Trad. Antônio de Menezes Cordeiro. 2ª ed. Lisboa: Fundação Calouste Gulbenkian, 1996.

CANOTILHO, Joaquim José Gomes. *Direito constitucional e teoria da constituição*. Coimbra: Almedina, 1997.

——; MOREIRA, Vital. *Fundamentos da constituição*, Coimbra: Coimbra, 1991.

CAPELLA, Juan Ramón. *Fruta prohibida. Una aproximación histórico-teorética al estúdio del derecho y del estado*. Madrid: Trota, 1997.

CARDONE, Marly A. *Previdência, assistência, saúde: o não trabalho na constituição de 1988*. São Paulo: LTr, 1990.

CÉSAR, Afonso. *A Previdência social nas constituições*. Rio de Janeiro: Destaque, 1995.

CHECHIN, José. A Previdência social Reavaliada II . *In Revista Conjuntura Social*, vol. 13, n° 1, jan-mar, 2002.

CID, Benito de Castro. *Los Derechos economicos sociales y culturales*. Leon: Universidad de Leon, Secretariado de Publicvaciones, 1993.

COIMBRA, José dos Reis Feijó. *Direito previdenciário brasileiro*. 5ª ed. Rio de Janeiro: Edições Trabalhistas, 1994.

COMPARATO, Fábio Konder. *A afirmação histórica dos direitos humanos*. São Paulo: Saraiva, 1999.

CONSTANT, Benjamim. Da liberdade dos antigos comparada à dos modernos. *In: Filosofia Política 2*, LPM, 1985, pp. 9-25.

DELGADO, Guilherme Costa *et alli*. *A participação social na gestão pública: avaliação da experiência do Conselho Nacional de Previdência Social (1991/2000)*. Brasília: IPEA, Texto para Discussão n° 909, 2000. Disponível em:http: //www.ipea.gov.br - Acesso em: 31 dez. 2002.

DELGADO, Ignacio Godinho. *Previdência social e mercado no Brasil:* a presença empresarial na trajetória política social brasileira. São Paulo: LTr, 2001.

DIAZ, Elias. *Estado de derecho y sociedad democrática*. 6ª ed. Madrid: Taurus Ediciones, 1988.

DIAZ, José Ramón Cossio. *Estado social y derechos de prestacion*. Madrid: Centro de studios Constitucionales, 1989.

DRAIBE, Sônia; HENRIQUE, Wilnês. *Welfare state*, crise e gestão da crise: um balanço da literatura internacional. *Revista Brasileira de Ciências Sociais*, n° 6, vol 3, fevereiro de 1988.

DUPEYROUX, Jean Jacques. O direito à seguridade social. *In: Industriários*, n° 94. Rio de Janeiro, agosto de 1963.

DURAND, Paul. *La política contemporanea de seguridad social*. Colección Seguridad Social, n° 4. Madrid: Ministerio do Trabajo y Seguridad Social, 1991.

DURKHEIN, Émile. *Da divisão do trabalho social*. Trad. Eduardo Brandão. 2ª ed. São Paulo: Martins Fontes, 1999.

ENGISCH, Karl. *Introdução ao pensamento jurídico*. Trad. João Baptista Machado. Lisboa: Fundação Calouste Gulbenkian, 1988.

ETALA, Carlos Alberto. *Derecho de la seguridad Social*. Buenos Aires: Editorial Astrea, 2000.

FAORO, Raymundo. *Os donos do poder:* formação do patronato político brasileiro. 3ª ed. São Paulo: Globo, 2001.

FARIA, José Eduardo. *O Direito na economia globalizada*. 1ª ed. 2ª tir. São Paulo: Malheiros, 2000.

—— (org.). *Direitos humanos, direitos sociais e justiça*. São Paulo: Malheiros, 1998.

FARIAS, Edilsom Pereira de. *Colisão de direitos*. Porto Alegre: Sergio Antonio Fabris, 1996.

FARIAS, José Fernando de Castro. *A origem do direito de solidariedade*. Rio de Janeiro: Renovar, 1998.

FERRAZ JÚNIOR, Tércio Sampaio. *Introdução ao estudo do direito:* técnica, decisão, dominação. 2ª ed. Rio de Janeiro: Atlas, 1993.

FLICKINGER, Hans-Georg (Org.). *Entre caridade, solidariedade e cidadania:* história comparativa do serviço social Brasil/Alemanha. Porto Alegre: EDIPUCRS, 2000.

FREITAS, Juarez. *A interpretação sistemática do direito*. 2ª ed. São Paulo: Malheiros, 1998.

FREITAS, Vladimir Passos de (Coord.). *Direito previdenciário:* aspectos materiais, processuais e penais. 2ª ed. Porto Alegre: Livraria do Advogado, 1999.

GEBRAN NETO, João Pedro. *A aplicação imediata dos direitos e garantias individuais: a busca de uma exegese emancipatória*. São Paulo: RT, 1977.

GENTILI, Pablo (org.). *Globalização excludente*. Petrópolis: Vozes, 1999.

GOMES, Orlando *et alli*. *Aspectos jurídicos da nova previdência*: simpósio promovido pelo Instituto de Direito Social. São Paulo: LTr, 1980.

GONH, Maria da Glória. *História dos movimentos e lutas sociais: a construção da cidadania dos brasileiros*. 2 ed. São Paulo: Loyola, 1995.

O Direito Fundamental à Previdência Social

GRAU, Eros. *A ordem econômica na Constituição de 1988:* interpretação e crítica. 2ª ed. São Paulo: RT, 1991.

GUASTINI, Ricardo. *Distinguiendo:* estudios de teoría y metateoría del derecho. Trad. Jordi Ferrer i Beltrán. Barcelona: Editorial Gedisa, 1999.

HESSE, Konrad. *Elementos de Direito Constitucional da República Federal da Alemanha.* Trad. Luís Afonso Heck. 20ª ed. Porto Alegre: Sergio Antonio Fabris, 1998.

——. *Escritos de Derecho Constitucional.* Trad. de Pedro Cruz Villalón, Madrid: Centro de Estudios Constitucionales, 1983.

HOLMES, Stephen; SUNSTEIN, Cass. *The cost of rights.* Cambridge: Harvard University Press, 1999.

KELSEN, Hans. *Teoria pura do direito.* Trad. João Baptista Machado. São Paulo: Livraria Martins Fontes, 1990.

KRELL, Andreas Joachim. *Direitos sociais e controle judicial no Brasil e na Alemanha:* os (des)caminhos de um direito constitucional 'comparado'. Porto Alegre: Fabris, 2002.

LEIRIA, Maria Lúcia Luz. *Direito Previdenciário e Estado Democrático de Direito: uma (re)discussão à luz da Hermenêutica.* Porto Alegre: Livraria do Advogado, 2001.

LEITE, Celso Barroso; VELLOSO, Luiz Paranhos. *Previdência social. Rio de Janeiro:* Zahar, 1962.

LEITE, João Antônio G. Pereira. *Curso elementar de direito previdenciário.* São Paulo: LTr, 1981.

LOEWENSTEIN, Karl. *Teoria de la constitución.* 2ª ed. Barcelona: Ariel, 1970.

MACPHERSON, C. B. *A teoria política do individualismo possessivo de Hobbes até Locke.* Trad. Nelson Dantas. Rio de Janeiro: Paz e Terra, 1979.

MARTINEZ, Wladimir Martinez. *A seguridade social na Constituição Federal.* São Paulo: LTr, 1989.

——. *Princípios previdenciários.* 3ª ed. São Paulo: LTr, 1995.

——. *Comentários à lei básica da previdência social.* 3ª ed. Tomo II. São Paulo: LTr, 1995.

MALLOY, James M. A *Política de previdência social no Brasil.* Trad. Maria José Lingren Alves. Rio de Janeiro: Graal, 1986.

MELLO, Francisco Ignácio Marcondes Homem de. *A Constituinte perante a história.* Brasília: Senado Federal, edição fac-similar, 1996.

MELO, M. A. B. C; AZEVEDO, S. O Processo decisório da reforma tributária e da previdência social. *In: Cadernos ENAP,* nº 15. Brasília: ENAP, 1988.

MESA-LAGO, Carmelo. Análise Comparativa da reforma estrutural do sistema previdenciário realizado em oito países latino-americanos; descrição, avaliação e lições. *In: Revista Conjuntura Social,* MPAS, v. 8, n.4, p. 7-65, out./dez. 1997.

MENEZES, Geraldo Bezerra. *O direito do trabalho e a seguridade social na constituição.* Rio de Janeiro: Pallas, 1976.

MIRANDA, Jorge. *Manual de direito constitucional.* 2ª ed. Vol. IV. Coimbra: Coimbra, 1998.

——. *Perspectivas constitucionais nos 20 anos da Constituição de 1976.* Vol. III. Coimbra: Coimbra, 1998.

——. *Textos históricos do direito constitucional.* 2ª ed. Lisboa: Imprensa Nacional-Casa da Moeda, 1990.

MODESTO, Paulo. *Teto Constitucional de Remuneração dos agentes públicos: uma crônica de mutações e emendas constitucionais.* Disponível em: http: //www.planalto.gov.br/ccivil_03/revista/Rev_21/artigos/art_paulo.htm. Acesso em: 12 dez. 2003.

MORAES FILHO, Evaristo. *A ordem social num novo texto constitucional:* textos aprovados no Plenário da Comissão Provisória de Estudos Constitucionais. São Paulo: LTr, 1986.

MOREIRA NETO, Diogo De Figueiredo.Parecer sobre a proposta de emenda Constitucional de reforma da previdência. Disponível em http://www.conamp.org.br/ref_prev/parecer_DFMN.htm. Acesso em 02.02.2004.

NEVES. Ilídio das. Direito da Segurança Social: Princípios fundamentais numa análise prospectiva. Coimbra: Coimbra, 1996.

OLIVEIRA, Francisco Eduardo Barreto *et alli. Revolução na previdência.* São Paulo: Geração Editorial, 1998.

OLIVEIRA, Jaime A de Araújo; TEIXEIRA, Sônia M. Fleury. *(IM)Previdência Social:* 60 anos de história da previdência no Brasil. Petrópolis: Vozes, 1986.

OLIVEIRA, Moacyr Velloso Cardoso de. *Previdência social:* doutrina e exposição da legislação vigente. Rio de Janeiro: Freitas Bastos, 1987.

ORNÉLAS, Waldeck. O Novo modelo previdenciário brasileiro: uma fase de transição. *In: Revista Conjuntura Social*, MPAS, v.10, n. 2, pp. 7-26, abr./jun.1999.

PELAEZ, Francisco J. Contreras. *Derechos sociales:* teoria e ideologia. Madrid: Tecnos, 1994.

PASTOR, José Manuel Almansa. *Derecho de la seguridad social.* 7ª ed. Madrid: Tecnos, 1991.

PECES-BARBA MARTINEZ, Gregório. *Escritos sobre direitos fundamentales.* Madrid: Eudema, 1988.

———. *Curso sobre derechos fundamentales:* Teoria General. Madrid: Universidad Carlos III de Madrid, 1995.

———. *Derechos sociales y positivismo jurídico.* Madrid: Instituto de Derechos Humnos Bartolomé de las casas, Universidad Carlos III de Madrid, 1999.

———. *Ética, Poder y Derecho. Reflexiones ante el fin de siglo.* Madrid: Centro de Estudios Constitucionales, 1995.

PEREZ LUÑO, Antônio Henrique. *Derechos humanos, estado de derecho y constitución.* 6ª ed. Madrid: Tecnos, 1999.

PERLINGIERE, Pietro. *Perfis do direito civil.* Trad. Maria Crsitina de Cicco. Rio de Janeiro: Renovar, 1997.

PIETERS, Danny. Últimas tendências nos sistemas de seguridade social europeus, com especial atenção para as reformas da previdência. *In: Revista Conjuntura Social*, MPAS, v. 8, n.3, p. 71-80, jul./set. 1997.

PINA, Antonio Lopez. *La Garantia Constitucional de Los Derechos Fundamentales, Alemania España e Italia.* Madrid: Editorial Civitas, 1991.

PINHEIRO, Vinícius Carvalho; VIEIRA, Solange Paiva. A Reforma da previdência no Brasil: a nova regra de cálculo dos benefícios. *In: Revista Conjuntura Social*, MPAS, vol. 10, n° 4, out-dez, 1999.

PIOVESAN, Flávia (Coord.). *Direitos humanos, globalização econômica e integração regional:* desafios do direito constitucional e internacional. São Paulo: Max Limonad, 2002.

O Direito Fundamental à Previdência Social

PORTO, Walter Costa (Org.). Coleção *Constituições Brasileiras, Vol. I a VII.* Brasília: Senado Federal e Ministério da Ciência e Tecnologia, Centro de Estudos Estratégicos, 1999.

RÁO, Vicente. *O direito e a vida dos direitos*, 4ª ed.,Vol. 2, São Paulo, RT, 1997.

RIGOLIN, Ivan Barbosa. *Comentários ao Regime Único dos Servidores Públicos Civis.* 4ª ed. São Paulo: Saraiva, 1995.

ROCHA, Daniel Machado da; BALTAZAR JUNIOR, José Paulo. *Comentários à Lei de Benefícios da Previdência Social.* 3 ed. Porto Alegre: Livraria do Advogado, 2003.

―― (org.). *Temas atuais de Direito Previdenciário e Assistência Social.* Porto Alegre: Livraria do Advogado, 2003.

ROSANVALLON, Pierre. *La Crisis del estado providencia.* Trad. Alejandro Estruch Manjón. Madrid: Editorial Civitas, 1995.

RÜDIGER, Dorothée Susanne. *Tendências do direito do trabalho para o século XXI: Globalização, descentralização produtiva e novo contratualismo.* São Paulo: LTr, 1999.

RUPRECHT, Alfredo J. *Direito da seguridade social.* Trad. Edilson A. Cunha. São Paulo: LTr, 1996.

RUSSOMANO, Mozart Victor. *Curso de previdência social.* Rio de Janeiro: Forense, 1979.

――. *Comentários à consolidação das leis da previdência social.* São Paulo: RT, 1977.

SARLET, Ingo Wofgang. *A eficácia dos direitos fundamentais.* Porto Alegre: Livraria do Advogado, 1998.

―― (Coord.). *A Constituição concretizada:* construindo pontes com o público e o privado. Porto Alegre: Livraria do Advogado, 2000.

――. (Coord.). *O direito público em tempos de crise:* estudos em homenagem a Ruy Ruben Ruschel. Porto Alegre: Livraria do Advogado, 1999.

――. (Coord.). *Dignidade da Pessoa Humana e Direitos Fundamentais na Constituição de 1988.* Porto Alegre: Livraria do Advogado, 2001.

――.*O direito fundamental à moradia na Constituição: algumas anotações a respeito de seu contexto, conteúdo e possível eficácia.* In: Arquivos de Direitos Humanos, vol. IV, Rio de Janeiro: Renovar, 2003, Ricardo Lobo Torres e Celso Albuquerque Mello (Organizadores).

SANCHIS, Luis Prieto. *Estudios Sobre Derechos Fundamentales.* Madrid: Editorial Debate, 1994.

SANTOS, Luiz Alberto dos. *Reforma Administrativa no Contexto da Democracia: a PEC nº 173/95 e sua adequação ao Estado Brasileiro.* Brasília: DIAP, 1997.

SICHES, Luis Recaséns. *Introducción al estudio del derecho.* 13ª ed. México: Editorial Porrúa, 2000.

SILVA, José Afonso. *Curso de direito constitucional positivo.* 16ª ed. São Paulo: Malheiros, 1999.

――. *Aplicabilidade das normas constitucionais.* 3ª ed. São Paulo: Malheiros, 1998.

――. Parecer disponível em http://www.conamp. org.br/ref_prev/parecer_JAS.htm, Acesso em 02.02.2004.

SOUZA, Neomésio José. A evolução da ordem econômica nas constituições brasileiras e a adoção do ideal do desenvolvimento como programa constitucional. *In: RDP 53-54*, p. 350 a 376.

STEPHANES, Reinhold. *Previdência social, uma solução gerencial e estrutural.* Porto Alegre: Síntese, 1993.

———. *Reforma da previdência sem segredos.* 2ª ed. São Paulo: Record, 1999.

STRECK, Lenio Luiz. *Jurisdição constitucional e hermenêutica: uma nova crítica do direito.* Porto Alegre: Livraria do Advogado, 2002.

———; MORAIS, José Luis Bolzan de. *Ciência política e teoria geral do Estado.* 2ª ed. Porto Alegre: Livraria do Advogado, 2000.

SÜSSEKIND, Arnaldo. *Convenções da OIT.* 2ª ed. São Paulo: LTr, 2001.

TAVARES, Marcelo Leonardo. A manutenção do valor real dos benefícios previdenciários. *In: RPS,* n° 249, pp. 573 a 580.

TODESCHINI, Remígio. *Gestão da previdência pública e fundos de pensão: a participação da comunidade,* São Paulo: LTr, 2002.

THOMPSON, Lawrence. *Mais Velha e Mais Sábia; a Economia dos Sistemas Previdenciários.* Trad. Celso Barroso Leite. *Coleção Previdência Social.* Volume 04, série traduções. Brasília, 2001.

TORRES, Guillermo Cabanellas de; ZAMORA Y CASTILLO, Luis Alcalá. *Tratado de politica laboral y social.* 3ª ed. Buenos Aires: Editorial Heliasta, 1982.

TORRES, Ricardo Lobo (Org). *Teoria dos direitos fundamentais.* Rio de Janeiro: Renovar, 1999.

——— (Org). *Legitimação dos direitos humanos.* Rio de Janeiro: Renovar, 2002.

VENTURI, Augusto. *Los fundamentos cientificos de la seguridad social.* Colección Seguridad Social, n° 12. Madrid: Ministerio do Trabajo y Seguridad Social, 1994.

VIDAL NETO, Pedro. *Estado de Direito:* direitos individuais e direitos sociais. São Paulo: LTr, 1979.

VIEIRA DE ANDRADE, José Carlos. *Os Direitos fundamentais na constituição portuguesa de 1976.* 2ª ed. Coimbra: Almedina, 2001.

VILLEY, Michel. *Estudios en torno a la noción de derecho subjetivo.* Valparaíso: Ediciones Universitarias de Valparaíso, 1976.

WERNECK VIANNA, Maria Lucia Teixeira. *A americanização (perversa) da Seguridade social no Brasil: Estratégias de bem-estar e políticas públicas,* 2ª ed. Rio de Janeiro: Revan, 2000.

WOLKMER, Antônio Carlos. *Constitucionalismo e direitos sociais no Brasil.* São Paulo: Acadêmica, 1989.

XAVIER, Alberto. Reajustamento de benefícios previdenciários. *In: Revista Trimestral de Direito Público,* n° 02/93, p. 89 a 99.

ZACHER, Hans F. *Seguridade Social e Direitos Humanos,* In: Arquivos de Direitos Humanos, vol. IV, Rio de Janeiro: Renovar, 2003, Ricardo Lobo Torres e Celso Albuquerque Mello (Organizadores).

O maior acervo de livros jurídicos nacionais e importados

Rua Riachuelo 1338
Fone/fax: 0800-51-7522
90010-273 Porto Alegre RS
E-mail: livraria@doadvogado.com.br
Internet: www.doadvogado.com.br

Entre para o nosso *mailing-list*

e mantenha-se atualizado com as novidades editoriais na área jurídica

Remetendo o cupom abaixo pelo correio ou fax, periodicamente lhe será enviado gratuitamente material de divulgação das publicações jurídicas mais recentes.

✓ **Sim, quero receber, sem ônus, material promocional das NOVIDADES E REEDIÇÕES na área jurídica.**

Nome: _____

End.: _____

CEP: _____-_____ Cidade _____ UF:____

Fone/Fax: _____ Para receber pela Internet, informe seu **E-mail**: _____

_____
assinatura

308-3

Visite nosso *site*

www.doadvogado.com.br

CARTÃO RESPOSTA
NÃO É NECESSÁRIO SELAR

O SELO SERÁ PAGO POR

LIVRARIA DO ADVOGADO LTDA.
90012-999   Porto Alegre   RS